# ゲーム理論

土橋俊寛
Tsuchihashi Toshihiro

［著］

日評ベーシック・シリーズ

日本評論社

## はしがき

　書店に足を運んでみると、ゲーム理論についての教科書がたくさん並んでいることに気がつきます。入門レベルの教科書や読み物としても楽しめる新書から、大学院生を対象としたような上級レベルの教科書まで様々です。そのような中で本書の立ち位置は、ゲーム理論をまったく初めて学ぼうとする読者を想定して書かれた入門書ということになります。

　では、本書と他の入門書との違いはどのような点なのでしょうか？　ひと言で表すならば、本書の特徴は、扱う内容を少なめにしぼった点にあると言えます。実際のところ、ゲーム理論の初学者向けをうたった教科書はいくつもありますが、その内容はかなり盛りだくさんです。ゲーム理論を使うと本当に色んな問題を考えることができるので、紹介したい内容は山ほどあります。けれども、それらをすべてカバーすると、ゲーム理論を初めて学ぶ読者にとってはやや勉強する範囲が広くなってしまうと思うのです。

　そのため、本書では思い切って内容を削りました。例えば、ゲーム理論は協力ゲームと非協力ゲームの2つに大きく分けることができるのですが、協力ゲームについては一切ふれていません。大学で行われる入門クラスの授業では、まず非協力ゲームについて学ぶことがほとんどだからです。また、非協力ゲームの中でも発展的な内容である「繰り返しゲーム」や「進化ゲーム」についての章も本書にはありません。さらに、ノーベル経済学賞を受賞したナッシュが提案した交渉問題も割愛しました。

　本書は3部構成になっています。1年間かけてこれらの内容をじっくりと理解すれば、ゲーム理論の考え方をひとまず押さえたと言ってよいと思います。そして、現実の問題を分析するためにその考え方を応用することができるでしょう。大学のゼミ発表や卒論を書く時などにもゲーム理論を使った分析はとても役に立つはずです。

　本書を書くにあたっては、とにかく分かりやすく説明することを何よりも心がけました。私が当たり前だと思っていることでも、授業を聞いている学生にとっ

てはまったく当たり前ではなくて分かりにくい。ゲーム理論の授業を実際に行っていると、そういった場面にしばしば出くわします。その時の経験をふまえて、読者がつまずきそうな論点は、出てくるたびに何回でも説明するようにしています。そのために重複する記述もありますが、読みやすさを優先しました。「利得行列」や「ゲームの木」といった図についても、本文の説明に沿って実際の流れが見えるように工夫したつもりです。こうした工夫がどこまで目的を果たせているのかは、読者のみなさんに判断してもらうことにします。

　第2部と第3部のいくつかの章について、草稿を駒澤大学の西村健さんに読んでもらってコメントを頂きました。そのコメントのおかげで、内容をより正確なものに書き直すことができました。また、本書の出版にあたり日本評論社の斎藤博さんと武藤健介さんに大変お世話になりました。特に、私が4月から1年間バルセロナで研究生活を過ごすこともあって、原稿のやり取りに面倒な手間をおかけしてしまったにもかかわらず、労をいとわずに対応してくださいました。ここに記して感謝したいと思います。

2018年初夏のバルセロナにて<br>
土橋俊寛

# 目次

はしがき…iii

## 序　ゲーム理論とは何か？

### 第1章　ゲーム理論とは何か？…2
- 1.1　ゲーム理論＝ゲーム的な状況を分析する理論…2
- 1.2　ゲーム的な状況をモデル化する…4
- 1.3　プレイヤーについての大前提…6
- 1.4　ゲーム理論の歴史…7

## 第1部　戦略形ゲーム

### 第2章　戦略形ゲームとは…14
- 2.1　ゲーム理論の基本モデル：戦略形ゲーム…14
- 2.2　戦略形ゲームの例、そして利得行列…15

### 第3章　支配される戦略の逐次消去…22
- 3.1　支配される戦略の逐次消去…22
- 3.2　より複雑な逐次消去…25
- 3.3　支配される戦略がないゲーム…26

### 第4章　ナッシュ均衡…29
- 4.1　最適応答戦略とナッシュ均衡…29
- 4.2　支配される戦略の逐次消去とナッシュ均衡…32

### 第5章　囚人のジレンマと支配戦略…35
- 5.1　囚人のジレンマ…35
- 5.2　「囚人のジレンマ」のナッシュ均衡の特徴…36

5.3 支配戦略と支配される戦略のギクシャクとした関係…38
5.4 身近なところにある「囚人のジレンマ」…39

## 第6章　複数均衡とフォーカルポイント…42
6.1 ナッシュ均衡が2つ以上あるゲーム…42
6.2 均衡選択の問題とフォーカルポイント…44

## 第7章　純粋戦略と混合戦略…50
7.1 ゼロサムゲーム…50
7.2 混合戦略…51
7.3 混合戦略まで考えた場合のナッシュ均衡…52
7.4 混合戦略ナッシュ均衡の性質…59
7.5 ジャンケンのナッシュ均衡…60

## 第8章　利得行列で書き表せない戦略形ゲーム…63
8.1 寄付金ゲーム…63
8.2 クールノー数量競争…67
8.3 3社によるクールノー数量競争…75
8.4 ホテリング立地競争…76

# 第2部　展開形ゲーム

## 第9章　展開形ゲームと部分ゲーム完全均衡…84
9.1 展開形ゲームとゲームの木…84
9.2 「軍事演習ゲーム」のナッシュ均衡…86
9.3 展開形ゲームを戦略形ゲームに書き直す…88
9.4 展開形ゲームにおける戦略…90

## 第10章　部分ゲーム完全均衡…95
10.1 信憑性のない脅し…95
10.2 部分ゲーム完全均衡…96
10.3 シュタッケルベルグ競争…100
10.4 さまざまな展開形ゲーム――後ろ向き帰納法の考え方――…106

## 第11章　理論と現実の関係：実験ゲーム理論について…112

11.1　最後通牒ゲーム…112
11.2　ゲーム理論実験…115
11.3　行動経済学…116
11.4　ムカデゲーム…118

## 第3部　情報構造が重要なゲーム

## 第12章　不完全情報ゲーム…124

12.1　完全情報ゲームと不完全情報ゲーム…124
12.2　情報集合…126
12.3　戦略形ゲームと展開形ゲーム…127
12.4　あり得ない「不完全情報ゲーム」…129
12.5　不完全情報ゲームの部分ゲーム完全均衡…131

## 第13章　情報不完備ゲーム…135

13.1　情報不完備ゲームとは…135
13.2　偶然手番…136
13.3　情報不完備ゲームの定式化…137
13.4　ベイジアンナッシュ均衡…140
13.5　クールノー数量競争（情報不完備バージョン）…144

## 第14章　オークション…150

14.1　オークション理論…150
14.2　一位価格オークション…152
14.3　二位価格オークション…160

## 第15章　逆選択…166

15.1　保険に加入したがるのはどんな人？…166
15.2　逆選択の例…167
15.3　最善解…169
15.4　セルフセレクションとスクリーニング…173
15.5　誘因両立性と次善解…176

第16章　シグナリングゲーム…182
    16.1　シグナリングゲーム…182
    16.2　「就職活動ゲーム」のベイジアンナッシュ均衡…187
    16.3　完全ベイジアン均衡…198

章末問題の答えと考え方のヒント…206
    第1章…206
    第2章…207
    第3章…208
    第4章…209
    第5章…211
    第6章…212
    第7章…214
    第8章…217
    第9章…223
    第10章…226
    第11章…229
    第12章…230
    第13章…232
    第14章…233
    第15章…234
    第16章…234

索引…238

序

# ゲーム理論とは何か？

# 第 1 章

# ゲーム理論とは何か？

> この世界すべて一つの舞台、
> 人はみな男も女も役者にすぎない。
> それぞれに登場があり、退場がある。
> 出場がくれば一人一人が様々な役を演じる、
> 年齢に応じて七幕に分かれているのだ。
> 　　ウイリアム・シェイクスピア『お気に召すまま』（松岡和子訳、筑摩書房、2007年）

## 1.1　ゲーム理論＝ゲーム的な状況を分析する理論

　4月に入ると、大学のキャンパスは目を輝かせた新入生であふれ返る。これから始まる大学生活を思って期待に胸を膨らませているのだろう。バイト、サークル、初めての1人暮らし。大学とは何と素敵なところなのだろう。そんな彼らにとって、最も重要なイベントは入学してすぐにやってくる。そう、時間割作成である。この時になって、大学へ勉強しにきたのだということを彼らは思いだすことになる。

　経済学部に入った学生は、ミクロ経済学、マクロ経済学、国際経済学、金融、財政といった名前が並んだリストの中に、ひときわ異彩を放つ科目名――ゲーム理論――を見つけるはずだ。何といっても「ゲーム」である、いかにも楽しい響きを持っているではないか。まさか90分間スマホでゲームをする授業のはずはないだろうが、ゲーム理論の授業では、いったいどのようなことを勉強するのだろう？

　ミクロ経済学の授業を受けると、売手と買手がたくさんいる市場で財の価格がどのような仕組みで決まるのかを学ぶ。需要と供給が一致するように価格が決まるのである。いわゆる完全競争市場における価格メカニズムについては、高校の政治経済の授業で習った読者もいるだろう（需要曲線と供給曲線がクロスしている図のこと）。ここでのポイントは、<u>自分以外にもたくさんの売手と買手がいるので、個人は市場において価格交渉力がないとする想定</u>である。あまたいる人びとの1

人に過ぎないあなたは他人に対する影響力をまったく持っていない。つまり、他人の行動に影響を及ぼして自分に有利な結果を導こうという**インセンティブ（誘因）**が誰にもないので、市場に任せておけば望ましい結果が達成される。

しかし、現実の経済現象を思い浮かべてみると、そうではない状況はたくさんある。例えば、家電量販店に行ってノートパソコンを買う場面を想像してみよう。コンビニのレジで値切る人はまず見かけないが、家電量販店では価格交渉する人もいるだろう。実際に、話の持っていき方が価格を左右することは十分にあり得る。つまり、買手は売手に対して十分に大きな影響力を持っていて、買手の行動（話の持って行き方）が売手の行動（価格の提示）を変えるかもしれないのだ。その一方で、売手の対応が買手の意思決定に影響を及ぼすこともある。言ってみれば、売手と買手の行動は相互に依存しているのである。このように、人びとの行動が相互依存的である状況を**ゲーム的な状況**という。

**ゲーム理論**とは、ゲーム的な状況を分析するために編み出された道具である（「ゲームの理論」というわけではない）。人びとや企業などを、あたかもゲームのプレイヤーに見立てて行動を分析するためにこの名前がついている。3章以降で見ていくように、ゲーム理論の分析には数学を使う。そのため、ゲーム理論を「ゲーム的な状況を数学的に分析するための理論」というように定義する教科書もたくさんある[1]。

ゲーム理論が使える場面というのは驚くほど多い。例えば、人生の中で直面する重要な意思決定——進学、就職、結婚など——を思い浮かべると、そのすべてにゲーム理論を生かすことができる。シェイクスピアが書いた恋愛喜劇『お気に召すまま』では、鬱ぎ屋の旅人ジェイクイズがこの世界すべてが舞台と歌い上げる。しかしゲーム理論的に言えば、この世界すべてがゲームである。そして男も女もそのプレイヤーにすぎない。

---

[1] 2005年にノーベル経済学賞を受賞したシェリングは『ミクロ動機とマクロ行動』（村井章子訳、勁草書房、2016年）の新装版の序文で、「私は数学を多用したことはない」と書いている。ゲーム理論を「数学的分析」と見るのは狭い定義だとシェリングは考えているようだ。

## 1.2 ゲーム的な状況をモデル化する

　ゲーム的な状況を分析するための道具——それがゲーム理論である。分析とは、人びとがどう行動するのかを予測したり、人びとがそのように行動するのはなぜなのかを理解したりすることをいう。ゲーム理論を使った分析のためには、まずはゲーム的な状況を**モデル化**しなくてはならない。モデル化という用語は、もともと物理学の世界で使われていた。原子や天体の動きを数学的に表すための枠組みのことをいう。ゲーム理論では、原子や天体の代わりに人間や企業の行動をモデル化する。ただし、実際の状況を丸ごと写し取ったようなモデルはあり得ない。「実物大の地図は役に立たない」からで、いくつかの要素に注目してモデルを考える必要がある。

　では、何に注目してモデル化すればよいのだろう？　ゲーム理論では、プレイヤー・戦略・利得という**3つの要素**に注目する[2]。それぞれの要素について説明しておこう。

　ゲームの中で意思決定する主体を**プレイヤー**という。例えば、消費者、企業、国家、政党などである。必ずしも個人だけを指してプレイヤーというわけではない点に注意しよう。私やあなたのような個人がプレイヤーであることはすぐに分かるが、個人の集まりとしての企業や国もプレイヤーである（もっとも企業は「法人」というくらいだから個人と同じようなものかもしれない）。また、人間だけでなく動物や、場合によっては植物もプレイヤーと考えることができる。

　**戦略**というのは、プレイヤーが持っている意思決定の選択肢のことである。例えば、あなたは今日、授業を真面目に受けに大学へ行くこともできるが、さぼって家でYouTubeの動画をひたすら観ることもできる。これらの選択肢があなたの戦略である。別の例として、ドラッグストアが売上を増やすためにクーポンをLINEで配信することを考えている。さて割引率をどうするか？　10％にするか、15％にするか？　それとも20％にするか？　これらの割引率がこのドラッ

---

[2] これらに「情報構造」を足した4つの要素を挙げる教科書もある。例えば神戸伸輔『入門　ゲーム理論と情報の経済学』（日本評論社、2004年）の19ページを見てほしい。また、岡田章『ゲーム理論・入門（新版）』（有斐閣、2014年）の14ページでは、3つの要素とゲームの進み方にかんする規定がひとまとめにして「ゲームのルール」と呼ばれている。

ストアの戦略である。

　プレイヤーたちが選んだ戦略に応じて結果が決まる。その結果に対する望ましさを数値化して表したものを**利得**という。より望ましい結果ほど、大きな数値で表される[3]。

　さて、あなたが家電量販店でノートパソコンを買うという場面をもう一度思い浮かべてみよう。以前から気になっていた機種を見つけた。しかも前よりも安くなっている。よし、買おう！と決めたものの、ふと、ひょっとしたらまだ価格が下がるんじゃないか？　という考えが頭をよぎる。さすがに図々しいかなとは思ったけれども、ダメもとで店員さんに値下げをお願いしてみることにしよう。

　「あの、この機種、もう少し値段が下がりませんか？　ちょっと予算オーバーしちゃっていて」

　この価格はもうかなり安くなっているんですよねえ、そう言いながらも店員さんは端末を取り出してパソコンのバーコードを読み取っている。「あと３％なら値下げできます」期待通りの言葉を引き出したあなたは、間髪入れずに、じゃあそれでお願いしますと答えた。内心、笑いが止まらない。

　この状況をモデル化するために、３つの要素を考えてみよう。まず、プレイヤーは「あなた」と「店員」である。あなたは「値下げをお願いする」か「値下げをお願いしない」を選ぶことができた。この２つがあなたの戦略である。他方で、店員の戦略は「何％値下げするか」である。この店員の裁量の範囲で、実は１％〜５％の値下げ率を選べたのかもしれない。あなたと店員の利得は「パソコンの売買価格」で表すことができる。あなたにとっては価格（買値）が安いほど利得が高く、店員にとっては価格（売値）が高いほど利得が高い。

　ゲーム理論を使えるようになるためには、３つの要素を明らかにできなくてはならない。身の回りの出来事について、３つの要素が何なのかを意識的に考えて

---

[3] 利得２が得られる結果は利得１が得られる結果よりも望ましい。しかし、必ずしも<u>２倍望ましいというわけではない</u>。このように、数値の大小関係だけに意味があるような利得を序数という。本書では、序数的な利得を想定して話をしている（いくつかの例外は利得の期待値を計算する必要が出てくる７章と第３部の一部である）。他方で、2000円は1000円の２倍の価値がある。つまり数値そのものに意味がある。このような数値を基数という。正直なところ、利得が序数なのか基数なのかがそこまで重視されることはあまりないが、そういった違いがあるのだということについては覚えておいてほしい。

第１章　ゲーム理論とは何か？

みよう（章末問題2.2）。

## 1.3 プレイヤーについての大前提

　3つの要素に関連して、1.3節ではゲーム理論がどのようなプレイヤーを想定しているのか——ゲーム理論が持っている人間観と言ってもよい——について述べておこう。大まかに言って2つの土台がある。

　ゲーム理論では、<u>プレイヤーが合理的である</u>ことを大前提として議論を進めていく。きちんと注意していないと、なるほど、合理的ね、と思って進んでしまうのだが、合理的であるとは何なのかについて、きちんと意味を明確にしておかなければならない。なぜなら、文脈によって意味がだいぶ変わってしまうのが合理的という概念だからである。

　ゲーム理論で言う合理性は、社会学者のウェーバー（M. Weber）が提唱した**目的合理性**のことである[4]。明瞭な目的があって、それを果たすために相応しい手段を選んで実行することができる。このような目的合理性をゲーム理論の文脈に置き直してみれば、できるだけ高い利得を得るという目的のために、最適な戦略を選ぶことができるようなプレイヤーを合理的ということができる。

　もう1つは、<u>プレイヤーが理性的である</u>という前提である。これは、プレイヤーが相手の立場になって行動を考えられるという性質をいう。この理性的という概念を明確に述べている教科書はそれほど多くないが[5]、ゲーム的な状況においてプレイヤーが最適な戦略を選ぶためには、この性質が欠かせない。相手の立場に身を置かなければ、相手の出方を考えることはできないからだ[6]。

　注意しておいてほしいのは、このような人間観を想定しながら問題を考えるか

---

4) ウェーバーが提唱したもう1つの概念が価値合理性。他にも、ハーバーマスが提唱したコミュニケーション的合理性という概念もある。

5) 例えば岡田章『ゲーム理論・入門（新版）』の10ページ。また、アビナッシュ・ディキシットとバリー・ネイルバフによる、読んでいて楽しいゲーム理論の一般書『戦略的思考をどう実践するか』（島津祐一・池村千秋訳、阪急コミュニケーションズ、2010年）には、自分と相手の双方の視点を持つことが重要だと書かれている。

6) 心理学でいう「心の理論」に通じるものがある。状況に応じて「相手が何を考えているか」を読み取ることができるのは、人が「心の理論」を持っているからだ、という考え方のことをいう。理性的なプレイヤーはもちろん心の理論を持っている。

らといって、ゲーム理論家が「現実の人間とは合理的かつ理性的なものだ」と信じているわけではないということである。例えば合理的かつ理性的なプレイヤーと聞いて筆者がすぐに思い浮かべるのは『ソシオパスの告白』という本に書かれた次の一節だ。

> ソシオパスを他の人々から実際に識別するのは、行為ではなく、衝動性、動機、精神内界についての認識である。ソシオパスは自己の精神の中に自責や道徳的責任の要素を含めず、自己の利益と自己保身だけに関心を抱く。私が何かを選択する際に、価値ではなく、単に費用効果だけを考える。
> 　　　　　　M. E. トーマス『ソシオパスの告白』（高橋祥友訳、金剛出版、2017年）

自らをソシオパスであると認識する著者は他者をコマのように扱い、ゲームをプレイするようにコミュニケーションを図る。もちろん自分の利得を最大化するように、である。これは、まさに合理的かつ理性的なプレイヤーの典型だろう。

しかし、当然のことながら、ゲーム理論家はプレイヤーがソシオパスであると言っているわけではない。そうではなくて、このようなプレイヤーを想定しながらモデルを使って考えることで、ゲーム的な状況における人びとや企業などの経済主体の行動について多くのことを理解することができる。とりあえず理想的な状況を想定して議論をしてみて、そこで得られた結果を議論の出発点にしようということなのである。あたかも物理学で天体を質点と見なしたり、空気抵抗をゼロとしてボールの軌道を考えたりするようなものだ。ちなみに、プレイヤーが合理的であるという前提を置かない行動経済学という分野での研究が、現在はとても盛んである（11章）。

## 1.4　ゲーム理論の歴史

### ゲーム理論はここから始まった

ゲーム理論は多くの学問分野にまたがって広く応用されているが、それでも経済学の分野の1つだと見られることが多い。理由はその出自にある。ハンガリー生まれの天才数学者フォン・ノイマン（J. von Neuman）とドイツ生まれの経済学者モルゲンシュテルン（O. Morgenstern）の2人が『ゲームの理論と経済行動』（銀林浩・橋本和美・宮本敏雄訳、筑摩書房、2009年）を出版し、ゲーム理論が始まっ

た。1944年にプリンストン大学出版局から出版された原書は600ページを超える大著であった。ありがたいことに、邦訳がちくま学芸文庫（全3巻）に入っていて簡単に手に入る。

『ゲームの理論と経済行動』では、1つの章が丸ごとポーカーの分析に充てられている。自分の手札を見てどう「はったり」をかけるとよいのかが数学的に議論されているのだ。もっとも、「ポーカーとハッタリ」の章に書かれた内容を実際に試してみよう、と思う読者はたぶんいないだろう。ブラックジャック攻略法「カード・カウンティング」よりもはるかに難解だが、恐らく効果はそれほどない（たぶん）[7]。

実は、フォン・ノイマンは早くも1928年の時点で「室内ゲームの理論」というドイツ語の論文を発表していた。論文のタイトルが示す通り、この論文ではポーカーやチェスなどの室内ゲームが分析の対象である。しかし、この論文を書いていた時にはすでに、フォン・ノイマンは室内ゲームの分析と経済学の関連性について意識していたようである[8]。

ポーカーでは誰かが勝てば別の誰かは必ず負ける。このようなゲームをゼロサムゲームという。ジャンケンもそうだし、チェスや将棋などのテーブルゲームはたいていゼロサムゲームである。ジャンケンをして2人とも勝つことは絶対にあり得ない。フォン・ノイマンとモルゲンシュテルンが『ゲームの理論と経済行動』の多くのページを費やしたのは、このような2人ゼロサムゲームの分析だった。そこには当時の世界情勢の影響がある。

1944年といえば、まだ第二次世界大戦が終わる前である。戦後の力関係をにらむ米国にとって、重大な懸念は米ソ間の軍事問題だった。米国とソ連の利害は完全に対立していて、そこには妥協の余地などない。このような考え方が優勢だった当時、米ソ間の軍事問題を分析するために、2人ゼロサムゲームの研究は非常

---

[7] カード・カウンティング（あるいは単に、カウンティングとも呼ばれる）はエドワード・ソープ教授が開発したブラックジャック攻略法。カウンティングを使って学生たちがラスベガスで荒稼ぎするという『ラスベガスをぶっつぶせ』という映画は実話をもとにしている。フォン・ノイマンたちの議論ほどではないがカウンティングも十分に複雑である。

[8] 『ビューティフル・マインド』（塩川優訳、新潮社、2002年、邦訳118ページ）によれば、論文には「これは、まったく利己的な『ホモ・エコノミクス』が、与えられた環境のもとでいかに行動するかという古典経済学の基本命題である」という脚注が付いていた。

に重要だった。実際のところ、『ゲームの理論と経済行動』にいち早く注目した軍事戦略家とは対照的に、ほとんどの経済学者はこの本を気にも留めなかったようだ[9]。

脇道にそれるが、映画『マダム・フローレンス』でメリル・ストリープ扮するフローレンスがニューヨークのカーネギーホールで華やかなコンサートを開催したのも同じ1944年だった。その当時、日本では人びとが厳しい生活を強いられていた。そのことを思うと、『ゲームの理論と経済行動』にせよフローレンスのコンサートにせよ、当時の米国の国力はもの凄いものだったのだなと感心してしまう。

ところで、先に書いたようにフォン・ノイマンはただの数学者ではなくて天才数学者である。その天才ぶりは、彼が業績を挙げた分野の多さを見ても分かる。ゲーム理論だけでなく、量子力学、計算機科学、気象学など多岐にわたっているのだ[10]。ノーマン・マクレイによるフォン・ノイマンの伝記『フォン・ノイマンの生涯』（渡辺正・芦田みどり訳、朝日新聞社、1998年）をぜひ読んでほしい。豊富なエピソードを読めば、間違いなくフォン・ノイマンの天才ぶりに圧倒されるはずだ。

### ジョン・ナッシュの新しい数学「ナッシュ均衡」

現在のゲーム理論で中心的な役割を果たすのが、5章で学ぶナッシュ均衡という概念である。ナッシュ均衡を考えることで、ゲームの中でプレイヤーたちがどう行動するのか、あるいはどう行動すべきなのかを理解することができる。この概念は数学者のナッシュ（J. F. Nash Jr.）が1950年に『エコノメトリカ』誌に発表した。ちなみに、わざわざ「ナッシュ」均衡と呼ぶのは、ミクロ経済学の中で均衡——需要と供給が等しくなる状態——という概念がすでに使われていたからで

---

[9] 『ビューティフル・マインド』の邦訳167ページを参照。経済学者が『ゲームの理論と経済行動』を無視した理由の1つは、数学を経済学に活用することに対して経済学者が懐疑的だったことだろう。フォン・ノイマンたちも『ゲームの理論と経済行動』の中で、「他の諸科学でみられる事情とは対照的」に、経済学では「数学の利用は十分成功していない」と述べている（邦訳、1巻33ページ）。

[10] フォン・ノイマンがどのような業績を挙げたのかについて、高橋昌一郎『ノイマン・ゲーデル・チューリング』（筑摩書房、2014年）にはコンパクトにまとまった解説がある。

ある。

　ナッシュは、自分の発見した「均衡点」というアイデアを使えば、フォン・ノイマンのミニマックス定理をもっと多くの状況に当てはめられると考えた。フォン・ノイマンに会ってそのことを直接伝えたものの、フォン・ノイマンの反応はかなり冷たいものだったようだ。しかし、ゲーム理論の現状を鑑みれば、フォン・ノイマンはナッシュの成果の重要性を見誤ったということになる。

　ナッシュは波乱に満ちた人生を送ったのだが、それについてはシルヴィア・ナサーによるナッシュの伝記『ビューティフル・マインド』を読んでほしい。読んだことはないけれど、そのタイトルはどこかで聞いたことがあるな？と思った読者は、ひょっとしたら映画を観たことがあるのかもしれない。この伝記をもとにした同じタイトルの映画があって、ラッセル・クロウがナッシュを演じた。業績を認められたナッシュが同僚の研究者たちから次々にペンを渡されるラストシーンは感動する。

　ナッシュは数学者である。『ビューティフル・マインド』によれば、1951年に『数学年報』に掲載された代数多様体の論文によって、ナッシュは「第1級の純粋数学者としての地位」を確立した。この論文は、ナッシュ自身が心から満足した唯一の作業だったという。

　そのナッシュを経済学（ゲーム理論）に結び付けたのは、彼がカーネギー工科大学の学生だった時に履修していた国際貿易論の授業だった。履修していた理由は何とも単純で、単に卒業単位を満たすためだったという。ノーベル賞受賞記念エッセーでナッシュはこう述べている。「経済学的な着想や問題にこのようにさらされたことで、のちに『エコノメトリカ』に掲載されることになるアイデアに至ることができた。そしてこのアイデアこそが、プリンストンの大学院生であったとき、私をゲーム理論研究へと引きよせたのだった」（『ビューティフル・マインド』128ページ）。ナッシュがゲーム理論に関心を向けたのはゲーム理論にとって幸運だったと言えよう（フォン・ノイマンの場合と同じく）。

　先に述べたように、フォン・ノイマンとモルゲンシュテルンは主に2人ゼロサムゲームを分析してきた。けれども多くの経済問題を思い浮かべてみると、個人や企業といった経済主体の利害が完全に対立していることはそれほど多くないし、何よりもある状況に関係する当事者は2人だけということもない。そういった状況の分析にもゲーム理論を使えるようにしたのがナッシュの功績なのであ

る。

## ゲーム理論とノーベル経済学賞

　フォン・ノイマン、モルゲンシュテルンから始まってナッシュを経て、ゲーム理論はますます発展し、重要性を増してきた。ここ最近のゲーム理論に関連する分野でのノーベル経済学賞受賞者リストを眺めてみると、ゲーム理論がどう発展してきたのかを簡単に知ることができる[11]。

　まず、ゲーム理論生誕50周年という節目の1994年には、ハルサニー（J. Harsanyi）、ナッシュ、ゼルテン（R. Selten）の3人が非協力ゲーム理論の開拓を称えられてノーベル賞を受賞した。ハルサニーが考え出した不完備情報ゲームというモデルは、現実の世界を分析するのに欠かすことができない。本書でも、不完備情報ゲームについては13章で詳しく説明する。また、ゼルテンが提案した部分ゲーム完全均衡の概念は、相手の行動を知ったうえで自分の行動を決められるような状況を分析する時に、重要な役割を果たす。展開形ゲームと部分ゲーム完全均衡については、9章で詳しく説明する。

　2005年にはオーマン（R. J. Aumann）とシェリング（T. Chelling）が「対立と協力」の分析にかんする功績を理由にノーベル賞を受賞した。現実の社会では、人びとの利害が完全に対立するゼロサムゲームのような状況は少ない。むしろ大半の場面で、人びとは他の人たちと協力することで大きな便益を得られるのである。しかし、当事者の思いが一致していたとしても、協力は口で言うほど簡単ではない。どうやって他の人と行動をすり合わせるかという大きな問題があるからである。オーマンとシェリングはまさに、この問題を解決するための方法を提案した。本書では6章でシェリングの提案したフォーカルポイントについて説明する。

　2007年にはハーヴィッツ（L. Hurwicz）、マスキン（E. Maskin）、マイヤーソン（R. Myerson）の3人が、メカニズムデザイン理論への貢献を評価されてノーベル賞を受賞した。メカニズムデザインというのは経済制度を設計する（デザイン）という分野で、分析のための道具としてゲーム理論を駆使する。例えば、14章で

---

[11] ゲーム理論は情報の経済学と深く関係している（第3部）。しかし、ここでは情報の経済学に関連するノーベル賞受賞者についてはふれない。

説明するオークションはメカニズムデザインにおける重要なテーマの1つである。また、そういった経済制度を現実の社会で機能させるためにはどうすればよいのかを研究するマーケットデザインという分野もある。2012年にはロス（A. Roth）とシャプレー（L. Shapley）がマーケットデザイン研究にかんする業績でノーベル経済学賞を受賞した。周波数オークション、学校選択制、ドナー交換腎移植といった現実の制度設計において成果がたくさん挙がっているため、マーケットデザインはゲーム理論を使った研究分野としては現在最も注目を浴びている分野となっている。ロスが書いた『フー・ゲッツ・ホワット』（櫻井祐子訳、日本経済新聞社、2016年）を読むと、上手に設計された制度がいかに社会をより良くできるのかを感じることができる。

●章末問題

**問題1.1** 私とあなたの2人でするジャンケンをゲームとして定式化しよう。プレイヤー・戦略・利得という3つの要素が何であるのかを答えなさい。

**問題1.2** 社会、経済、政治、あるいは日常生活の中からゲーム的な状況を取り出して、ゲーム理論の3つの要素が何であるかを答えなさい。

第1部

**戦略形ゲーム**

# 第2章

# 戦略形ゲームとは

## 2.1 ゲーム理論の基本モデル：戦略形ゲーム

　前章では、ゲームを定式化するのに欠かせない3つの要素について説明した。ゲームを定式化したら、ゲーム理論を使って「プレイヤーたちはどんな戦略を選ぶべきなのか」「プレイヤーたちはなぜこのような戦略を選んだのか」を分析することができる。ゲーム理論の分析では2つのモデルを使い分けることが多いのだが、2章では**戦略形ゲーム**というモデルについて説明しよう。

　戦略形ゲームはゲーム理論の基本モデルである。戦略形ゲームには**同時手番ゲーム**という別名があって、その名の通り、プレイヤーたちが戦略を同時に選ぶ状況を表すために使われる。ただし、ここでいう「同時」は「同時刻」を必ずしも意味しない。

　例えば、私とあなたの2人でジャンケンをするとしよう。公正を期すために、第三者に審判をお願いする。選んだ「手」を書いた紙を封筒に入れてから審判に渡して、2人分の手がそろったところで開封して勝敗を判断してもらおう[1]。まず、私が先に手をひとつ選んで、選んだ手を紙に書く。次にあなたが同じように選んだ手を紙に書く。最後に、審判が開封して勝敗を判定する。このようなジャンケンでは、私とあなたは時間的な意味において同時に手を選んでいるわけでは

---

[1] 2009年に行われたジャンケン世界選手権のチャンピオンであるティム・コンラッドは、インタビューの中で「相手によっては手を選ぶ瞬間の握り方で出す手が分かることもある」と答えている。名人にとっては後だしジャンケンのようなもので、これでは純粋な同時手番ゲームとは言えないだろう。それならば本文に書いたように、手を紙に書いて審判に渡すほうが同時手番ゲームに相応しい。

ない。けれども、このジャンケンがいわゆる普通の（同時手番の）ジャンケンと見なせることに異論はないだろう。つまり、同時手番というのは、自分が戦略を選ぶ時に他のプレイヤーがどんな戦略を選んだのかを知らない状況を指しているのである。

## 2.2 戦略形ゲームの例、そして利得行列

戦略形ゲームは、**利得行列**を使って視覚的に表すことができる。利得行列を見れば「プレイヤーは誰か」「彼らの戦略は何か」「彼らの利得はいくらか」（つまりゲームの3要素）を一目で把握できる。先ほど書いたように戦略形ゲームは基本モデルなので、ゲーム理論を勉強するならば何をおいても利得行列の見方に慣れておかなければならない。2.2節では、戦略形ゲームの例をいくつか見てみて、それらのゲームを利得行列で表してみよう。

「期末試験ゲーム」

ミクロ経済学の期末試験問題を作成している大学教員がいる。問題を作成する時には採点のことまで考えるのが普通である。論述問題を多くすると試験の難易度は高くなり（「難しい試験」）、しかも教員は採点に多くの時間をかけなければならない。他方で、選択式の問題を作成してマークシートで解答させると試験の難易度は下がり（「易しい試験」）、教員が採点にかかる時間も短くなる。

学生は期末試験に向けて準備をする。教員がどのような形式の期末試験を作ってくるか分からないが、学生は一生懸命に勉強するか（「勉強する」）、あるいは勉強をさぼる（「勉強しない」）のかを決めなければならない。

さて、学生は勉強の達成感と、もちろん単位を重視している。一生懸命に勉強して試験に臨んだうえで難しい問題が出題されたなら、学生は達成感を得られてなおかつ単位も無事に取得できる。これが1番望ましい。勉強せずに試験に臨んだら試験が思いのほか易しかったとすれば、達成感はなくても単位は取得できる。これは2番目に望ましい。3番目に望ましいのは、一生懸命に勉強したのに試験問題が簡単だった場合で、もちろん単位は取れるものの、あの勉強は何だったのかと考えてしまう。最悪なのは、勉強しないで試験に臨んだら問題が難しくてまったく答案を書けないケース。もちろん単位など望むべくもない。学生にと

って望ましい結果を望ましい順に並べてまとめておこう。
1．学生が一生懸命に勉強し、教員が難しい問題を作成する。
2．学生が勉強をさぼり、教員が易しい問題を作成する。
3．学生が一生懸命に勉強し、教員が易しい問題を作成する。
4．学生が勉強をさぼり、教員が難しい問題を作成する。

一方、この教員は採点にかかる時間を最も気に懸けているとしよう。とにかく採点時間を短くすることが最重要事項である。その次に気にするのは勉強に対する学生の姿勢で、学生には勉強をさぼらずに一生懸命にやってほしいと思っている。結果を教員にとって望ましい順に並べてみるとこうなる。
1．学生が一生懸命に勉強し、教員が易しい問題を作成する。
2．学生が勉強をさぼり、教員が易しい問題を作成する。
3．学生が一生懸命に勉強し、教員が難しい問題を作成する。
4．学生が勉強をさぼり、教員が難しい問題を作成する。

期末試験ゲームは、戦略形ゲームとしてモデル化することができる。学生も教員も、相手の選ぶ戦略がまだ分からない内に、自分がどの戦略を選ぶのかを決めなければならないからである。

まずはゲームの3要素を確認しておこう。プレイヤーは「学生」と「教員」である。学生には「勉強する」「勉強しない」の2つの戦略があり、教員には「難しい試験」「易しい試験」の2つの戦略がある。彼らの利得は、自分にとって最も望ましい結果を「3」、最も望ましくない結果を「0」として4段階で表すことにしよう。期末試験ゲームは**図2.1**のように利得行列で書き表すことができる。

|  |  | 教員 | |
|---|---|---|---|
|  |  | 難しい試験 | 易しい試験 |
| 学生 | 勉強する | 3, 1 | 1, 3 |
|  | 勉強しない | 0, 0 | 2, 2 |

図2.1　期末試験ゲーム

(3,1)という数値が入っている左上のセルを例にとって、利得行列の見方を説明しよう。このセルは、学生が「勉強する」を選び、教員が「難しい試験」を選んだ結果に対応している。この結果に対して、学生と教員はそれぞれ3と1の利得を得る。これが左上のセルに書かれた(3,1)という数値の意味である。

ちなみに、2人ゲームの場合、行列の縦方向にある戦略（「勉強する」「勉強しない」）を選ぶプレイヤー（学生）を行プレイヤー、横方向にある戦略（「易しい試験」「難しい試験」）を選ぶプレイヤー（教員）を列プレイヤーという。利得は（行プレイヤー、列プレイヤー）の順に並べて書く。どちらの数値が誰の利得なのかを混乱しないように注意しよう。他の3つのセルについても、読者には数値の意味を自分で確認してほしい。

「ジャンケン」

　このゲームについての説明は恐らく不要だろう。ここでは「私」と「あなた」の2人でするジャンケンを利得行列で表してみよう。戦略は「グー」「チョキ」「パー」の3つで、どちらのプレイヤーも勝ち、あいこ、負けの順で望ましいと考えている。ここではそれぞれの結果に対する利得を2, 1, 0としておこう。**図2.2**はジャンケンの利得行列である。上で見た期末試験ゲームとは違い、ジャンケンの戦略は3つなので利得行列は3×3になる。

|  |  | あなた | | |
|---|---|---|---|---|
|  |  | グー | チョキ | パー |
|  | グー | 1, 1 | 2, 0 | 0, 2 |
| わたし | チョキ | 0, 2 | 1, 1 | 2, 0 |
|  | パー | 2, 0 | 0, 2 | 1, 1 |

図2.2　ジャンケン

「期末試験ゲーム②」

　先ほどの期末試験ゲームにおいて、教員には試験の代わりに「レポート」を課すという選択肢もあるとしよう。レポートの採点はとても大変なので教員の利得は試験の時よりも低くなるが、一生懸命に勉強する学生にとってはさらに満足度が高くなる。このような状況は2×3の利得行列で表される（**図2.3**）。図2.1と比べると右端の列が新たに加わっていることが分かるだろう。このように、プレイヤーによって戦略の数が違っていても利得行列を書けることに注意しよう。

|  |  | 教員 | | |
|---|---|---|---|---|
|  |  | 難しい試験 | 易しい試験 | レポート |
| 学生 | 勉強する | 3, 1 | 1, 3 | 4, −1 |
|  | 勉強しない | 0, 0 | 2, 2 | 0, −2 |

図2.3　期末試験ゲーム②

## 「少数決」

　これまではプレイヤーが2人しかいない戦略形ゲームを見てきたが、3人以上のプレイヤーがいる戦略形ゲームを考えることもできる。例えば『ライアーゲーム』という漫画に登場する「少数決」というゲームを考えてみよう[2]。ゲームの参加者は、出されたお題、例えば「あなたは女ですか？」といった質問に対して「Yes」「No」のどちらかを投票する。開票の結果、自分の選んだ答えが少数派であれば勝ちとなる。

　作中で主人公アキヤマは「人生で一番大切なのはカネだ」というお題を出す。そして、「おれは必ず勝つから」と言って、他のプレイヤーたちに「No」の投票用紙を見せながら投票箱に入れる。この場面は作中のクライマックスであるだけでなく、アキヤマの行動はゲーム理論的にも興味深いのであるが、ここではもっと単純な状況での少数決を考えよう。プレイヤーが3人いて、彼らは「Yes」「No」のどちらかを選んで同時に（自分の投票が他のプレイヤーたちに分からないように）投票する。プレイヤーは3人なので、2対1に分かれるか、3対0になるかのいずれかである。この時、答えが2対1に分かれたとして、自分が少数派になっていれば勝ちである[3]。3対0の時には少数派の答えを選んだ人が誰もいないので、勝負は次に持ち越される。

　少数決を利得行列で表してみよう。3人のプレイヤーの戦略はそれぞれ「Yes」「No」という2つの戦略を持つ。自分が少数派であれば勝ちで2の利得、負けた時の利得は0とする。投票結果が3対0ならばゲームは次に持ち越しで、その時の利得は1としておこう。利得行列をサイコロのような立体で表しても良いのかもしれないが、筆者は今までにそのような利得行列を見たことがない。たまに見かけるのは、**図2.4**のような利得行列の表現である。

---

2）甲斐谷忍『LIAR GAME』2巻、集英社、2006年

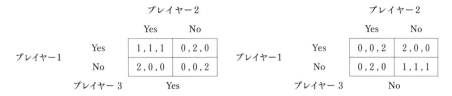

**図2.4　少数決ゲーム**

プレイヤー3が「Yes」を選んだ場合の利得行列を左側、「No」を選んだ場合を右側として、2つの利得行列を並べて示してある。また、各セルの数値は3人分の利得で、左からプレイヤー1、プレイヤー2、プレイヤー3の順である。4人以上のプレイヤーがいるゲームの利得行列が図示されることはほとんどない。たぶん、視覚的に分かりやすいという利得行列の利点が失われてしまうからだろう。ただし、4人以上のプレイヤーがいても、戦略形ゲームを考えることはできる。また、プレイヤーが2人しかいなくても、戦略が無数にあるような状況は利得行列で表せない。このようなゲームについては8章で考えよう。

利得行列を使いながらどうやってゲームを分析するのかについては3章以降で説明していくが、まずは利得行列の見方をしっかりと身に付けておこう。さらに欲を言えば、身の回りの出来事を利得行列で表せるようになってもらいたい。それこそがゲーム理論的な思考力を養うための近道である。そのためには章末問題が役に立つだろう。

2章ではゲーム的な状況を定式化した。では、その状況でプレイヤーたちはど

---

3)「少数決」は、経済学者ブライアン・アーサーによる「エル・ファロル問題」（「マイノリティゲーム」とも呼ばれる）の簡易版と考えられるかもしれない。『アメリカン・エコノミック・レヴュー』誌に掲載された論文の中でアーサーが提起した問題はこうである。100人の住民が、サンタフェにある人気レストラン「エル・ファロル」に行くかどうかを迷っている。アイルランド音楽の中で上質のお酒も楽しめる、瀟洒で雰囲気の良いレストランである。店の広さを考えると、客数が60人未満ならエル・ファロルで美味しいお酒と音楽が楽しめる。しかし60人以上のお客が店に来てしまうと、店内が混雑してまったく楽しめない。それくらいなら家で過ごすほうがはるかに良い。住民はそれぞれ、店に行くのと家にいることのどちらを選べばよいのだろう？　プレイヤーが100人もいるゲームを利得行列として明示的に書くことはできないが、エル・ファロル問題は戦略形ゲームである。

のような戦略を選ぶのか？ あるいは選ぶべきなのか？ これらが次に考えたい問題である。そのために必要な概念は次章で説明しよう。

● 章末問題

**問題2.1** 2016年10月時点で、乗用車の登録台数は6130万台（国民の2人に1人は車を持っている）にもなるが、その内で電気自動車などの次世代自動車が占める割合は1％未満に過ぎない[4]。次世代自動車には「地球環境にやさしい」「経済的」「振動・騒音が小さく、静か」という3つのメリットがあり、経済産業省が普及を目指している。しかし、急速充電施設が少なく（2017年1月時点で全国6935か所）、「電欠」の不安があるために、なかなか普及しないというのが現状である。充電設備については、自動車メーカーが共同で設立した「日本充電サービス（NCS）」が充実を図っているものの、収益性が低いせいで設置が進んでいないようだ。

　この状況を「私」と「他の人たち」の2人ゲームとして定式化してみよう。戦略は「従来車」「次世代自動車」の2つである。どちらのプレイヤーにとっても、「従来車」を選べば1の利得が得られるとする。2人がともに「次世代自動車」を選ぶと、どちらも2の利得を得る。次世代自動車の普及によって充電設備も増えて、電欠の不安もなくなるからだ。他方で自分だけが「次世代自動車」を選んだ場合には、充電設備が少ないという不便さがあるので利得は0である。これらの利得を踏まえて、「車選びゲーム」の利得行列を書きなさい。

**問題2.2** アメリカにはコーラ戦争の長い歴史がある。2014年にはついにコーラ戦争の戦場が日本にまで広がった。2014年春に放送されて話題になったCMを覚えている読者も多いだろう。500人のユーザーがペプシとコカ・コーラのゼロコーラ（カロリーゼロのコーラ）を飲み比べて答えたアンケート結果にもとづいて作成されたというCMである。どちらが美味しいのか？ 青の衣装に身を包んだペプシファンと赤色の服装のコカ・コーラファンたちが埋め尽くした会場に、結果を携えた審査委員長が登場する。しばらくの沈黙に続いて「ペプシ！」のひと言が発せられ、会場が青の歓喜に包まれる

---

4）経済産業省（2017）『EV・PHVの充電インフラに関する調査』による。EVはElectric Vehicle、PHVはPlug-in Hybrid Vehicle（プラグインハイブリッド自動車）の略である。PHVは外部電源から充電できるタイプのハイブリッド自動車のこと。経済産業省はこれらの次世代自動車の普及率を2030年までに20〜30％とすることを目指している。経済産業省の調査は次のULRから入手できる。http://www.meti.go.jp/meti_lib/report/H28FY/000026.pdf

——「この勝利は偶然か、必然なのか？ 答えは未来にある。」[5]

　この状況を「ペプシ」「コカ・コーラ」の2人ゲームとして定式化してみよう。戦略は「爽やかなCM」と「過激なCM」の2つである。2社が「爽やかなCM」を展開した場合の利得を2とする。2社が違う戦略を選んだ場合には、「過激なCM」を選んだプレイヤーは3の利得を得るが、「爽やかなCM」を選んだ企業の利得は1である。「過激なCM」が話題を呼び、ライバル会社から消費者を奪うからだ。他方で、2社がともに「過激なCM」を展開すると、イメージが悪くなるせいで消費者がコーラを敬遠してしまう。その場合の利得を0とする。これらの利得を踏まえて、「コーラ戦争」の利得行列を書きなさい。

**問題2.3**　日本にはホンビキという博打があった[6]（先ごろ、『アカギ』という漫画の中にこの博打が登場した）。それぞれの参加者は「親」か「子」のどちらかの役割でゲームに参加する。親が1から6の数字が書かれた札の1つを選んで手ぬぐいの下に隠し、子がその数字を当てるというゲームである。子が数字を見事に当てれば子の勝ち、当てられなければ親の勝ちである。数字を当てるギャンブルというとカジノのルーレットやロトくじを思い浮かべるかもしれないが、ホンビキは親が当てずっぽうではなく自分で数字を選ぶというところに特徴がある。

　ここでは数字の代わりに「赤」と「黒」という2つの色を使う「色当てゲーム」を考えてみよう。プレイヤー1（親）が色を選んだ後にプレイヤー2（子）が色を選ぶのだが、どちらにも相手が何を選んだのかは分からないので、これは同時手番ゲームである。戦略は「赤」「黒」の2つである。それぞれのプレイヤーの利得を、勝てば1、負ければ−1として色当てゲームの利得行列を書きなさい。

**問題2.4**　問題1.2であなたが考えたゲーム的な状況の利得行列を書きなさい（もしプレイヤーが3人以上だったらそのままチャレンジしてもよいが、とりあえず2人ゲームを新たに考えてみるほうが良いかもしれない）。

---

5）この比較CMはかなり話題にもなったはずなのだが、ペプシの公式ウェブサイトを見てもほとんどふれられていない（TVCM「美味しさ篇」を放映、というひと言のみ）。
6）雀聖・阿佐田哲也はこのゲームを「悪魔のゲーム」と呼んだ。

# 第3章
# 支配される戦略の逐次消去

## 3.1 支配される戦略の逐次消去

これまでゲーム理論の3要素について学び、戦略形ゲームの例をいくつか見てきた皆さんは、ゲーム的な状況をどうやって「ゲーム」としてモデル化するのかについて理解しているだろう。ゲームをモデル化したら、次のステップは「ゲームの中で、プレイヤーはどの戦略を選べばよいのか？」について考えることである。この疑問に答えることを、ゲーム理論では「解を求める」と言う。解が求められれば、ゲーム的な状況において何が起こるのかを予測したり、どう行動すべきかの指針を得ることができる。その意味で、解を求めることはゲーム理論を使ううえでの最も重要なステップなのである。

解を求めるやり方にはいくつかある。3章では、支配される戦略の逐次消去と呼ばれる手順にしたがって解を求めることにしよう。

支配される戦略の逐次消去は、プレイヤーが合理的・理性的であることを大きく頼りにしている（1.3節6ページ）。まず、プレイヤーは合理的なので、2つの戦略を比べてみて、どんな時でも利得が低くなってしまうような戦略は選ばない。すべての戦略に一長一短があるならば、どれを選べばよいのか迷ってしまうだろう。けれども、別の戦略と比べてデメリットしかない戦略は、何があろうと選ばないはずだ。家電量販店に行って2種類のノートパソコンを見比べてみることを想像してみればよい。左側の製品は重いのにHDD容量が小さく、液晶モニターの映りが悪く、本体カラーも気に入らない、しかも高い。そんな製品をわざわざ選ぶ理由は何もない。そのようなデメリットしかない戦略のことを**支配される戦略**という。ここでは支配関係、つまりどの戦略に支配されているのか（どの

戦略と比べて見劣りするのか）を考えることが大切である。

さらに、プレイヤーは理性的なので、相手も支配される戦略を選ばないということを理解している。これは、相手が支配される戦略を選ばないことを前提として自分の意思決定ができることを意味している。このことはとても重要なのだが、重要性を理解するためには言葉の説明よりも具体的な手順を見たほうが分かりやすい。2章で紹介した「期末試験ゲーム」の解を、**支配される戦略の逐次消去**にしたがって求めてみよう。

|  |  | 教員 | |
|---|---|---|---|
|  |  | 難しい試験 | 易しい試験 |
| 学生 | 勉強する | 3, 1 | 1, 3 |
|  | 勉強しない | 0, 0 | 2, 2 |

図3.1　期末試験ゲーム（再掲）

学生の視点に立って状況を眺めてみると、どのような戦略を選べばよいのかは、教員の選択に左右されることが分かる。教員が「難しい問題」を作るのであれば、学生は「勉強する」を選べばよい。教員が「易しい問題」を作るのであれば、学生は「勉強しない」を選べばよい。つまり、どちらも「デメリットしかない戦略」ではないので、学生の戦略には支配関係がない。

今度は教員の視点で状況を眺めてみると、教員が直面している問題は学生とは違うということが分かる。教員にとって、「難しい試験」を選んだ時の利得は「易しい問題」を選んだ時よりも低い（「難しい試験」を選んで得られる利得は1か0だが、「易しい試験」だと3か2である）。このことは、学生が勉強するかどうかとは関係ない。つまり、「難しい試験」は「易しい試験」に支配されているのである。

では、分析を1歩進めてみよう。合理的なプレイヤーである教員は、支配される戦略である「難しい試験」を選ばないはずである。そして、理性的な（もちろん合理的でもある）プレイヤーである学生は、「教員が『難しい試験』を選ばない」ことを理解しているはずである。それならば、分析上、教員の選択肢から「難しい試験」を外してしまっても同じだろう、どうせ選ばれない戦略なのだから。そこで、教員の「難しい試験」を消去して新しく書き直した利得行列が**図3.2**である（消去された部分を薄い色で示してある）。

|  | 教員 | |
|---|---|---|
| 学生 | 難しい試験 | 易しい試験 |
| 勉強する | 3, 1 | 1, 3 |
| 勉強しない | 0, 0 | 2, 2 |

図3.2　期末試験ゲーム（1段階消去）

　さらに分析を1歩進めよう。図3.2の利得行列をじっと眺めてみると、気づくことがある。そう、期末試験ゲーム（1段階消去）では、学生の「勉強する」という戦略が「勉強しない」に支配されているのである。実際、「勉強する」を選んだ時の利得1は、「勉強しない」を選んだ時の利得2よりも低い。もともとのゲーム（**図3.1**）では、学生には支配される戦略がなかったことを思い出そう。この点はとても重要なので強調しておきたい。もともとのゲームで支配される戦略を持たないプレイヤーも、他のプレイヤーについて支配される戦略を消去した後のゲームでは、支配される戦略を持つことがあり得るのである。

　さて、学生の「勉強する」は「勉強しない」に支配されているのだから、先ほどと同じ議論によって、学生の選択肢から消してしまっても構わないだろう。利得行列から「勉強する」を消去すると、新たな状況は次のような1×1の利得行列で書き直すことができる（図3.3）。

|  | 教員 | |
|---|---|---|
| 学生 | 難しい試験 | 易しい試験 |
| 勉強する | 3, 1 | 1, 3 |
| 勉強しない | 0, 0 | 2, 2 |

図3.3　期末試験ゲーム（2段階消去）

　ここに至ればもはやどちらのプレイヤーにも支配される戦略はないので、残った戦略の組み合わせが解ということになる。つまり、期末試験ゲームの解は、学生が「勉強しない」を選び、教員が「易しい試験」を選ぶという戦略の組である。これを（勉強しない、易しい試験）と書くことにしよう。

　これが、支配される戦略の逐次消去の手順である。「順番に、交互に」という意味の「逐次」がついている理由も明らかだろう。

## 3.2 より複雑な逐次消去

2×2の利得行列で表される期末試験ゲームでは、2段階の消去でゲームの解が求められた。しかし、プレイヤーの戦略がもっと多く、利得行列のサイズが大きい場合には、逐次消去の段階が増えることがある。図3.4の利得行列を見てほしい。

プレイヤー2

| | | A | B | C |
|---|---|---|---|---|
| プレイヤー1 | X | 2, 3 | 1, 5 | 4, 2 |
| | Y | 3, 1 | 0, 3 | 1, 4 |
| | Z | 1, 4 | 0, 2 | 3, 3 |

図3.4 名もなき戦略形ゲーム①

このゲームは具体的な社会状況や経済現象を表しているわけではない。そういう意味で抽象的なゲームに過ぎないのだが、このように文脈抜きで話ができるというのもゲーム理論の大きな特徴である。経済学の他の分野ではこういうわけにはいかない。

では、支配される戦略の逐次消去によって名もなき戦略形ゲーム①の解を求めよう。利得行列を注意深く眺めてみると、プレイヤー1の戦略に支配関係があることが分かる。具体的に言うと、プレイヤー1にとって戦略「Z」は「X」に支配されている。このことはプレイヤー1の利得（利得の組のそれぞれ左側）の1行目と3行目を比べてみた時に、常に3行目の値（左から順に1, 0, 3）が1行目の値（左から順に2, 1, 4）よりも小さいことからそう言える。ちなみに、これ以外に戦略の支配関係はない（読者にはぜひ自分で確認してほしい）。戦略「Z」を消去した後の利得行列は2×3になる。

| | | A | B | C |
|---|---|---|---|---|
| プレイヤー1 | X | 2, 3 | 1, 5 | 4, 2 |
| | Y | 3, 1 | 0, 3 | 1, 4 |
| | Z | 1, 4 | 0, 2 | 3, 3 |

図3.5 名もなき戦略形ゲーム①（1段階消去）

図3.5に示された2×3の利得行列では、プレイヤー2にとって戦略「A」が「B」に支配されていることを見て取れるだろう。この支配関係は1段階目の戦

略の消去によって新たに生まれたものであり、もともとの3×3の利得行列には存在していなかった関係であることに注意しよう。プレイヤー2の戦略「A」を消去することで、利得行列は2×2になる（**図3.6**）。

|  |  | A | B | C |
|---|---|---|---|---|
|  | X | 2, 3 | 1, 5 | 4, 2 |
| プレイヤー1 | Y | 3, 1 | 0, 3 | 1, 4 |
|  | Z | 1, 4 | 0, 2 | 3, 3 |

図3.6　名もなき戦略形ゲーム①（2段階消去）

逐次消去の手順はまだ終わらない。図3.6の戦略形ゲームではまた新たな支配関係が生まれている。具体的には、プレイヤー1にとって戦略「Y」が「X」に支配されている。そのため、プレイヤー1の戦略「Y」を消去すると、利得行列は1×2になる（**図3.7**）。

|  |  | A | B | C |
|---|---|---|---|---|
|  | X | 2, 3 | 1, 5 | 4, 2 |
| プレイヤー1 | Y | 3, 1 | 0, 3 | 1, 4 |
|  | Z | 1, 4 | 0, 2 | 3, 3 |

図3.7　名もなき戦略形ゲーム①（3段階消去）

いよいよ最後のステップである。プレイヤー2にとって戦略「B」に支配されている「C」を消去すると（X, B）という戦略の組が生き残る。これがこのゲームの解である。

|  |  | A | B | C |
|---|---|---|---|---|
|  | X | 2, 3 | 1, 5 | 4, 2 |
| プレイヤー1 | Y | 3, 1 | 0, 3 | 1, 4 |
|  | Z | 1, 4 | 0, 2 | 3, 3 |

図3.8　名もなき戦略形ゲーム①（4段階消去）

## 3.3　支配される戦略がないゲーム

支配される逐次消去のやり方が十分に理解できたところで別の例を考えてみよう（**図3.9**）。同じく、支配される戦略の逐次消去によってゲームの解を求めてみたい。また同じことの繰り返しかなどと思わずに、ぜひ図3.9を見ながら考えて

もらいたい。

|  |  | プレイヤー 2 | | |
|---|---|---|---|---|
|  |  | A | B | C |
| プレイヤー 1 | X | 2, 3 | 0, 2 | 4, 2 |
|  | Y | 3, 1 | 0, 3 | 1, 4 |
|  | Z | 1, 4 | 1, 5 | 3, 3 |

**図3.9　名もなき戦略形ゲーム②**

　この戦略形ゲームは、図3.4に示した名もなき戦略形ゲーム①の利得を1か所——（X, B）と（Z, B）に対応する利得を入れ替えて作ってある。このゲームで支配される戦略を探して消去していくと、どうなるだろうか？

　まず、プレイヤー1について、戦略の支配関係を確認してみよう。「X」と「Y」を比べてみると、プレイヤー2の「A」に対しては「X」が良いものの、「C」に対しては「Y」のほうが良い。よって、この2つの戦略には支配関係はない。同じように「X」と「Z」、「Y」と「Z」を比べてみても、やはり支配関係がないことが分かる。ではプレイヤー2についてはどうだろう？　ここでもプレイヤー2の戦略を2つずつ比べてみると、やはりどの組み合わせにも支配関係がないことが分かる。

　ということは、この戦略形ゲームには支配される戦略が1つもないということである。ないものは消すこともできないので、手順はこれでお終いとなる。つまり、この戦略形ゲームにおける解は（X, A）、（X, B）、（X, C）、（Y, A）、（Y, B）、（Y, C）、（Z, A）、（Z, B）、（Z, C）の9つということである。

　このように、支配される戦略を逐次消去していっても、解が1つにしぼり込めるとは限らない。というか、実はそのほうが一般的である。ゲームの解を、戦略形ゲームで表された状況での行動予測あるいは行動指針と見るのであれば、複数の解が存在するのはあまり嬉しくない。「4つの内どれかが起こります」というのと、「これが起こります」というのでは予測や指針としての有用性には大きな差があるだろう。特に、図3.9のようにどちらのプレイヤーの戦略も1つも消せないというのでは、分析上、何も言っていないのと同じである。

　では支配される戦略の逐次消去ではなく、他の方法を使って解を見つけることはできないだろうか？　そこで紹介したいのが、プレイヤーの最適応答戦略というものに注目して解を見つけるという方法である。その方法については次章で説

明しよう。

● 章末問題

**問題3.1** 「ジャンケン」に支配される戦略があるかどうかを考えなさい。

**問題3.2** 「期末試験ゲーム②」（2.2節17ページ）の解を、支配される戦略の逐次消去にしたがって求めなさい。

**問題3.3** 図3.10、図3.11で示されたゲームの解を、支配される戦略の逐次消去にしたがって求めなさい。

|  |  | プレイヤー2 | | |
|---|---|---|---|---|
|  |  | A | B | C |
| プレイヤー1 | X | 2, 1 | 1, 0 | 0, 4 |
|  | Y | 0, 1 | 2, 3 | 2, 2 |
|  | Z | 3, 2 | 4, 1 | 1, 0 |

図3.10　戦略形ゲーム（3×3）

|  |  | プレイヤー2 | | | |
|---|---|---|---|---|---|
|  |  | A | B | C | D |
| プレイヤー1 | W | 0, 5 | 1, 3 | 100, 4 | -10, 2 |
|  | X | 5, 1 | 2, 2 | 10, 0 | 100, 1 |
|  | Y | 3, 2 | 1, 10 | 5, 100 | 101, 9 |
|  | Z | 4, 10 | 0, -1 | 9, -1 | 99, 99 |

図3.11　戦略形ゲーム（4×4）

**問題3.4** 図3.12で示されたゲームの解を、支配される戦略の逐次消去にしたがって求めなさい。

|  |  | プレイヤー2 | | |
|---|---|---|---|---|
|  |  | A | B | C |
| プレイヤー1 | X | 1, 1 | 3, 0 | 2, 0 |
|  | Y | 0, 3 | 2, 2 | 1, 1 |
|  | Z | 0, 2 | 1, 1 | 3, 3 |

図3.12　戦略形ゲーム（3×3）

# 第4章

# ナッシュ均衡

## 4.1 最適応答戦略とナッシュ均衡

　ナッシュ均衡とは、1章に登場したナッシュが考え出した解の概念である。ナッシュ均衡はゲーム理論の中で最も重要な概念といっても過言ではない。4章では、ナッシュ均衡とはどういった状況を指すのか、そしてナッシュ均衡をどのように求めればよいのかについて説明しよう。

　ナッシュ均衡を理解するために必要なのが最適応答という考え方である。相手の戦略それぞれに対して、自分の利得を最も高くする戦略のことを**最適応答戦略**という。言葉だと少し分かりにくいので、2章で説明した「期末試験ゲーム」を例にして具体的に見てみよう（**図4.1**）。

|  |  | 教員 | |
|---|---|---|---|
|  |  | 難しい試験 | 易しい試験 |
| 学生 | 勉強する | 3, 1 | 1, 3 |
|  | 勉強しない | 0, 0 | 2, 2 |

図4.1　期末試験ゲーム（再再掲）

　教員が「難しい試験」を選ぶならば、学生にとっては「勉強する」を選ぶのが望ましい。「勉強する」を選べば3の利得が得られるのに対して、「勉強しない」を選んで得られる利得は0だからである。このことを指して、<u>教員の「難しい試験」に対する学生の最適応答戦略は「勉強する」</u>であると言う。同じように考えると、教員の「易しい試験」に対する学生の最適応答戦略は「勉強しない」である。

　このように、最適応答戦略とは、相手の個々の戦略に対応して決まるので、単

に「学生の最適応答戦略は××である」とは言えないことに注意しよう。あくまで「教員の○○という戦略に対する学生の最適応答戦略は××である」という感じになる。

　では、教員についても同じように最適応答戦略を見ておこう。学生の戦略を1つずつ取り上げて視線を横に動かしてみれば、学生の「勉強する」「勉強しない」に対する教員の最適応答戦略はどちらも「易しい試験」であることが分かる。これでナッシュ均衡を見つけ出す準備が整った。

　**ナッシュ均衡**とは、お互いが最適応答戦略になっている戦略の組のことである。期末試験ゲームについて言えば、(勉強しない、易しい試験) という戦略の組がナッシュ均衡となる。この戦略の組がナッシュ均衡であることを確認しておこう。まず、教員の「易しい試験」に対しては学生の「勉強しない」が最適応答戦略である。逆に、学生の「勉強しない」に対しては教員の「易しい試験」が同じく最適応答戦略である。つまり、これらの戦略はお互いに相手の戦略の最適応答戦略となっているので、確かにナッシュ均衡の定義に当てはまっていることが確認できた。

　実際にナッシュ均衡を探す時には、利得行列の中で最適応答戦略に対応する利得に印を付けていくと便利である。教員の「難しい試験」「易しい試験」に対する学生の最適応答戦略はそれぞれ「勉強する」「勉強しない」だったので、**図4.2a** のように、最適応答戦略に対応する学生の利得に下線を引いておく（各セルの左側にある利得を縦方向に見比べる）。教員についても、同じように最適応答戦略に対応する利得に下線を引く（各セルの右側にある利得を横方向に見比べる）（**図4.2b**）。すると、両方のプレイヤーの利得に下線が引かれたセルが見つかるだろう。この利得に対応する戦略の組がお目当てのナッシュ均衡である。

|  |  | 教員 | |
|---|---|---|---|
|  |  | 難しい試験 | 易しい試験 |
| 学生 | 勉強する | <u>3</u>, 1 | 1, 3 |
|  | 勉強しない | 0, 0 | <u>2</u>, 2 |

図4.2a　学生の最適応答戦略

|  |  | 教員 | |
|---|---|---|---|
|  |  | 難しい試験 | 易しい試験 |
| 学生 | 勉強する | <u>3</u>, 1 | 1, <u>3</u> |
|  | 勉強しない | 0, 0 | <u>2</u>, <u>2</u> |

図4.2b　教員の最適応答戦略

　ただし、この方法でナッシュ均衡を探す時に忘れてはならない注意点が1つある。それは、ナッシュ均衡はあくまで戦略の組であって利得の組ではないということだ。下線が2本引かれたセルを見ていて思わず「ナッシュ均衡は (2, 2)」と

答えたくなる気持ちは分からなくもないのだが、これは利得の組であってナッシュ均衡ではない。この点は授業でもかなり強調しているのだが、試験では利得の組をナッシュ均衡として答える学生が必ず2、3人はいる。皆さん、そうならないように気をつけましょう。

　さて、ナッシュ均衡がどういうものなのか分かったことと思うが、なぜナッシュ均衡という解を求めるのかについて、少し考えてみよう。実際に、ゲーム理論において最も重要な概念がナッシュ均衡であると言っても過言ではない（ゲーム理論で用いられる解の概念は他にもいくつかあるが、それらはたいていナッシュ均衡をベースにしている）。それはどうしてなのだろう？

　ナッシュ均衡が実現しているならば、どのプレイヤーも自分から戦略を変えたいとは思わない。戦略を変えても利得を増やせないからだ。これを硬い表現で言い直すと、「ナッシュ均衡では、どのプレイヤーにも逸脱のインセンティブ（誘因）が存在しない」となる。「期末試験ゲーム」のナッシュ均衡（勉強しない、易しい試験）でこのことを確認しておこう。

　まず、学生の立場で考えてみよう。教員が「易しい試験」を選んでいる状況で学生が「勉強しない」から「勉強する」に戦略を変えると、自分の利得は2から1へ下がってしまう（図4.1でいうと右下のセルから右上のセルへと結果が変わる）。合理的な学生はこのような戦略の変更を望まないだろう。では教員の立場ではどうだろう？　学生が「勉強しない」を選んでいる状態で教員が「易しい試験」から「難しい試験」に戦略を変えると、自分の利得は2から0へ下がってしまう（図4.1でいうと右下のセルから左下のセルへと結果が変わる）。やはり合理的な教員は戦略を変えようとは思わないだろう。

　このことを踏まえると次のことが言える。もしプレイヤーの置かれた状況がひとたびナッシュ均衡に達したならば、状況はもはや変化しないだろう。これは、ナッシュ均衡がある意味で非常に安定した状況であることを意味する。

　また、ナッシュ均衡ではない状況では、プレイヤーたちは利得を増やすべく戦略を変えていくはずである。なぜなら少なくとも1人のプレイヤーが最適応答戦略ではない戦略を選んでいるからだ。そして、いずれは彼らもナッシュ均衡に行き着くだろう。そうであれば、合理的・理性的なプレイヤーたちがナッシュ均衡の戦略を選ぶと予測することには十分な理由がある。この安定性という性質が、

解としての地位におけるナッシュ均衡の重要性を高めている。

## 4.2 支配される戦略の逐次消去とナッシュ均衡

3章で取り上げた「名もなき戦略形ゲーム②」について再び考えよう（図4.3）。

|  |  | プレイヤー2 A | プレイヤー2 B | プレイヤー2 C |
|---|---|---|---|---|
| プレイヤー1 | X | 2, 3 | 0, 2 | 4, 2 |
|  | Y | 3, 1 | 0, 3 | 1, 4 |
|  | Z | 1, 4 | 1, 5 | 3, 3 |

図4.3 名もなき戦略形ゲーム②、再び

このゲームには、どちらのプレイヤーにも支配される戦略がない。そのため、支配される戦略の逐次消去にしたがって解を求めても、ゲームの予測という観点からはまったく何も言えなかった。そこで、今度はこのゲームのナッシュ均衡を求めることにしよう。

先ほどの期末試験ゲームと同じように、最適応答戦略に対応する利得に下線を引いていこう。プレイヤー2の戦略「A」、「B」、「C」に対するプレイヤー1の最適応答戦略はそれぞれ「Y」、「Z」、「X」である。そこで**図4.4a**のように、最適応答戦略に対応する学生の利得に下線を引いておく。他方で、プレイヤー1の戦略「X」、「Y」、「Z」に対するプレイヤー2の最適応答戦略はそれぞれ「A」、「C」、「B」なので、同じように最適応答戦略に対応する利得に下線を引く。両方のプレイヤーの利得に下線が引かれたセルが見つかるので、この利得に対応する戦略の組である (Z, B) がナッシュ均衡である。

|  |  | プレイヤー2 A | プレイヤー2 B | プレイヤー2 C |
|---|---|---|---|---|
| プレイヤー1 | X | 2, 3 | 0, 2 | <u>4</u>, 2 |
|  | Y | <u>3</u>, 1 | 0, 3 | 1, 4 |
|  | Z | 1, 4 | <u>1</u>, 5 | 3, 3 |

図4.4a プレイヤー1の最適応答戦略

|  |  | プレイヤー2 A | プレイヤー2 B | プレイヤー2 C |
|---|---|---|---|---|
| プレイヤー1 | X | 2, <u>3</u> | 0, 2 | 4, <u>2</u> |
|  | Y | 3, 1 | 0, 3 | 1, <u>4</u> |
|  | Z | 1, 4 | 1, <u>5</u> | 3, 3 |

図4.4b プレイヤー2の最適応答戦略

支配される戦略の逐次消去によって求めた解は9つもあるので、どの戦略を選

べばよいのかについてこの解はプレイヤーに何も教えてくれない。それに対してナッシュ均衡は1つなので、プレイヤーは安心してナッシュ均衡戦略を選べばよい。行動の指針のみならず予測という観点でも話は同じである。

　支配される戦略の逐次消去よりもナッシュ均衡のほうが好ましいという結果は、この例だけに成り立つような特別なものではない。ナッシュ均衡がある場合、強く支配される戦略の逐次消去によって求められた解の中にそのナッシュ均衡は必ず含まれる。ということは、支配される戦略の逐次消去によって求められた解が1つしかなければ、それは必ずナッシュ均衡になっているわけである。つまり、支配される戦略の逐次消去と比べてナッシュ均衡のほうが予測の精度が高いと言える。

　4章ではナッシュ均衡の考え方について説明したので、次章からは色んなゲームについてナッシュ均衡を求めていくことにしよう。まず手始めに、5章では最も有名なゲームである「囚人のジレンマ」のナッシュ均衡を考える。

● 章末問題

**問題4.1**　授業の単位が取れるかどうかは学生にとって最大の関心事だろう。大学の授業では試験やレポートの絶対評価で成績が付くことが普通である。100点満点で60点以上取れれば無事に合格となる。絶対評価のもとで、2人の学生が一生懸命に勉強すべきかどうかを考えてみよう。

　学生の戦略は「勉強する」「勉強しない」の2つである。彼らの利得を考えるためには、勉強することの「費用」と単位が取れることの「便益」をはっきりさせておくとよい。一生懸命に勉強することは大変なので「勉強する」を選ぶと1という費用がかかる。もちろん「勉強しない」を選んだ時の費用は0である。また、単位が取れれば2という便益を得られるが、単位が取れなければ利得は0である。利得は「便益−費用」で計算される値とする。絶対評価なので、「勉強する」を選べば単位が取れて、「勉強しない」を選べば単位が取れないものとしよう。

　この戦略形ゲームを利得行列で書き表したうえで、ナッシュ均衡を求めなさい。

**問題4.2** （戦略形ゲームのナッシュ均衡） 図4.5、図4.6に示された戦略形ゲームのナッシュ均衡を求めなさい。

プレイヤー2

|  | L | C | R |
|---|---|---|---|
| U | 2, 1 | 1, 0 | 0, 3 |
| D | 1, 2 | 3, 3 | 1, 1 |

プレイヤー1

図4.5 戦略形ゲーム（2×3）

プレイヤー2

|  | A | B | C |
|---|---|---|---|
| X | 2, 3 | 1, 5 | 4, 2 |
| Y | 3, 4 | 2, 3 | 1, 1 |
| Z | 1, 4 | 4, 2 | 3, 3 |

プレイヤー1

図4.6 戦略形ゲーム（3×3）

# 第 5 章

# 囚人のジレンマと支配戦略

> ふたたびフェアリー・ダストが使われて、彼らは飛び立つ。集団の意思の切れぎれの開花、協同することの利点、それらが軒並み衰退し、崩壊する。政体が有権者を乗っ取る。〈防衛する〉は他動詞となる。恐怖心が悪夢的な非常時について警告し、それによってまさにそうした非常時をつくり出す。誰もが相手に対して、自分にやられたくないことをやられる前にやる。
> リチャード・パワーズ『囚人のジレンマ』（柴田元幸・前山佳朱彦訳、みすず書房、2007年）

## 5.1 囚人のジレンマ

　ゲーム理論について知らなくても「囚人のジレンマ」という言葉はどこかで耳にしたことがある。そんな人も多いのではないだろうか。それほど囚人のジレンマは有名である。ホブソン家の父親エディはどこかずれているが、会話を通じて家族内のバランスが絶妙にとれている。そんなあたたかな一家の様子を描いたリチャード・パワーズの長編小説のタイトルはそのものずばり『囚人のジレンマ』だったし、漫画『ライアーゲーム』でも囚人のジレンマが取り上げられた場面がある。高校で習う政治経済の教科書にゲーム理論は登場しないが、2016年度のセンター試験（政治経済）では囚人のジレンマを題材とした問題が出題された。ゲーム理論を超えて、囚人のジレンマが一人歩きしている感じもある。

　**囚人のジレンマ**はカナダ生まれの数学者タッカー（A. Tucker）がストーリーを付けて広まったゲームである。そのストーリーはというと——[1]

　　銀行強盗の容疑で 2 人の容疑者が検事の取り調べを受けている。検事は銀行強盗については十分な証拠をつかんでいないが、拳銃の不法所持などの罪で 2 人を起訴できる。
　　検事は 2 人を別々に取り調べて、刑期について以下のように話した。

---

[1] タッカーたちは、数学者らしく簡素な設定で囚人のジレンマを説明しているが、ここでも懲役の年数を入れて少しだけ臨場感を持たせてある。

「2人とも自白すればどちらも仲良く銀行強盗で懲役5年だ。2人とも黙秘を続けるならこれは仕方がない。2人とも拳銃の不法所持で懲役1年にする。もしどちらかだけが銀行強盗について自白したら、自白した方は無罪放免にするが黙秘していた方は8年の懲役にしてやる。」[2]

このような状況で、2人の容疑者は黙秘と自白のどちらを選べばよいのだろう？

このストーリーにタイトルを付けるなら「囚人のジレンマ」ではなく「容疑者のジレンマ」が相応しいと思うが、最も有名なゲームに敬意を表して本書でも「囚人のジレンマ」と呼ぶことにしよう。

囚人のジレンマを分析するにあたって、プレイヤーを囚人1・囚人2と呼ぶことにして、ゲームの利得行列を書いてみよう。囚人たちにとって懲役は短いほど良い。1950年に『数学研究紀要』に掲載された論文の中で、タッカーとクーン（H. Kuhn）が用いたのが図5.1の利得行列である。

|  |  | 囚人2 | |
|---|---|---|---|
|  |  | 自白 | 黙秘 |
| 囚人1 | 自白 | -1, -1 | 1, -2 |
|  | 黙秘 | -2, 1 | 0, 0 |

図5.1　囚人のジレンマ

囚人2の「自白」「黙秘」に対する囚人1の最適応答戦略はどちらも「自白」であり、囚人1の「自白」「黙秘」に対する囚人2の最適応答戦略も同じく「自白」である。よって、（自白、自白）という戦略の組がナッシュ均衡だと分かる。

## 5.2 「囚人のジレンマ」のナッシュ均衡の特徴

### 支配戦略ナッシュ均衡

最適応答戦略を探した時に気づいたと思うが、囚人たちにとっては、相手の戦略がどちらだろうと「自白」を選ぶことが望ましい。「自白」「黙秘」という両方の戦略に対して「自白」が最適応答戦略なのである。このように、相手のすべて

---

[2) 日本では、銃刀法違反（所持）は1～10年の懲役、強盗は5年以上の有期懲役である。「自白したら無罪」というような取引は司法取引と呼ばれている。日本でも今後は、刑事訴訟法の改正にともなって司法取引が行われるようになる見込みである。]

の戦略に対して最適応答となっている戦略を**支配戦略**という。そして支配戦略の組がナッシュ均衡になっている場合、その均衡を特に**支配戦略均衡**という。

　プレイヤーは必ずしも支配戦略を持っているわけではないが、もし支配戦略があるならばそれを選んでおけばよい。相手の出方をあれこれ考える必要がないという意味で、この状況はとても単純である。支配戦略を持っているプレイヤーは理性的である必要がなく、単に合理的でありさえすればよい（相手の立場で状況を考えることができるプレイヤーを理性的と呼んだのだった）。

## パレート劣位

　（自白、自白）というナッシュ均衡では、どちらの囚人も懲役5年の刑に服するはめになる（−1という利得）。それに対して、もし彼らがともに「黙秘」を選ぶのであれば、彼らの刑期は1年に短縮する（利得は0）。つまり、2人の囚人のどちらにとっても（黙秘、黙秘）は（自白、自白）よりも望ましい。このように、ある状態Aよりも別の状態Bにおいてすべてのプレイヤーがより高い利得を得る場合、状態Bは状態Aを**パレート支配**する、あるいは、状態Bは状態Aよりも**パレート優位**であるという。逆に、ある状態Aから別の状態Bに変わることですべてのプレイヤーの利得が下がる場合、状態Bは状態Aよりも**パレート劣位**であるという。囚人のジレンマのもう1つの特徴は、ナッシュ均衡がパレート劣位であるという点である。

　実は今見た2つの特徴が囚人の「ジレンマ」たるゆえんなのである。合理的な囚人たちは「自白」が支配戦略であることに気づいているので、もちろん「自白」を選ぶ。しかし、その結果として服する5年の懲役はあまり望ましい結果ではなく、2人で「自白」を選べば1年の懲役で済む。そして、——ここが重要なのだが、この構造を囚人たちはきちんと理解している。

　では、相棒を信じて自分は「黙秘」を選ぶべきだろうか？　明らかにそうではない。相棒が「黙秘」を選ぶとしたら、それでも自分は「自白」すべきだろう。何と言ってもその場合には無罪放免になるのだから。そもそもこの構造こそが、「自白」が支配戦略であることの意味である。結局、彼らは（黙秘、黙秘）が（自白、自白）よりもパレート優位であることを理解しつつ、どうしても「黙秘」を選べない。これが囚人たちを悩ますジレンマなのである。

　どうにかしてジレンマを解決できないだろうか？　授業で学生にたずねてみる

と、すぐに出てくる答えの1つは「捕まった時のことを考えて、何があっても黙秘するとあらかじめ約束しておけばよい」というものである。しかしこの方法はまったく解決策にならない。黙秘の口約束なんて無視して自白するインセンティブが彼らにはあるからだ。彼らのジレンマはかなり根が深いのである。

## 5.3 支配戦略と支配される戦略のギクシャクとした関係

さて、囚人のジレンマでは、プレイヤー（囚人）はどちらも「自白」という支配戦略を持っていることを確認した。ここで読者は、似たような言葉を以前にも聞いたことがあると思ったのではないだろうか？ そう、3章で説明した「支配される戦略」である。ここでは「支配戦略」と「支配される戦略」の関係について確認しておこう。

これらの概念の名称から、「支配戦略」は「支配される戦略」を支配する戦略なのだろうと思うかもしれない。これは正しい。しかし「支配される戦略」は「支配戦略」だけに支配されるわけではないし、「支配戦略」が支配する戦略は「支配される戦略」だけとは限らない。読んでいて頭が混乱してきたに違いない。

ここでもう一度、支配される戦略と支配戦略がどのような戦略なのかをまとめておこう。

- ある戦略が支配される戦略ならば、相手の選択にかかわらず、この戦略よりも高い利得をもたらす戦略が少なくとも1つある。
- ある戦略が支配戦略ならば、相手の選択にかかわらず、この戦略よりも高い利得をもたらす戦略が1つもない。

**図5.2**を見てほしい。この戦略形ゲームでは、プレイヤー1の戦略「Z」が「X」に支配されている。しかし「X」は支配戦略ではない。「Y」が「X」に支配されているわけではないからである。

|  |  | プレイヤー2 | |
|---|---|---|---|
|  |  | L | R |
| プレイヤー1 | X | 2,1 | 4,2 |
|  | Y | 3,5 | 1,4 |
|  | Z | 1,2 | 3,3 |

図5.2　戦略形ゲーム①

今度は**図5.3**を見てみよう。図5.2との違いは（Y, L）におけるプレイヤー1の利得を3から0に変えてある点である。この戦略形ゲームでは、プレイヤー1の「X」が支配戦略である。そのため、「Y」と「Z」の両方が「X」に支配されている。

|  |  | プレイヤー 2 L | R |
|---|---|---|---|
| プレイヤー 1 | X | 2, 1 | 4, 2 |
|  | Y | 0, 5 | 1, 4 |
|  | Z | 1, 2 | 3, 3 |

図5.3　戦略形ゲーム②

つまり、支配戦略は他のすべての戦略を支配しているので、もしプレイヤーが支配される戦略を持っているならば、当然、その戦略も支配される。他方で、「支配される戦略」とは、ある特定の戦略に支配されるという2者間の関係なので、その特定の戦略が必ずしも支配戦略とは限らない。ただし、2×2（2人のプレイヤーが戦略を2つずつ持つ）の戦略形ゲームでは、支配される戦略を支配する戦略は必ず支配戦略である。読者はぜひ、自分で2×2の利得行列を自分で書いてみて、このことを確認してほしい。また、支配戦略も支配される戦略も、一般的には存在するとは限らないということはすでに説明した通りである。

## 5.4　身近なところにある「囚人のジレンマ」

眠れぬほど悩んだとて解決できなさそうなジレンマが深遠なものに感じられるために、囚人のジレンマはとても有名になった。ただし、これが単に銀行強盗を犯した犯罪者の悩みを表すためのものならば、ゲーム理論的な重要性はずいぶんと失われてしまうことだろう。ところが実際には、先ほど見た2つの特徴を持つ囚人のジレンマの利得行列は、社会の至るところで観察することができる。ホブソン家ではエディが子供たちにこう問いかける。「人質をとられたハイジャック。ガソリンスタンドの価格競争。食料品の買いだめ。銀行の取り付け騒ぎ。工業汚染。恋人たちの嫉妬。それを言うなら、離婚手続きもそうだ。軍備競争。二重駐車。こういうのがみんなどうつながっているのか、誰か考えてみないか？」[3)]

ハイジャックの犯人が1人とは限らないが、それでも乗客のほうがはるかに多

いに違いない。全員で一斉に飛びかかればきっと犯人を押え付けられるだろう。でもそれだったら、自分1人だけは席で大人しくしていたら？　そのほうが確かに安全だ。そして乗客全員がそう考えているので、事態はまったく変わらない。これは囚人のジレンマだ。

　ガソリンスタンドがどこも同じように高い価格を付けているなら、ドライバーは結局その価格で買うに違いない。でもそれだったら、うちの店舗だけ少し値引きしてみたら？　そうすれば確かにお客はどっと増えるだろう。そしてすべての店舗がそう考えているので、ガソリンを原価ぎりぎりで安売りするしかない。これは囚人のジレンマだ。

　エディの洞察は鋭い。地球温暖化の危機に直面している現在のわれわれにとって、二酸化炭素の排出の問題はやはり囚人のジレンマの構造になっている。地球規模の話だけではなく、もっと身の回りのスケールにも囚人のジレンマはある。節電がそうである。これらはすべて「囚人のジレンマ」タイプの利得構造を持っているので、全員にとって望ましい結果を達成できない。単純なのに解決できないやっかいな問題なのである。

　ところで「共有地の悲劇」という言葉を聞いたことがある読者もいるかもしれない。前節で社会の至るところで囚人のジレンマが観察できると書いたが、多人数がかかわる囚人のジレンマは**社会的ジレンマ**あるいは**共有地の悲劇**と呼ばれることがある。

　共有地の悲劇というのは生物学者のハーディン（G. Hardin）が考え出した言葉である。何人かで共同所有している牧草地があるとしよう。自分の飼っている牛には牧草をたくさん食べさせたいが、全員が我先にと牧草を食べさせればあっという間に牧草地は荒れ果ててしまうだろう。そうならないように、どの飼い主も適度に牧草を食べさせるべきなのである。ところが、──読者が正しく想像する通り、どの飼い主も自分の牛にだけはたくさん食べさせてしまうのである。そして後に残るのは草など生えない元牧草地ということになる。魚などの海洋資源や石油などのエネルギー資源にも同じストーリーが当てはまる。個人的な利益を優先させようとして全員が悲劇に陥ってしまうというので共有地の悲劇という。

　ところで、囚人のジレンマのナッシュ均衡を見た後で、「自分なら自白なんて

---

3）『囚人のジレンマ』邦訳 78 ページ

しないけどなあ」と思った読者もいることだろう。囚人のジレンマにおいて、生身の人間が実際にはどのような行動を選ぶのか？　これはなかなか興味深い問いかけである。実はナッシュもこのことを疑問に思ったようだ。ナッシュと数学者のミルナー（J. Milnor）はその答えを調べるために、たくさんの人たちを集めて実際に囚人のジレンマをプレイしてもらうことにした。つまり、囚人のジレンマについての実験を行ったのである（このような実験については11章を参照のこと）。

　彼らの実験では、多くの被験者が「自白」ではなく「黙秘」を選んだ──譲り合いを見せたのだ。この結果は、何と言うか、われわれの心をほっとさせる。しかし実験を行った当人たちはこの結果に安心するのではなく、ゲーム理論が前提とする合理性の仮定に対して疑問を抱いたようである[4]。これ以降も、囚人のジレンマにかんするゲーム理論実験はそれこそ無数に行われてきたが、似たような結果が得られている。理論的な解決は難しく、それゆえ哲学者までこの問題に興味を抱いたのであるが、現実の人間は囚人のジレンマに対してうまく対処しているようである。いまだ核戦争が起きておらず、マンションのエントランスがごみであふれていないことが何よりの証拠だろう。

● 章末問題

**問題5.1**　エディが挙げた他の例（39ページ）についても、それがどうして囚人のジレンマになっているのかを考えてみよう。2人ゲームと見なして利得行列で書き表しなさい。そのうえで、確かにそれらが囚人のジレンマになっていることを確認しなさい。

**問題5.2**　5.4節で書いたように世の中は囚人のジレンマで満ちあふれている。あなたの周りにどんな「囚人のジレンマ」があるのかを考えてみよう。囚人のジレンマ的な状況を説明し、それを利得行列で書き表しなさい。

**問題5.3**　タッカーたちの考えた「囚人のジレンマ」で、ふたりの囚人に「黙秘」を選択させる方法が何かあるだろうか。その方法について考えなさい。

---

4）『ビューティフル・マインド』の219ページには、この結果に対してミルナーは大いに失望したと書かれている。ゲーム理論の出発点には「プレイヤーが合理性である」という仮定があることはすでに1章で述べたが、ミルナーはこの仮定を「致命的な欠陥」かもしれないと考え始めたようだ。現在のゲーム理論では「プレイヤーがほどほどに合理的である（限定合理性）」と仮定して議論する研究もたくさんある。

# 第6章

# 複数均衡とフォーカルポイント

## 6.1 ナッシュ均衡が2つ以上あるゲーム

「車選びゲーム」

　2章の章末問題2.1（20ページ）で説明した「車選びゲーム」のナッシュ均衡について考えよう。ゲームの概要をおさらいすると、2人のプレイヤー（「私」と「他の人たち」）が「従来車」か「次世代自動車」を選ぶというゲームである。2人とも「次世代自動車」を選べば彼らにとって大きなメリットがあるが、そうではないならば「従来車」のほうが良い。車選びゲームの利得行列は**図6.1**のように書き表すことができる。

|  | 他の人たち | |
|---|---|---|
| 私 | 次世代自動車 | 従来車 |
| 次世代自動車 | 2, 2 | 0, 1 |
| 従来車 | 1, 0 | 1, 1 |

図6.1　車選びゲーム

　私の立場で最適応答戦略を探してみよう。他の人たちの「次世代自動車」に対する私の最適応答戦略は「次世代自動車」で、「従来車」に対する最適応答戦略は「従来車」である。他の人たちの最適応答戦略も同じであることがすぐに確認できる。いつも通りに利得行列の中の最適応答戦略に対応する利得に下線を引いてみると、車選びゲームにはナッシュ均衡が2つあることが分かるだろう。

　これら2つのナッシュ均衡は対等ではない。（次世代自動車、次世代自動車）のナッシュ均衡ではどちらのプレイヤーも2の利得を得られるが、（従来車、従来車）のナッシュ均衡で得られる利得は1である。つまり、（次世代自動車、次

世代自動車）のナッシュ均衡が（従来車、従来車）をパレート支配しているのである（5.2節37ページを参照のこと）。そのため、車選びゲームのプレイヤーたちはお互いに戦略を合わせる──特に「次世代自動車」で一致させる動機を持っている。しかし、「次世代自動車」を選ぶことには利得が0となってしまうリスクもあるため、プレイヤーは無難な選択肢として「従来車」を選んでしまうかもしれない[1]。

プレイヤーたちが戦略を合わせたがるようなゲームは他にもある。そのようなゲームの代表例は「協調ゲーム」と呼ばれるゲームである。協調ゲームについては章末問題6.1を見てほしい。

## 「コーラ戦争」

次に、2章の章末問題2.2（20ページ）で説明した「コーラ戦争」のナッシュ均衡について考えよう。ここでもゲームの概要をおさらいしておくと、「ペプシ」と「コカ・コーラ」が「過激なCM」か「爽やかなCM」を同時に選ぶというゲームである。2社が「爽やかなCM」ではなく「過激なCM」を展開すると、コーラのイメージが悪化して利益が落ち込んでしまう。その一方で、どちらかのみが「過激なCM」を展開すると、話題性もあってその会社の利益は高くなる。コーラ戦争は**図6.2**の利得行列で書き表すことができる。

|  |  | コカ・コーラ | |
|---|---|---|---|
|  |  | 過激なCM | 爽やかなCM |
| ペプシ | 過激なCM | 0, 0 | 3, 1 |
|  | 爽やかなCM | 1, 3 | 2, 2 |

図6.2 コーラ戦争

ペプシの立場で最適応答戦略を探してみよう。コカ・コーラの「過激なCM」に対する最適応答戦略は「爽やかなCM」で、「爽やかなCM」に対する最適応答戦略は「過激なCM」である。同じことはコカ・コーラにも言える。車選びゲ

---

[1] 車選びゲームの利得行列は、ルソーの「鹿狩り」としてしばしばゲーム理論の教科書に登場する。みんなで協力すれば大物の鹿を狩れるのだが、足並みが乱れれば獲物を逃すことにもなる。そのため、自分だけこっそりと兎を狩るという安全策を取るかもしれない。『人間不平等起源論』に登場するこのストーリーは、図6.1の利得行列でうまく表すことができる。「次世代自動車」を「鹿」に、「従来車」を「兎」に置きかえればよい。

ームと同じく、このゲームにもナッシュ均衡は2つある。

これら2つのナッシュ均衡が対等でない点は車選びゲームと同じだが、先ほどの場合とは意味合いが違う。ペプシにとっては（過激なCM、爽やかなCM）というナッシュ均衡が好ましいが、コカ・コーラにとっては（爽やかなCM、過激なCM）のほうが良い。つまり、どちらの企業も自分は「過激なCM」を展開したい一方で、相手には「爽やかなCM」を流してほしいのである[2]。

このように、2つのナッシュ均衡に対してお互いの利害が対立するようなゲームは他にもある。有名なのは「男女の争い」と呼ばれるゲームである。男女の争いについては章末問題6.2を見てほしい。

## 6.2 均衡選択の問題とフォーカルポイント

ナッシュ均衡にはある種の安定性が備わっている。そのため、ゲーム的な状況において何が起こるのかを予測したり、どう行動すべきかの指針を得たりするために、ナッシュ均衡が役に立つ。このことを4.1節で説明した。行動の予測や指針という視点からは、2つ以上の均衡がある状況はあまり嬉しくない。どの均衡が実際に起きるのか、事前には分からないからだ。2つ以上の均衡の中でどれがプレイヤーたちによって選ばれるのかという問題を**均衡選択の問題**という。

均衡選択の問題を解決するためには、大きく2つの方向性が考えられる。1つ目は、プレイヤーの利得に注目するというものである。例えば、相手がどのような戦略を選ぶのかまったく見当がつかないといった状況では、プレイヤーたちは期待値の意味で利得が高い戦略を選ぶかもしれない。これは**リスク支配**と呼ばれる基準だが、リスク支配的な戦略の組であるナッシュ均衡は、そうではないナッシュ均衡よりも選ばれやすいだろうという考え方である。このような考え方は、ゲームの内側から均衡選択の問題を解決しようとするアプローチだと言える。

もう1つは、ゲームの外側から均衡選択の問題を解決しようとするアプローチ

---

[2] ゲーム理論の教科書では、コーラ戦争の利得行列もおなじみのものである。この利得行列を持つゲームは「タカハトゲーム」あるいは「チキンゲーム」と呼ばれている。プレイヤーが強気な「タカ」戦略と弱気な「ハト」戦略を持っているというのが特徴である。外交政策などを議論する時に、タカハトゲームはしばしば使われる。

である。このようなアプローチの代表的なものは、2005年にノーベル賞を受賞したシェリングが提唱した**フォーカルポイント**である。フォーカルポイントとは、プレイヤーが行動を調整するにあたっての手がかりのことなのだが、言葉で説明する前に、フォーカルポイントを実感できるゲームの例を見てみよう。

「分配ゲーム」

パーティの余興として、会場の中からランダムに選ばれた2人が1万円分の商品券を分け合うというゲームに参加することになった。ゲームのルールは次の通りである。
- 自分が欲しい金額を1000円単位で選んで、同時に金額を口に出す。
- 2人の選んだ金額の合計が1万円以下の場合には、彼らはそれぞれ自分の口にした金額の商品券をそのままもらえる。
- 2人の選んだ金額の合計が1万円を超えてしまった場合には、彼らは2人とも何ももらえない。

プレイヤーの1人に選ばれたあなたは、どんな金額を選ぶだろう？

先を読み進める前に、「自分だったらいくらにするかな？」とまずは考えてみてほしい。

では話を進めよう。恐らくあなたは5000円を選んだのでは？ もし相手も同じように5000円を選んだとすれば、あなたたちは目出度く2人とも5000円の商品券を手に入れられる。実際、2人とも5000円を選ぶという戦略の組は確かにナッシュ均衡である。

分配ゲームを利得行列で書き表すと**図6.3**のようになる。戦略は金額（1000円単位）で、得られる金額をそれぞれの利得として書いている。

図6.3を見れば分かるように、分配ゲームは10×10の利得行列で示される戦略形ゲームで、10個のナッシュ均衡が存在している。先ほど見た車選びゲームやコーラ戦争と比べて実に4倍以上も多くのナッシュ均衡があるのだから、均衡選択の問題はかなり難しいはずだ。

ところが恐らく、このゲームをプレイすればたいていのプレイヤーたちは5000円を手にすることになる。特別な理由がない限り、多くの人は「半分に、平等に

| | | あなた | | | | | | | | |
|---|---|---|---|---|---|---|---|---|---|---|
| | | 1000円 | 2000円 | 3000円 | 4000円 | 5000円 | 6000円 | 7000円 | 8000円 | 9000円 | 10000円 |
| わたし | 1000円 | 1,1 | 1,2 | 1,3 | 1,4 | 1,5 | 1,6 | 1,7 | 1,8 | 1,9 | 0,0 |
| | 2000円 | 2,1 | 2,2 | 2,3 | 2,4 | 2,5 | 2,6 | 2,7 | 2,8 | 0,0 | 0,0 |
| | 3000円 | 3,1 | 3,2 | 3,3 | 3,4 | 3,5 | 3,6 | 3,7 | 0,0 | 0,0 | 0,0 |
| | 4000円 | 4,1 | 4,2 | 4,3 | 4,4 | 4,5 | 4,6 | 0,0 | 0,0 | 0,0 | 0,0 |
| | 5000円 | 5,1 | 5,2 | 5,3 | 5,4 | 5,5 | 0,0 | 0,0 | 0,0 | 0,0 | 0,0 |
| | 6000円 | 6,1 | 6,2 | 6,3 | 6,4 | 0,0 | 0,0 | 0,0 | 0,0 | 0,0 | 0,0 |
| | 7000円 | 7,1 | 7,2 | 7,3 | 0,0 | 0,0 | 0,0 | 0,0 | 0,0 | 0,0 | 0,0 |
| | 8000円 | 8,1 | 8,2 | 0,0 | 0,0 | 0,0 | 0,0 | 0,0 | 0,0 | 0,0 | 0,0 |
| | 9000円 | 9,1 | 0,0 | 0,0 | 0,0 | 0,0 | 0,0 | 0,0 | 0,0 | 0,0 | 0,0 |
| | 10000円 | 0,0 | 0,0 | 0,0 | 0,0 | 0,0 | 0,0 | 0,0 | 0,0 | 0,0 | 0,0 |

図6.3 分配ゲーム

分け合う」ことを普通であると考えるだろう。そのような社会上の通念（あるいは常識）がフォーカルポイントになっているために、分配ゲームでは（5000円、5000円）というナッシュ均衡が選ばれるのである。人びとの属する社会の文化や習慣などが手がかりとなって、いくつも存在する均衡の中から1つが選ばれやすくなる[3]。これがフォーカルポイントの考え方である。

ただし、「平等」が常にフォーカルポイントになるとは限らない。例えば「分配ゲーム」をプレイしたのが兄弟ならば、結果が変わることもある。「お兄ちゃんのほうが年上なんだから、多くもらって当たり前」と兄弟が考えているならば、（8000円、2000円）というナッシュ均衡が選ばれるかもしれない（そもそもナッシュ均衡が実現しない可能性もかなりある）。つまり、ゲームの背景が重要なのであって、何がフォーカルポイントとなるのかについては、相手の立場に身を置いて考えてみなければならない。シェリングが言ったように、フォーカルポイントを見つけ出すことは「論理よりも想像力に依存している」のである[4]。

---

[3] 「ゲームの結果は、他人の行動に対する期待によって決定される」のであり、フォーカルポイントのような非数学的な特質（つまり、利得行列には表されていない要素）を積極的に考慮に入れるべきだとシェリングは考えていた。『紛争の戦略 ゲーム理論のエッセンス』（河野勝監訳、勁草書房、2008年）の110ページを参照のこと。

車選びゲームでは、プレイヤーたちの間に利害の対立がまったくない。このようなゲームにおいて、プレイヤーたちがフォーカルポイントを通じて行動を調整したがることに異存はないだろう。それに対してコーラ戦争では、コカ・コーラにとって有利な均衡とペプシにとって有利な均衡との間には食い違いがある。しかし、分配ゲームの例で見たように、プレイヤー間で利害の対立があるゲームにおいても、フォーカルポイントは重要な役割を果たす。実際、フォーカルポイントが自分にとって不利な均衡を導くとしても、その不利なプレイヤーにとってさえ、フォーカルポイントが導く均衡戦略を選ぶような十分な動機がある。理由は明らかで、行動の協調に失敗すれば、さらに自分の利得が下がってしまうからである[5]。シェリングはこのようなゲームを混合動機ゲームと呼んだ[6]。

　プレイヤーがバラバラに行動すると何も得られないため、お互いが選択を合わせるために協調しなければならない。その一方で、それぞれのプレイヤーにとって最も望ましい結果には違いがあるので、その点にかんしては対立が生じる。このように協調と対立という2つの要素が含まれているため、混合動機ゲームというのである。シェリングが混合動機ゲームと呼んだゲームについて、『紛争の戦略 ゲーム理論のエッセンス』にはフォーカルポイントの力を示すような例がたくさん紹介されている。ぜひ一度読んでみてほしい。

● 章末問題
**問題6.1**　有名な話だが、エスカレーターの左右どちらを空けるかは地域によって違う。

---

4) 『紛争の戦略 ゲーム理論のエッセンス』の61ページを参照のこと。シェリングによれば、そのような仕事はゲーム理論家よりも詩人のほうが向いている。まったくその通りだと思う。
5) 本書では説明しないが、プレイヤー間で行動の協調をうながす方法として相関戦略というものがある。シェリングとともにノーベル賞を受賞したオーマンが提唱した。これはゲームの外に何かしらのシグナルを発する装置を用意して、そのシグナルにしたがって戦略を選ぶことでプレイヤーが行動を協調させられるというアイデアである。どのプレイヤーも相関戦略から逸脱するインセンティブを持たない状況を相関均衡という。
6) 『紛争の戦略 ゲーム理論のエッセンス』の92ページを参照のこと。この本の中でシェリングは「混合動機」ゲームあるいは「交渉ゲーム」という用語を用いた。しかし、ゲーム理論の教科書で「交渉ゲーム」というと、普通は別のゲームを指すことが多い。例えば、ナッシュ交渉や非協力ゲームの逐次交渉である。

関東では急ぐ人のために右側を空けるが、関西では左側を空ける。もっとも、日本エレベーター協会は片側を空ける行為（歩行）の禁止を呼びかけているが[7]。ここではエスカレーターの片側空けという状況を戦略形ゲームとしてモデル化してみよう。

「あなた」と「他の人たち」の2人のプレイヤーが、「左側」「右側」のどちらを空けるかを同時に選ぶ。2人が同じ側を選べばそれぞれ1の利得、別々の側を選べば0の利得を得る。このようなゲームを「協調ゲーム」という。

この状況を利得行列で書き表したうえでナッシュ均衡を求めなさい。また、本文でふれた車選びゲームとの共通点と相違点を説明しなさい。

**問題6.2**　「男女の争い」は、ルース（D. Luce）とライファ（H. Raiffa）によるゲーム理論の古典『ゲームと意思決定』（邦訳なし）で紹介されたゲームである。ゲーム理論のたいていの教科書に載っている。ゲームのあらすじはこうである。

あるカップル（「女性」と「男性」）が週末をどう過ごすか決めかねていた。選択肢は「ミュージカル」と「フットサル」である。「女性」は2人で「ミュージカル」を観られれば2の利得、「フットサル」をすれば1の利得が得られる。他方で男性は2人で「フットサル」をすれば2の利得、「ミュージカル」を観れば1の利得を得られる。どちらのプレイヤーにとっても、別々に週末を過ごせば利得は0である。

この状況を利得行列で書き表したうえでナッシュ均衡を求めなさい。また、本文でふれたコーラ戦争との共通点と相違点を説明しなさい。

**問題6.3**　厚生労働省は、薬剤師国家試験の合格基準として、2016年度から新たに相対評価を採用した。それまでの絶対評価による合格基準では、「年度によって合格率に大幅な変動が生じ、…望ましいとは言えない」ことが変更の理由だという（『薬剤師国家試験のあり方に関する基本方針の見直しに関する中間とりまとめ』2014年9月30日）。相対評価で合否が決まる試験を受ける2人の受験者が、一生懸命に勉強すべきかどうかを考えてみよう。

受験者の戦略は「勉強する」「勉強しない」の2つである。彼らの利得を考えるためには、勉強することの「費用」と試験に合格することの「便益」をはっきりさせておく

---

7) （一社）日本エレベーター協会のウェブサイトによれば、エスカレーターの安全基準は、ステップ上に立ち止まって利用することを前提としている。エスカレーターの片側空けは危険かつ不便であるが、一度定着してしまった習慣を変えるのはなかなか大変である。片側空けはナッシュ均衡であり、すでに説明したようにナッシュ均衡には安定性という性質があるからだ。

とよい。一生懸命に勉強することは大変なので「勉強する」を選ぶと1という費用がかかる。もちろん「勉強しない」を選んだ時の費用は0である。また、試験に合格すれば2という便益を得られるが、不合格の時の利得は0である。利得は「便益−費用」で計算される値とする。相対評価なので、どちらかの受験者のみが「勉強する」を選んだ場合にはその受験者が合格するが、2人が同じ戦略を選んだ時には2人とも合格するものとしよう。

この戦略形ゲームを利得行列で書き表したうえで、ナッシュ均衡を求めなさい。

**問題6.4** 次の利得行列で表された戦略形ゲームのナッシュ均衡を求めなさい。

プレイヤー2

|  | | A | B | C |
|---|---|---|---|---|
| プレイヤー1 | X | 3, 2 | 1, 1 | 2, 0 |
|  | Y | 0, 1 | 2, 3 | 1, 4 |
|  | Z | 1, 1 | 0, 2 | 4, 3 |

図6.4 戦略形ゲーム①

# 第7章

# 純粋戦略と混合戦略

## 7.1 ゼロサムゲーム

2章の章末問題2.3（21ページ）で説明した「色当てゲーム」を分析しよう。ゲームの概要をざっとおさらいしておくと、プレイヤー1が「赤」「黒」のどちらかの色を選び、プレイヤー2がそれを当てるというゲームである。当たればプレイヤー2の勝ち、外れればプレイヤー1の勝ちとなる。勝った時の利得を1、負けた時の利得を−1とすると、色当てゲームは**図7.1**の利得行列で書き表すことができる。

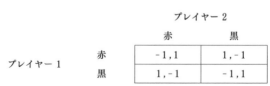

図7.1 色当てゲーム

色当てゲームでプレイヤー1とプレイヤー2はそれぞれどちらの色を選べばよいだろう？

ゲーム理論を使った分析の基本はナッシュ均衡なので、まずはプレイヤーの最適応答戦略を確認しておこう。

- プレイヤー2の「赤」に対するプレイヤー1の最適応答戦略は「黒」、プレイヤー2の「黒」に対するプレイヤー1の最適応答戦略は「赤」。
- プレイヤー1の「赤」に対するプレイヤー2の最適応答戦略は「赤」、プレイヤー1の「黒」に対するプレイヤー2の最適応答戦略は「黒」。

いつも通り利得行列の利得に下線を引いてみた読者は気づいたと思うが、この

ゲームには最適応答戦略の組が見当たらない。なぜこんな結果になってしまうのかと悩んでしまうが、ゲームの性質を思えば当たり前かもしれない。色を当てたいプレイヤー2と当てられたくないプレイヤー1は完全に利害が対立している。もし4つの結果のどれかがナッシュ均衡として実現するならば、どちらかのプレイヤーに必勝法があることになってしまう。それではゲームとして成り立たないだろう。

色当てゲームのように、一方のプレイヤーにとっての利益がもう一方のプレイヤーの損失となるゲームを**ゼロサムゲーム**という[1]。サムとは「合計」のことなので、ゼロサムはプレイヤーの利得合計がゼロという意味である。ゼロサムゲーム的な状況は世の中にたくさんある。スポーツの試合はほとんどすべてゼロサムゲームだし、兄弟でケーキを分け合う状況もそうである。1人が多くもらえば、もう1人の取り分は少なくなる。

ちなみにプレイヤーの利得が合わせてゼロにならなくても、合計が一定の値であるならばゲームの本質は変わらない。そこで以下では、プレイヤーの利得合計が一定の値であるようなゲームをすべてゼロサムゲームと呼ぶことにする。

## 7.2　混合戦略

2つ以上のナッシュ均衡があるようなゲームは見てきたが、ナッシュ均衡が1つもないようなゲームはこれまでになかった。ゲームの予測という観点からすると、ナッシュ均衡がないのは困る。ところが、戦略の考え方を**混合戦略**にまで広げると、ナッシュ均衡が必ず存在する。実は、ナッシュが1950年の論文で提案したのがまさにこの混合戦略という考え方だった。

混合戦略とは、<u>いくつかの選択肢を確率的に混ぜ合わせて選ぶ</u>という概念である。いかにも分かりにくいので、カップルがランチに何を食べるかを話し合っている場面を想像してみよう。

「お昼、何食べる？」

「インドカレー。ナンが付いているやつ。それかハンバーグ。」

---

[1] ゲーム理論の教科書によく出てくるゼロサムゲームの例は「硬貨合わせ（マッチングペニー）」である。プレイヤーは色ではなくてコインの表裏を当てる。

この会話にはカレーとハンバーグという2つの選択肢が出てきたが、これは、今までの言葉でいう戦略にあたる。

「カレーかハンバーグってことね。で、どっちにする？」

「どっちでもいい。決められない。」

「じゃあ、ジャンケンで決めよう。おれが勝ったらカレー、負けたらハンバーグってことで。」

彼のこの提案をフォーマルに言い直してみると「確率1/2でカレーという選択肢を選び、確率1/2でハンバーグという選択肢を選ぶ」となる。これが「選択肢を確率的に混ぜ合わせる」ということである。ゲーム理論的に言うなら、まさに彼のした提案が混合戦略である（ただし、このカップルの間で何かゲームがプレイされているというわけではない）。

ところで、このカップルのようにジャンケンで決めるならどちらの選択肢も半々の確率で選ばれることになる。けれども、それ以外の混ぜ方でも別に構わないだろう。例えば「サイコロを振って3の倍数が出たらカレー、それ以外ならハンバーグ」という提案でも良い。これは「確率1/3でカレー、確率2/3でハンバーグ」という混合戦略といえる。このように、2つの選択肢を選ぶ確率が合計で1になれば、何でも良いわけである。そう考えると「確率1でカレー、確率0でハンバーグ」という混合戦略もありだろう。確率1は「絶対に」という意味なので、この混合戦略は「絶対にカレーを選ぶ」ということに他ならない。このように、ある選択肢を確率1で（確実に）選ぶ混合戦略を特に**純粋戦略**という。つまり、今まで戦略と呼んできたものは純粋戦略だったのである。これ以降も戦略と純粋戦略は同じ意味で使うことにする。そのうえで、純粋戦略と区別して混合戦略という用語を使うことにしよう。

## 7.3 混合戦略まで考えた場合のナッシュ均衡

では、混合戦略まで考えたうえで、色当てゲームのナッシュ均衡を探してみよう。具体的な手順はこうである。

1. プレイヤーの混合戦略を定義する。
2. 最適応答戦略を関数の形式で書く。
3. 2人の最適応答戦略をグラフで表して、グラフの交点を探す。

この中だとステップ２が難しく思えるかもしれない。しかしゆっくりと説明していくので、きちんと付いてきてほしい。では、これらのステップを順番に見ていこう。

<u>ステップ１：プレイヤーの混合戦略を定義する。</u>
　プレイヤー１には「赤」「黒」という２つの純粋戦略がある。すると、プレイヤー１の混合戦略はこう書ける。

　　　　　「確率$x$で『赤』を選び、確率$1-x$で『黒』を選ぶ。」

　ここでは確率$x$そのものをプレイヤー１の混合戦略と見なすことにしよう。$0 \leq x \leq 1$ならどんな値でもよいので、混合戦略は無数に存在している点に注意が必要である。
　同じく、プレイヤー２の純粋戦略は「赤」「黒」の２つである。すると、プレイヤー２の混合戦略はこう書ける。

　　　　　「確率$y$で『赤』を選び、確率$1-y$で『黒』を選ぶ。」

　やはり確率$y$そのものをプレイヤー２の混合戦略と見なすことにしよう。

<u>ステップ２：最適応答戦略を関数の形式で書く。</u>
　相手の戦略に対して自分の利得を最も高くするような戦略を最適応答戦略と呼ぶのだった。ここで、例えばプレイヤー１にとって相手の戦略とは$y$の値のことであり、自分の最適応答戦略とは$x$の値のことである。戦略が確率なので利得も確率を踏まえて考える必要が出てくる。これが７章での重要なポイントである。
　プレイヤー１の最適応答戦略を見つけるために、「赤」「黒」という純粋戦略を選んだ時に得られる**期待利得**を計算しておこう。期待利得というのは利得の期待値である。プレイヤー２が$y$という混合戦略を選ぶことを前提とすると、「赤」を選んだ時にプレイヤー１が得られる期待利得はこのように数式で書ける。

　プレイヤー１が「赤」を選ぶ時の期待利得 $= y \times (-1) + (1-y) \times 1 = 1 - 2y$

　「$y \times (-1)$」の項は、プレイヤー２が「赤」を選んだ場合にプレイヤー１が得

第７章　純粋戦略と混合戦略

られる期待利得を表している（図7.1の左上のセル）。なぜなら、プレイヤー2が「赤」を選ぶ確率は $y$ であり、その時にプレイヤー1が得る利得は $-1$ だからである。同じように「$(1-y)\times 1$」の項は、プレイヤー2が「黒」を選んだ場合の、プレイヤー1の期待利得を表している（図7.1の右上のセル）。それらを足し合わせた $1-2y$ が、プレイヤー1が「赤」を選ぶ時の期待利得となる。図7.1の利得行列を見ながら、期待利得の計算の仕方をきちんと確認してほしい。

同じようにして、「黒」を選んだ時にプレイヤー1が得られる期待利得を数式で書こう。

プレイヤー1が「黒」を選ぶ時の期待利得 $= y\times 1+(1-y)\times(-1) = -1+2y$

右辺の第1項「$y\times 1$」はプレイヤー2の「赤」に対する期待利得（図7.1の左下のセル）、第2項「$(1-y)\times(-1)$」は「黒」に対する期待利得（図7.1の右下のセル）である。右辺の各項がどうしてこのように書けるのか、図7.1の利得行列を見ながら自分できちんと確認してみてほしい。

さて、プレイヤー2の混合戦略 $y$ に対するプレイヤー1の最適応答戦略はどのようなものなのだろう？　その答えは、上で計算した期待利得が最も大きくなるような戦略である。上の2本の式を眺めてみると、どちらの期待利得が大きいかは、プレイヤー2が「赤」を選ぶ確率である $y$ によって変わってくることが分かる。具体的には、両方の期待利得が等しくなる $y=1/2$ を境目として、$y$ が $1/2$ よりも大きいならばプレイヤー1にとっては「黒」を選ぶのが望ましく、$y$ が $1/2$ よりも小さいならば「赤」を選んだほうが良い。つまり、プレイヤー1の最適応答戦略は $y$ の大きさに応じて決まる。この段落に書いた内容をまとめておこう。

$$\begin{cases} 1-2y > -1+2y \Leftrightarrow y < \dfrac{1}{2} & \text{ならば、最適応答戦略は「赤」} \\ 1-2y = -1+2y \Leftrightarrow y = \dfrac{1}{2} & \text{ならば、最適応答戦略は「赤」「黒」} \\ 1-2y < -1+2y \Leftrightarrow y > \dfrac{1}{2} & \text{ならば、最適応答戦略は「黒」} \end{cases}$$

プレイヤー1も混合戦略を使うことを考えているので、最適応答戦略を $x$ の値で表しておくと便利である。「最適応答戦略は『赤』」というのは、「確実に、

つまり確率1で『赤』を選ぶ」ことなので、これは「$x=1$」と書き直せる。逆に、「最適応答戦略は『黒』」というのは、「決して『赤』を選ばない、つまり確率0で『赤』を選ぶ」ことなので、これは「$x=0$」と書き直せる。

その一方で「最適応答戦略は『赤』『黒』」というのは、上の説明を踏まえると「$x=1,0$」ということになりそうだが、実はもう少し言えることがある。

「赤」と「黒」がどちらも最適応答戦略なのは、どちらを選んでも期待利得が等しいからである。そうであれば、例えば「赤」と「黒」を半々の確率で選んでも、やはり期待利得は等しくなるだろう。あたかも、果汁100%のトマトジュースを2パック取ってきて、両方から半分ずつ注いでもやはり果汁が100%のままであるのと同じである。とすると、「最適応答戦略は『赤』『黒』」である時には、「『赤』と『黒』を好きなように混ぜ合わせた混合戦略」も、やはり最適応答戦略になる。つまり、$y=1/2$ に対する最適応答戦略は「$x=1,0$」ではなく「$0 \leqq x \leqq 1$」なのである。このことを踏まえたうえで、先ほどの最適応答戦略を書きかえておこう。

$$\begin{cases} y < \dfrac{1}{2} & \text{ならば、最適応答戦略は } x=1 \\ y = \dfrac{1}{2} & \text{ならば、最適応答戦略は } 0 \leqq x \leqq 1 \\ y > \dfrac{1}{2} & \text{ならば、最適応答戦略は } x=0 \end{cases}$$

数式を日常用語に翻訳しておくと、プレイヤー2が「赤」を選ぶ確率が半分よりも小さい時にはプレイヤー1は「赤」を選び、プレイヤー2が「赤」を選ぶ確率が半分よりも大きい時にはプレイヤー1は「黒」を選ぶのが最適応答戦略である。プレイヤー2があまり選ばない方の色を選ぶべき、ということだ。そして、プレイヤー2が「赤」と「黒」をランダムに選んでくる時には、プレイヤー1は何をどう選んでも変わらない。直感的にもっともらしい戦略である。

次に、プレイヤー2の最適応答戦略を同じようにして求めよう。「確率 $x$ で『赤』を選ぶ」というプレイヤー1の混合戦略 $x$ を前提とすると、「赤」を選んだ時にプレイヤー2が得られる期待利得はこのように数式で書ける。

プレイヤー2が「赤」を選ぶ時の期待利得 $= x \times 1 + (1-x) \times (-1) = -1 + 2x$

第7章　純粋戦略と混合戦略

「$x×1$」と「$(1-x)×(-1)$」の項は、プレイヤー1が「赤」と「黒」を選んだ場合にプレイヤー2が得られる期待利得をそれぞれ表している。それらを足し合わせた $-1+2x$ が、プレイヤー2が「赤」を選ぶ時の期待利得である。

同じようにして、「黒」を選んだ時にプレイヤー2が得られる期待利得を数式で書こう。

プレイヤー2が「黒」を選ぶ時の期待利得 $= x×(-1)+(1-x)×1 = 1-2x$

先ほどと同じく、これらの数式を見比べて、期待利得が大きい方の戦略をプレイヤー1は選ぶべきである。期待利得が大きい方の純粋戦略は、プレイヤー1が「赤」を選ぶ確率である $x$ によって変わってくる。2つの期待利得が等しくなる $x=1/2$ を境目として、$x$ が1/2よりも大きいならばプレイヤー2にとっては「赤」を選ぶのが望ましく、$x$ が1/2よりも小さいならば「黒」を選んだほうが良い。このことをまとめておこう。

$$\begin{cases} -1+2x > 1-2x \Leftrightarrow x > \frac{1}{2} & \text{ならば、最適応答戦略は「赤」} \\ -1+2x = 1-2x \Leftrightarrow x = \frac{1}{2} & \text{ならば、最適応答戦略は「赤」「黒」} \\ -1+2x < 1-2x \Leftrightarrow x < \frac{1}{2} & \text{ならば、最適応答戦略は「黒」} \end{cases}$$

プレイヤー1の場合と同じように、プレイヤー2の最適応答戦略を混合戦略 $y$ の値で表しておこう。「最適応答戦略は『赤』『黒』」と書いたところを「最適応答戦略は『赤』と『黒』を好きなように混ぜ合わせた混合戦略」と言いかえたうえで、プレイヤー2の最適応答戦略を書き直したものが下の式である。

$$\begin{cases} x > \frac{1}{2} & \text{ならば、最適応答戦略は } y = 1 \\ x = \frac{1}{2} & \text{ならば、最適応答戦略は } 0 \leq y \leq 1 \\ x < \frac{1}{2} & \text{ならば、最適応答戦略は } y = 0 \end{cases}$$

プレイヤー2の最適応答戦略を言葉に直すと、プレイヤー1が「赤」を選ぶ確率が半分よりも大きい時にはプレイヤー2は「赤」を選び、プレイヤー1が

「赤」を選ぶ確率が半分よりも小さい時にはプレイヤー２は「黒」を選ぶべき、となる。そして、プレイヤー１が「赤」と「黒」をランダムに選んでくる時には、プレイヤー２は何をどう選んでも変わらない。

## ステップ３：２人の最適応答戦略をグラフで表し、グラフの交点を探す。

横軸に $x$、縦軸に $y$ をとって、２人の最適応答戦略をグラフに書き表してみよう。まずはプレイヤー１の最適応答戦略である。「$y < 1/2$」に対しては「$x = 1$」なので、プレイヤー１の最適応答戦略は垂直な直線で表せる。同じように、「$y > 1/2$」に対しては「$x = 0$」なので、プレイヤー１の最適応答関数は $y$ 軸に重なるように書ける。他方で、「$y = 1/2$」に対しては「$0 \leq x \leq 1$」なので、プレイヤー１の最適応答戦略は水平な直線で表せる。これらをまとめると、プレイヤー１の最適応答戦略は**図7.2**のように書ける。

今度はプレイヤー２の最適応答戦略を書いてみよう。「$x > 1/2$」に対しては「$y = 1$」なので、プレイヤー２の最適応答戦略は水平な直線で表せる。同じように、「$x < 1/2$」に対しては「$y = 0$」なので、プレイヤー２の最適応答戦略は $x$ 軸に重なるように書ける。他方で、「$x = 1/2$」に対しては「$0 \leq y \leq 1$」なので、プレイヤー２の最適応答戦略は垂直な直線で表せる。これらをまとめると、プレイヤー２の最適応答戦略は**図7.3**のように書ける（プレイヤー１の最適応答戦略も薄い色で一緒に示してある）。

交点の $(x = 1/2, y = 1/2)$ がナッシュ均衡である。これを言葉に直せば、「プレイヤー１が確率1/2で『赤』、確率1/2で『黒』を選ぶ。プレイヤー２が確率1/2で『赤』、確率1/2で『黒』を選ぶ」という状況がナッシュ均衡だということである。

念のため、この状態が実際にナッシュ均衡であることを確認しておこう。具体的には、どちらのプレイヤーにとっても、戦略を変更したところで利得が増やせないことをチェックすればよい。ナッシュ均衡では図7.1の利得行列のすべてのセルが1/4の確率で起きることに注意しよう。すると、ナッシュ均衡におけるプレイヤー１の期待利得はこう計算できる。

$$\frac{1}{4} \times 1 + \frac{1}{4} \times 1 + \frac{1}{4} \times (-1) + \frac{1}{4} \times (-1) = 0$$

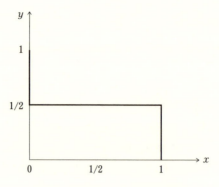

図7.2　プレイヤー1の最適応答戦略

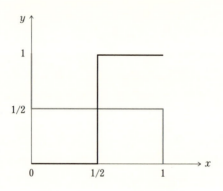

図7.3　プレイヤー2の最適応答戦略

　では、プレイヤー1が1/2ではない $x$ を選んだ時の期待利得はどうなるだろうか。利得行列で示された4つのセルはそれぞれ**図7.4**に示された確率で起こる。例えば左上のセルは2人のプレイヤーがどちらも「赤」を選んだ結果なので、$x \times 1/2 = x/2$ の確率で起こる。他のセルについても同じように計算すればよい。

図7.4　それぞれの結果が起こる確率

すると、期待利得はこう計算できる。

$$\frac{x}{2} \times 1 + \frac{1-x}{2} \times 1 + \frac{x}{2} \times (-1) + \frac{1-x}{2} \times (-1) = 0$$

つまり、プレイヤー2がナッシュ均衡の混合戦略（$y = 1/2$）を選んでいるならば、プレイヤー1は、どのような混合戦略を選んだとしても（$x$の値をどう選ぼうとも）期待利得を0より大きくできないのである。よって、プレイヤー1に逸脱のインセンティブはない。同じようにプレイヤー2の期待利得を計算してみると、やはりプレイヤー2も、ナッシュ均衡と違った戦略を選んでも期待利得を増やすことはできない。何をやっても期待利得は0である。

これは感覚的に理解できるだろう。確率1/2ということは、完全にランダムに「赤」「黒」を選んでくるということを意味する。そのような相手を出し抜くというのはどうやっても無理な話である。色当てゲームのようなゲームでうまく勝てるとすれば、相手が選ぶ色に偏りがある場合に限られる。

## 7.4 混合戦略ナッシュ均衡の性質

色当てゲームのナッシュ均衡では、プレイヤーが得られる期待利得は0である。さらに、相手がナッシュ均衡戦略を選んでいる限り、自分が別のどんな戦略を選んでも0より大きな期待利得を得ることはできない。このことを踏まえて、混合戦略ナッシュ均衡の重要な性質を明示しておこう。

**混合戦略ナッシュ均衡の重要な性質**

混合戦略ナッシュ均衡において<u>正の確率で選ばれる純粋戦略</u>は、どれも等しい期待利得をプレイヤーにもたらす。

少し堅苦しい言い回しだが、色当てゲームのナッシュ均衡では、純粋戦略の「赤」「黒」のどちらを選んでも期待利得が0ですよ、ということである。ナッシュ均衡では逸脱のインセンティブがないのだから、これは当然である。直感的にも簡単に説明がつく。もし「赤」を選ぶことで「黒」よりも高い期待利得が得られるならば、混合戦略として一定の確率で「黒」を選ぶのではなく、「赤」という純粋戦略を選ぶのが望ましくなるはずだろう。しかしそれは混合戦略がナッシュ均衡の戦略であることと矛盾してしまう。そのため「赤」という純粋戦略を選

ぶことで利得を高くすることはできない。「黒」も同じである。

実はこの性質を使うと、混合戦略のナッシュ均衡を見つけるのが簡単になる場合がある。例としてジャンケンのナッシュ均衡を考えてみよう。

## 7.5 ジャンケンのナッシュ均衡

ジャンケンにも純粋戦略のナッシュ均衡は存在しない（純粋戦略のナッシュ均衡があったなら、何かを決めるためにジャンケンが広く使われることはないだろう）。そこで、混合戦略まで考える必要がある。

プレイヤー1の混合戦略を、「確率$x$で『グー』、確率$y$で『チョキ』、確率$1-x-y$で『パー』を選ぶ」という戦略と定義する。ジャンケンには純粋戦略が3つあるため、ナッシュ均衡を正攻法で探すのは少し大変である。ただし、混合戦略のナッシュ均衡が持っている先ほどの性質を利用すると、2つのステップでナッシュ均衡を簡単に見つけることができる。

### ステップ1

まず、混合戦略ナッシュ均衡では3つの純粋戦略がどれも正の確率で選ばれることを示しておこう。純粋戦略のナッシュ均衡が存在しないのは当然なので、どれか2つの純粋戦略だけ——例えば「グー」と「チョキ」——が混合戦略で選ばれるとしよう。この場合、自分にとっては、「グー」と「チョキ」を一定の割合で選ぶのではなく、「グー」だけを選ぶほうがよい。これなら負けはない、悪くても引き分けである。つまり、逸脱のインセンティブがあるので、このような戦略の組はナッシュ均衡にはならない。そのため、混合戦略のナッシュ均衡では、3つの純粋戦略がすべて正の確率で選ばれることになる。また、ゲームは対称なので、自分も相手も同じ戦略を使うと考えるのが自然だろう。

### ステップ2

先ほどの「重要な性質」によれば、ナッシュ均衡では「グー」「チョキ」「パー」のどれを出しても期待利得が等しくなる。相手も同じ混合戦略を使ってくることが混合戦略ナッシュ均衡になることを踏まえて、自分が純粋戦略を選んだ時の期待利得をそれぞれ計算しておこう。利得は勝ちが2、あいこが1、負けが0

とする。

「グー」を選んだ時の期待利得 $= x \times 1 + y \times 2 + (1-x-y) \times 0 = x + 2y$
「チョキ」を選んだ時の期待利得 $= x \times 0 + y \times 1 + (1-x-y) \times 2 = 2 - 2x - y$
「パー」を選んだ時の期待利得 $= x \times 2 + y \times 0 + (1-x-y) \times 1 = 1 + x - y$

「グー」を選ぶと、確率 $x$ で引き分け、確率 $y$ で勝ち、確率 $1-x-y$ で負ける。そのため、期待利得は1本目の式のように書ける。その他の式も同じである。

これらの期待利得がすべて等しくなることに注目しよう。「チョキ」と「パー」の期待利得の式を使うと、$x = 1/3$ という結果が得られる。

$$2 - 2x - y = 1 + x - y \Leftrightarrow 3x = 1 \Leftrightarrow x = \frac{1}{3}$$

同じように、「グー」と「パー」の期待利得の式を使うと、$y = 1/3$ という結果が得られる。

$$x + 2y = 1 + x - y \Leftrightarrow 3y = 1 \Leftrightarrow y = \frac{1}{3}$$

つまり、ジャンケンでは「グー」「チョキ」「パー」をどれも同じ確率で選ぶのが最適なのである(この結論に驚いた読者は、恐らくこれまでの人生でだいぶ損してきたことだろう)。

この方法は便利だが、「重要な性質」で下線を引いた部分が重要なので、まずはどの戦略がナッシュ均衡として使われるのかを把握しておかなければならない。その点には注意が必要である。

●章末問題

**問題7.1** 純粋戦略のナッシュ均衡が存在するゲームでも、混合戦略まで考えてナッシュ均衡を探すことはできる。そこで6.1節で説明した「車選びゲーム」「コーラ戦争」(42ページ)のナッシュ均衡を、混合戦略まで考えて求めなさい。

**問題7.2** 今の大学生でも知っているものと信じたいのだが、「階段ジャンケン」というゲームがある。これはジャンケンには違いないのだが、戦略の価値が等しくないようなジャンケンである。具体的には「チョキ」か「パー」での勝ちには「グー」での勝ちの

2倍の価値がある（なぜそういうルールなのかというと、「チョキ」は「チ・ヨ・コ・レ・イ・ト」で6点、「パー」は「パ・イ・ナ・ツ・プ・ル」でやはり6点、「グー」は「グ・リ・コ」だから3点なのである。そして点数分だけ階段を上っていける——階段ジャンケンという言葉を初めて聞いたという読者に納得してもらうことは期待していないのでよい）。階段ジャンケンの利得行列は**図7.5**のように書き表すことができる。

|  |  | あなた | | |
|---|---|---|---|---|
|  |  | グー | チョキ | パー |
|  | グー | 0, 0 | 3, 0 | 0, 6 |
| わたし | チョキ | 0, 3 | 0, 0 | 6, 0 |
|  | パー | 6, 0 | 0, 6 | 0, 0 |

図7.5　階段ジャンケン

　実は、階段ジャンケンは2018年獨協埼玉中学校の入試問題にも登場した[2]。もちろん「ナッシュ均衡を求めなさい」などという出題ではなく、「相手より上の段にいるためにはどの手を多く出せばよいか」という問い方だったのだけれど。しかし、読者にはナッシュ均衡を求めてもらおう。混合戦略まで考えて、階段ジャンケンのナッシュ均衡を求めなさい。

**問題7.3**　混合戦略まで考えて次の戦略形ゲームのナッシュ均衡を求めなさい。

図7.6　戦略形ゲーム

---

[2) 日能研の「シカクいアタマをマルくする」という車内広告に掲載されていた。ウェブサイトには出題者へのインタビュー記事も公開されているのだが、それによるとこの問題の正答率は約3割だったという。https://www.nichinoken.co.jp/shikakumaru/

# 第8章
# 利得行列で書き表せない戦略形ゲーム

## 8.1 寄付金ゲーム

　教会でのクリスマスイベントに誘われたことがある。もう15年以上も前のことだ。クリスチャンではない筆者はそれまで教会へ行った経験などまったくなく、面白そうだなと思って参加することにした。渋谷駅で知人と待ち合わせて、道玄坂を登っていく。長い坂を登っていると、渋谷という地名の意味がとてもよく分かる。連れていってもらった教会は何の変哲もない建物で、今では、記憶を頼りに探そうとしても見つけるのは難しいかもしれない。教会では牧師の話を聴いて、聖歌やクリスマスソングを歌い、お菓子や料理を食べた。150人くらいの人が集まっていたように思う。

　歌と歌の合間に、客席（と言うのか？）に30センチ四方の箱が回ってきているのに気がついた。ぼんやり眺めていると、参加者はみんな、箱に手を入れてから次の人に渡している。自分の方へ近づくにつれてみんながお金を箱に入れているのだと分かった。寄付箱なのだ。とうとう自分の番がやってきて寄付箱を手に持つと、もともと重みのあるつくりなのか、中身はまったく見当もつかない。教会へ連れてきてくれた知人は「入れなくてもかまわないよ」と言っていたものの、本当に1円も入れないというのはなかなか気が引けるものである。ポケットに入っていたわずかな小銭をそっと入れて、寄付箱を隣の人に手渡した。

　あれから15年経った今なら、この状況を冷静にゲーム理論的に考えることができる。これはゲーム的な状況に他ならないからだ。さっそくゲーム理論を用いるために、この状況を「寄付金ゲーム」として定式化してみよう。

### 「寄付金ゲーム」

プレイヤーは、教会に集まったクリスマスイベントの参加者である。参加者は全員で $N$ 人いる。各参加者には名前の代わりに $i=1,...,N$ という番号を振っておこう。参加者の戦略は寄付箱に入れる寄付の金額である。ここでは寄付額の上限を1とし、参加者 $i$ の戦略を $x_i$ と書くことにする。番号3の参加者の寄付額は $x_3$、番号 $N$ の参加者の寄付額は $x_N$ といった具合である。

参加者の利得はどう考えられるだろう？　全員から集められた寄付金は教会の維持費などに使われる。教会は普段の礼拝だけでなくこのようなイベントにも使われるのだから、教会の維持には参加者の誰にとってもメリットがある。そして、寄付がたくさん集まるほど便益は大きくなるはずである[1]。その一方で、寄付したお金は自分のことに使えなくなってしまうので、個人にとって寄付額はコストと見なせる。このことを踏まえると、参加者 $i$ の利得は便益からコストを差し引いたものだと考えることができるだろう。この利得を数式で表すとこう書ける。

$$u_i(x_i, x_{-i}) = -x_i + \theta_i(x_1 + \cdots + x_N)$$

式の見方については説明が必要だろう。左辺の記号は、「自分で選んだ寄付額 ($x_i$)」と「他の参加者の寄付額 ($x_{-i}$)」によって参加者 $i$ の利得が決まることを表している。つまり、利得は2変数関数で表されていて、「$i$ さん」と「その他の参加者」の2人ゲームなのだと考えればよい。$x_{-i} = x_1 + \cdots + x_{i-1} + x_{i+1} + \cdots + x_N$ は参加者 $i$ 以外の寄付額の合計である。

右辺は利得関数の具体的な中身で、2つの項の足し算になっている。第1項は寄付によるコストである。寄付額 ($x_i$) にマイナスが付いているので、寄付した分だけ自分の利得が下がることを表している。第2項は、全員から集められた寄付金で教会が維持されることの便益を表している。$\theta_i(x_1 + \cdots + x_N)$ の（　）内は、$i$ を含む全員の寄付金の合計である。寄付金を使って教会を修繕したり設備を充実したりすれば誰にとっても嬉しいはずだ。しかし、その嬉しさは参加者によっ

---

[1] 他にも、寄付という行為そのものから生じる便益というものもあり得る。特に、神様が常にご覧になっていると考える信徒にとってはなおさらだろう。しかし、ここではそのような便益は無視する。

て違うかもしれない。その違いを表すのが $\theta_i > 0$ である。寄付額の合計に $\theta_i$ をかけた値の分だけ参加者 $i$ は便益を感じる。参加者による寄付額が変わらないとすれば、$\theta_i > 0$ が大きいほど利得が高くなることに注意しよう。

参加者は寄付箱を回しながら順々に寄付していくのだが、誰がいくらを寄付しているのかは周りからは分からない。そのため、これは同時手番ゲームである。

ではナッシュ均衡を求めよう。参加者 $i$ の立場で、他の参加者の寄付額（$x_{-i}$）に対して最適応答戦略となる寄付額を考える。$x_i$ に注目して数式を少し書き直してみよう。右辺には第1項と第2項の2か所に $x_i$ があることに気づいただろうか？ 2つ目は少し分かりづらいが、第2項の（ ）内にある。$x_i$ をまとめて書き直したものが下の式である。

$$\begin{aligned} u_i(x_i, x_{-i}) &= -x_i + \theta_i(x_1 + \cdots + x_N) \\ &= -x_i + \theta_i x_i + \theta_i(x_1 + \cdots + x_{i-1} + x_{i+1} + \cdots + x_N) \\ &= (-1 + \theta_i)x_i + \theta_i x_{-i} \end{aligned}$$

この式を見ると、参加者 $i$ の最適応答戦略は、第1項にある $x_i$ の係数（$-1 + \theta_i$）がプラスなのかマイナスなのか、あるいは0なのかによって決まることが分かる。3つのパターンを順番に見ていこう。

1つ目のパターンは $-1 + \theta_i > 0$（あるいは $\theta_i > 1$）である。横軸に自分の寄付額（$x_i$）、縦軸に自分の利得（$u_i$）を取ると、利得関数は**図8.1**のように右上がりの直線として書ける。寄付額を増やすにつれて利得は高くなるので、参加者 $i$ の最適応答戦略は上限の $x_i = 1$ である。

2つ目のパターンは、$-1 + \theta_i < 0$（あるいは $0 < \theta_i < 1$）である。先ほどと同じように利得関数を図示すると、今度は右下がりの直線となる（**図8.2**）。寄付額を増やすにつれて利得は低くなるので、参加者 $i$ の最適応答戦略は下限の $x_i = 0$ である。

最後のパターンは、$-1 + \theta_i = 0$（あるいは $\theta_i = 1$）である。この時の利得関数は水平な直線として図示できる（**図8.3**）。寄付額としていくらを選んでも利得は変わらないので、参加者 $i$ の最適応答戦略は $0 \leq x_i \leq 1$ である。

注目すべきなのは、3つのパターンすべてにおいて、参加者 $i$ の最適応答戦略が他の参加者の寄付額に左右されないということである。これは、$\theta_i$ の値に応じ

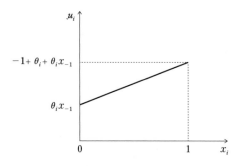

図8.1 参加者 $i$ の利得関数 ($\theta_i > 1$)

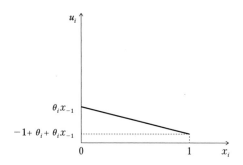

図8.2 参加者 $i$ の利得関数 ($0 < \theta_i < 1$)

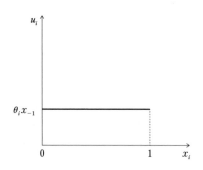

図8.3 参加者 $i$ の利得関数 ($\theta_i = 1$)

て、参加者 $i$ が支配戦略を持っていることを意味している[2]。さらに重要なことに、どの参加者にとっても事情は同じである。そのため、ナッシュ均衡は

---

2) 厳密に言えば、$\theta_i = 1$ の時には支配戦略はない。

「$\theta_i > 1$ である参加者 $i$ は $x_i = 1$ を選び、$0 < \theta_i < 1$ である参加者 $i$ は $x_i = 0$ を選び、$\theta_i = 1$ である参加者 $i$ は $0 \leqq x_i \leqq 1$ を選ぶ」となる。

ここでは $\theta_i$ が参加者によって違うという状況を想定していたが、もし全員が同じ $\theta$ の値を持つならば、話はもっとシンプルである。この場合、$\theta > 1$ ならば全員が上限額まで寄付し、$0 < \theta < 1$ ならば誰もまったく寄付しない。$\theta = 1$ ならば、参加者がどんな寄付金を選ぶ結果もすべてナッシュ均衡である。

参加者がたくさんいる場合、$0 < \theta < 1$ の時のナッシュ均衡は興味深い。この場合には全員が 0 の寄付額を選ぶので、各自が得る利得も 0 である。しかし、仮に全員が 1 の寄付額を選べば、全員が等しく $-1 + \theta N$ という利得を得る。参加者が十分にたくさんいれば（具体的には $N > 1/\theta$）、全員が 0 を選ぶというナッシュ均衡よりも、全員が 1 を寄付することが誰にとっても望ましい。どこかで似たような話を聞いたことがある？　そう、この状況は囚人のジレンマとそっくりである（特に、多くの参加者がいるこの状況は社会的ジレンマと呼べる。5.4 節を参照）。

## 8.2　クールノー数量競争

このところのクラフトビールブームを受けて、近ごろはビールの銘柄がとても増えた。コンビニですら、今までは考えられなかったような豊富な種類のビールを売っている。ところが驚くことに（筆者にとっては）、それらのクラフトビールは全部合わせても市場シェアが 1％に過ぎない。2017 年におけるビール系飲料の市場シェアを見てみると、アサヒがシェア 1 位で 39.1％、以下、キリン 31.8％、サントリー 16.0％、サッポロ 12.1％と続く。これら大手 4 社で 99％の市場シェアということになる。「よなよなエール」で有名なヤッホーブルーイングはクラフトビール大手で、実際に色んなお店で商品を見かけるのに、市場シェアは 1％に満たない。ビール市場は典型的な寡占市場なのだ[3]。

ここでは、K 社と A 社の大手 2 社がしのぎを削っているビールの市場を考え

---

3）この状況は同じく酒類の清酒業界とは対照的である。国税庁（2017）「清酒製造業の概況」によれば、月桂冠、宝酒造などの大手 13 社による 2016 年における市場シェアは 50％ほどである。https://www.nta.go.jp/shiraberu/senmonjoho/sake/shiori-gaikyo/seishu/ 2016 /pdf/all.pdf

てみよう。ビールが最も売れる夏に向けて、ビール会社は前年の冬の時点で出荷計画を立てなければならない。ビールの市場価格は2社が出荷したビールの合計量によって決まるので、他社の出荷量がどれほどなのかが気になるところだが、冬の時点ではもちろん分からない。さて、K社およびA社は出荷量をどう決めるべきだろうか？　このような状況を経済学では**クールノー数量競争**という。フランス生まれの経済学者（そして数学者でもある）クールノー（A. Cournot）が今からおよそ200年前に考察したことからその名が付いている[4]。

クールノー数量競争は同時手番ゲームとして定式化できる。プレイヤーはK社とA社という2社のビール会社で、それぞれの戦略は「出荷量」である。ここでは各社の出荷量を $q_K, q_A$ と書こう。

経済学では企業の目的を「利潤の最大化」と見なすことが多いので、利潤をそのまま利得として考えよう。K社とA社はどちらもビールを1本出荷するために $c$ という（限界）費用がかかるとする。そのため、ビールの市場価格が $p$ だとすると、ビール1本あたりの粗利は $p-c$ である。よって、$q_i$ 本のビールを出荷した $i$ 社の利潤は次の式で表される。

$$\pi_K(q_K, q_A) = (p-c)q_K$$
$$\pi_A(q_K, q_A) = (p-c)q_A$$

ビールの市場価格 $p$ は、下の逆需要関数によって決まる。

$$p = P(q_K, q_A) = B-(q_K+q_A)$$

各社の出荷量が増えるにつれて、市場価格が下がることが見て取れるだろう。$B$ は市場規模を表しているのだが、消費者がビールに対して払ってもよいと考える金額の上限と見ることもできる。2社ともビールをまったく出荷しない場合（つまり $q_K = q_A = 0$）のビール価格が $p = B$ だからである。$B > c$ としておく。

---

4）クールノーは『富の理論の数学的原理に関する研究』（中山伊知郎訳、岩波書店、1936年）の中で、競争する2社が独立に生産量を選ぶということが、独占の場合といかに違った結果をもたらすかについて強調している（邦訳116ページ）。原著が公刊されたのが1838年であることを思えば、まさに卓見と言う他はない。ちなみにクールノーは鉱泉（温泉など）をめぐる企業の競争を例に用いた。

## 「クールノー数量競争ミニゲーム」

手始めに、各社が「100」(たくさん出荷する) か「30」(あまり出荷しない) という出荷量のどちらかしか選べない状況を考えよう。また、出荷にかかる (限界) 費用を $c = 10$、市場規模を $B = 250$ とする。

このミニゲームならば、今までに見てきたのと同じ 2 × 2 の利得行列を使ってナッシュ均衡を見つけることができる。まず、利得行列を完成させよう。2 社がどちらも「100」の出荷量を選ぶと、市場価格は $p = 250 - (100 + 100) = 50$ である。そのため、どちらの企業も $(50 - 10) \times 100 = 4000$ の利潤を得る。一方の企業が「100」、もう一方の企業が「30」を選ぶと、市場価格は $p = 250 - (100 + 30) = 120$ である。そのため、「100」を選んだ企業は $(120 - 10) \times 100 = 11000$ という利潤を得て、「30」を選んだ企業は $(120 - 10) \times 30 = 3300$ という利潤を得る。最後にどちらの企業も「30」を選ぶと、市場価格は $p = 250 - (30 + 30) = 190$ である。そのため、利潤は $(190 - 10) \times 30 = 5400$ である。以上より、利得行列は図8.4のように書ける。

|  |  | A社 | |
|---|---|---|---|
|  | 出荷量 | 100 | 30 |
| K社 | 100 | 4000, 4000 | 11000, 3300 |
|  | 30 | 3300, 11000 | 5400, 5400 |

図8.4 クールノー数量競争ミニゲーム

利得行列から分かるように、2 社はどちらも「100」という支配戦略を持つ。そのため (100, 100) という出荷量の組がナッシュ均衡である。

## 「クールノー数量競争 (より一般的なバージョン)」

ミニゲームには企業の戦略が 2 つしかなかったが、現実の企業はもっと自由に出荷量を選べるはずである。ビールを 1 本、2 本と数えるならばビール会社には自然数と同じだけの選択肢があることになるし、ビールを液体と見て出荷量を考えるならば、マイナスでない限りどんな値でも選べる。そこで、今度は 2 社が 0 以上の値で好きなように出荷量を選べる状況を考えることにしよう。

この場合、先ほどのようには利得行列が書けないことに注意が必要である。0 以上の実数は無限にあるので、利得行列は「無限×無限」になってしまう (そもそも無限は数ではないけれど)。利得行列が書けない理由を実感するために、皆さん

自身で利得行列を書くことを試みるとよい。

そこで、利得行列を書くことは潔くあきらめて、利潤関数から直接に最適応答戦略を書き出してみることにしよう。似たような方法をさっき試したな、と思った読者は鋭い。この方法は、先ほどの寄付金ゲームでナッシュ均衡を求めたやり方に似ている。

まずはK社が選んだ出荷量に対するA社の最適応答戦略を考えよう。A社の利潤関数に逆需要関数を代入すると、A社の利潤は次の式で表される。

$$\pi_A(q_K, q_A) = [B-(q_K+q_A)-c]q_A$$

A社の最適応答戦略は、K社の選んだ出荷量に応じて、この式で表された利潤をできるだけ高くするような出荷量である。この式をよく見ると、自社の出荷量（$q_A$）の2次関数になっていることに気づくだろう。高校1年で習った平方完成を思い出すと、利潤を下のように書き直せる。

$$\begin{aligned}\pi_A(q_K, q_A) &= -(q_A)^2+(B-c-q_K)q_A \\ &= -\left(q_A-\frac{B-c-q_K}{2}\right)^2+\left(\frac{B-c-q_K}{2}\right)^2\end{aligned}$$

この利潤関数は上に凸の2次関数なので、頂点（＝最も高い利潤）をもたらす出荷量$q_A^*$はこのように求められる。

$$q_A^* = q_A(q_K) = \frac{B-c-q_K}{2}$$

A社にとって最適な出荷量がK社の出荷量の関数として表せた。ただし、$q_K > B-c$に対しては$q_A^* = 0$としよう。この関数は、K社の選ぶ出荷量のそれぞれに対してA社がどれほどの出荷量を選べばよいのかを示した対応表のようなものである。$q_K = 0$に対する最適応答戦略は$q_A^* = q_A(0) = (B-c)/2$、そして$q_K = B-c$に対しては$q_A^* = q_A(B-c) = 0$が最適応答の出荷量である。こんな具合にして、A社の最適応答戦略を求めることができる。

次にK社の最適応答戦略を考えよう。先ほどと同じく、K社の利潤関数も自社の出荷量（$q_K$）の2次関数になっている。

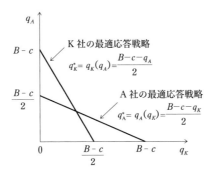

図8.5 クールノー数量競争の最適応答戦略

$$\pi_K(q_K, q_A) = [B-(q_K+q_A)-c]q_K$$
$$= -(q_K)^2 + (B-c-q_A)q_K$$
$$= -\left(q_K - \frac{B-c-q_A}{2}\right)^2 + \left(\frac{B-c-q_A}{2}\right)^2$$

K社にとっての最適な出荷量 $q_K^*$ はこう書ける。

$$q_K^* = q_K(q_A) = \frac{B-c-q_A}{2}$$

この関数が、A社の出荷量に対するK社の最適応答である。ただし、$q_A > B-c$ に対しては $q_K^* = 0$ とする。

2社の最適応答戦略が分かったら、後はナッシュ均衡を探すだけである。実はこのやり方も、皆さんはすでに知っている。混合戦略のナッシュ均衡を見つけた時と同じで、最適応答戦略をグラフに書いてみて、その交点を探せばよいのである（図8.5）。

横軸がK社の出荷量、縦軸がA社の出荷量である。グラフを書く時には切片がどっちの軸にくるのかに注意しよう。図8.5の交点で示されるナッシュ均衡の出荷量を計算するためには、ナッシュ均衡を $(q_A^*, q_K^*)$ として2社の最適応答関数に代入し、連立方程式を立てればよい。

$$q_A^* = q_A(q_K^*) = \frac{B-c-q_K^*}{2}$$

$$q_K^* = q_K(q_A^*) = \frac{B-c-q_A^*}{2}$$

連立方程式を解いた結果はこうである。

$$q_K^* = q_A^* = \frac{B-c}{3}$$

つまり、ナッシュ均衡は $(q_A^*, q_K^*) = ((B-c)/3, (B-c)/3)$ である。クールノー数量競争のナッシュ均衡を**クールノー均衡**と呼ぶことがある。ナッシュ均衡の出荷量を需要関数と利得関数に代入すれば、均衡におけるビールの価格と各社の利潤が計算できる。

$$p = P(q_K^*, q_A^*) = \frac{B+2c}{3}$$

$$\pi_K(q_K^*, q_A^*) = \pi_A(q_K^*, q_A^*) = \left(\frac{B-c}{3}\right)^2$$

## もしビール会社が1社だったら？

クールノー数量競争に直面している企業は、ライバルの出荷量を計算に入れつつ、利潤を最大化するような出荷量を選ぶ。このようにして選ばれた出荷量はナッシュ均衡なので、どちらの企業も、自社だけがそれとは違う出荷量を選んでも利潤を増やすことはできない。ただし、ナッシュ均衡が各社に最も高い利潤をもたらしてくれるというわけではない。実際、2社がどちらもナッシュ均衡より高い利潤を得られるような出荷量が存在する。

そのことを確認するために、2社が合併して1社になったと想像してみよう。この企業はビールを生産する唯一のビール会社（独占）として、$Q$ という出荷量を選ぶ。逆需要関数は同じなので、企業の利潤は次式のように書ける。クールノー数量競争と同じく、この利潤関数は出荷量の2次関数になっている。

$$\begin{aligned}\pi(Q) &= (B-Q-c)Q \\ &= -Q^2 + (B-c)Q \\ &= -\left(Q - \frac{B-c}{2}\right)^2 + \left(\frac{B-c}{2}\right)^2\end{aligned}$$

独占企業は、利潤をできるだけ高めるように出荷量を選ぶ。具体的には、下の $Q^*$ がそのような出荷量である。

$$Q^* = \frac{B-c}{2}$$

最適な出荷量に対応するビール価格と利潤はそれぞれこう計算できる。

$$p = P(Q^*) = \frac{B+c}{2}$$

$$\pi(Q^*) = \left(\frac{B-c}{2}\right)^2$$

　この結果をクールノー数量競争の結果と比べてみよう。まずは利潤である。この独占企業はクールノー数量競争をしていた2社が合併してできたので、独占企業の利潤と、2社の利潤の合計を比べることに意味があるだろう。すると、クールノー競争における2社の利潤の合計よりも独占企業の利潤のほうが高いことが分かる。次式では、不等号の左側がナッシュ均衡における2社の利潤の合計で、右側が独占企業の利潤である。

$$\pi_K(q_K^*, q_A^*) + \pi_A(q_K^*, q_A^*) = \frac{2(B-c)^2}{9} < \pi(Q^*) = \frac{(B-c)^2}{4}$$

　なぜこのような結果になるのだろう？　キーポイントは、市場に出回るビールの量の違いである。独占とクールノー数量競争を比べると、独占のほうが出荷量は少ない。

$$q_K^* + q_A^* = \frac{2(B-c)}{3} > Q^* = \frac{B-c}{2}$$

その結果として、独占のほうがビール価格は高くなる。

$$P(q_K^*, q_A^*) = \frac{B+2c}{3} < P(Q^*) = \frac{B+c}{2}$$

　つまり、独占企業は、出荷量を少なく抑えることでビール価格を高くできるので、その分だけ高い利潤を達成できるのである。逆に言うと、クールノー数量競

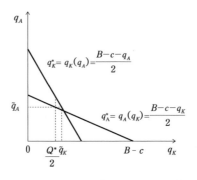

図8.6 カルテルを破るインセンティブ

争の状況でも「独占出荷量の半分をそれぞれが出荷する」ことに合意できれば（カルテルを結ぶ！）、ナッシュ均衡よりも大きな利潤を2社は手にすることができる。

では、そのような約束はうまくいくだろうか？　わざわざこう問いかけていることから答えは予想できると思うが、予想通り、答えは「できない」である。**図8.6**を見るとその理由がとてもよく分かる。

K社が約束通りに独占出荷量の半分（$Q^*/2$）を選んだとしよう。それに対してA社が同じ出荷量を選ぶかというと、そうはならない。なぜなら、K社が独占出荷量の半分を選ぶことを前提とすると、A社は別の出荷量を選ぶインセンティブを持つからである。図中では、$\tilde{q}_A$ がそのような出荷量を表している。

他方で、A社が $\tilde{q}_A$ を選ぶならば、K社にとって最適な生産量は $\tilde{q}_K$ である。さらに $\tilde{q}_K$ に対する最適応答を考えると、…とずっと続けていくと、結局のところ、両社が選ぶ出荷量はナッシュ均衡にたどり着く。そして、いったんナッシュ均衡に落ち着いたなら、どちらの企業も出荷量を変えるインセンティブを持たない。

2社で独占出荷量をうまく分け合えば、どちらも利潤を増やすことができる。5.2節で学んだ用語でいえば、2社にとって、カルテルは競争とくらべてパレート優位なのである。それを重々承知したうえで、しかし、彼らはそのような出荷量を選べない。相手を出し抜いて高い利潤を得たいと考えて、どちらも出荷量を増やすからである。その結果がナッシュ均衡の出荷量ということになる。囚人のジレンマと同じような論理が見て取れるだろう[5]。

競争の恩恵を受けるのは消費者である。2社が競争してくれるおかげで消費者はビールを安く飲める。我が国の独占禁止法は第1条でその目的をこう述べている。

この法律は、私的独占、不当な取引制限及び不公正な取引方法を禁止し、事業支配力の過度の集中を防止して、結合、協定等の方法による生産、販売、価格、技術等の不当な制限その他一切の事業活動の不当な拘束を排除することにより、公正且つ自由な競争を促進し、事業者の創意を発揮させ、事業活動を盛んにし、雇傭及び国民実所得の水準を高め、以て、一般消費者の利益を確保するとともに、国民経済の民主的で健全な発達を促進することを目的とする。

こうして消費者は今日も「公正且つ自由な競争」のありがたさを感じることができるのである。

## 8.3　3社によるクールノー数量競争

独占（1社）の場合と比べて、2社が競争することで出荷量が増え、価格が下がり、企業の利潤が減ることを8.2節で確認した。では、もし企業が3社に増えたら結果はどう変わるだろう？　ここではS社を交えた3社のクールノー数量競争を見てみよう。考え方は同じなので、ここでは詳細は省いて結果だけを見てみよう。すると、ナッシュ均衡における各社の出荷量、ビール価格、利潤はそれぞれこう書ける。

$$q_K^* = q_A^* = q_S^* = \frac{B-c}{4}$$

$$p = P(q_K^*, q_A^*, q_S^*) = \frac{B+3c}{4}$$

$$\pi_K(q_K^*, q_A^*, q_S^*) = \pi_A(q_K^*, q_A^*, q_S^*) = \pi_S(q_K^*, q_A^*, q_S^*) = \left(\frac{B-c}{4}\right)^2$$

2社の場合と比べると、3社の場合では出荷量の合計が増えて、ビール価格は

---

5）ただし、ここではナッシュ均衡の出荷量が支配戦略というわけではない。

下がる。そして各企業の利潤も減る。つまり、競争が激しくなると、消費者が与る競争の恩恵はさらに大きくなる。企業が4社以上に増えても同じ傾向が続く（章末問題8.2を参照のこと）。

## 8.4 ホテリング立地競争

「ホテリング立地競争」

　東西に延びる大学通りに2店のコンビニが出店計画を立てている。この大学通りにはたくさんの学生が等間隔に住んでいて[6]、コンビニができれば彼らは自分の家から近いコンビニで買い物をする。ライバル店がどこに出店するのかを知らないとして、2店のコンビニはそれぞれ大学通りのどこへ出店すればよいだろうか？

　このような状況を経済学では**ホテリング立地競争**という。ホテリング（H. Hotelling）が1929年に発表した論文の中でこの状況を分析したからだ。では、ホテリングが考え出したモデルを使ってこの状況を分析してみよう。

　ホテリング立地競争は同時手番ゲームである。プレイヤーは「A店」と「B店」という2店のコンビニで、「出店場所」を戦略として選ぶ。大学通りの長さを1として、コンビニA, Bが選ぶ出店場所を$x_A, x_B$と書く。西端が0で東端が1である。戦略が連続的に選べる点はクールノー数量競争と同じである。

　利得は各店の利潤であるとする。コンビニでの客単価を等しく1としておくと、各店の利潤は2店の出店場所によって決まる。まずは、A店がB店よりも西寄りに出店するとしよう（つまり$x_A < x_B$）。この状況で、各店に集まるお客がどの範囲に分布しているのかを示したのが**図8.7**である。

　図8.7から分かる通り、A店とB店の中間地点よりも西側に住む学生はA店を利用し、東側に住む学生はB店を利用する。そのため、西寄りに出店したA店の利得は下の利潤関数で書き表すことができる。

$$\pi_A(x_A, x_B) = \left(x_A + \frac{x_B - x_A}{2}\right) \times 1 = \frac{x_A + x_B}{2}$$

---

[6] この後の分析では、通り沿いに学生が一様分布していると考えることにする。

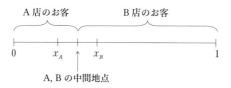

図8.7 各店に集まるお客の分布（$x_A < x_B$）

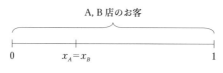

図8.8 各店に集まるお客の分布（$x_A = x_B$）

　右辺の（　）内は需要量（客数）で、かけ算されている 1 が価格（客単価）である。つまり、式全体で A 店の利潤になっている。同じように、東寄りに出店した B 店の利得は、下の利潤関数で書き表すことができる。図8.7をよく見て、需要量を確認してほしい。

$$\pi_B(x_A, x_B) = \left[\frac{x_B - x_A}{2} + (1 - x_B)\right] \times 1 = 1 - \frac{x_A + x_B}{2}$$

　西寄り、東寄りに出店するコンビニが入れ替わった場合には、それぞれの利潤を逆にすればよい。

　それに対して、2店がどちらも同じ場所へ出店すると、どちらの店舗にも、通り沿いに住むすべての客が半分ずつ買い物に訪れる。この場合の利潤はどちらも1/2である（**図8.8**）。

　この状況を踏まえつつ、各店は出店場所を同時に選ぶ。純粋戦略だけにしぼって各店の最適応答戦略を考えると、どちらのコンビニも通りの中央に店舗を構えること（つまり、$x_A = x_B = 1/2$）が唯一のナッシュ均衡であることが分かる。ここでは、この戦略の組がナッシュ均衡であることと、他にナッシュ均衡がないことを順番に見ていこう。

　まず、$x_A = x_B = 1/2$ がナッシュ均衡であることを確認しておこう。どちらのコンビニも同じ場所にあるので、先ほど説明したように各店の利潤は1/2である。さて、今 A 店が真ん中よりも西（つまり、$x_A < 1/2$）を立地場所として選ぶとし

よう。それによってA店が得る利潤はこう書き表せる。

$$\pi_A\left(x_A, \frac{1}{2}\right) = \frac{x_A + \frac{1}{2}}{2}$$

式にはB店の戦略として$x_B = 1/2$を代入してある。$x_A < 1/2$であることに注意すれば、この利潤はナッシュ均衡で得られる1/2という利潤よりも小さいことが分かる。下式の右辺がナッシュ均衡による利潤である。

$$\pi_A\left(x_A, \frac{1}{2}\right) = \frac{x_A + \frac{1}{2}}{2} < \frac{\frac{1}{2} + \frac{1}{2}}{2} = \frac{1}{2} = \pi_A\left(\frac{1}{2}, \frac{1}{2}\right)$$

つまり、A店には$x_A < 1/2$を選ぶインセンティブがない。同じことはB店にも当てはまる。

では、A店が真ん中よりも東（つまり、$x_A > 1/2$）を選べばどうなるだろう？東寄りに立地すれば、A店は下の数式で表せる利潤を得ることになる。

$$\pi_A\left(x_A, \frac{1}{2}\right) = 1 - \frac{x_A + \frac{1}{2}}{2}$$

$x_A > 1/2$であることに注意すれば、先ほどと同じく、この利潤はナッシュ均衡で得られる1/2という利潤よりも小さいことが分かる。

$$\pi_A\left(x_A, \frac{1}{2}\right) = 1 - \frac{x_A + \frac{1}{2}}{2} < 1 - \frac{\frac{1}{2} + \frac{1}{2}}{2} = 1 - \frac{1}{2} = \frac{1}{2} = \pi_A\left(\frac{1}{2}, \frac{1}{2}\right)$$

つまり、A店には$x_A > 1/2$を選ぶインセンティブもないことが分かった。同じことはB店にも当てはまる。これらの結果をまとめると、どちらのコンビニにも出店場所を変えるインセンティブがないので、$x_A = x_B = 1/2$はナッシュ均衡である。

では次に、これ以外にはナッシュ均衡がないことを確認しよう。コンビニがどのように出店するのかは、大きく分ければ（1）2店が同じ場所に出店する、（2）2店が別の場所に出店する、という2通りである。以下で見るように、

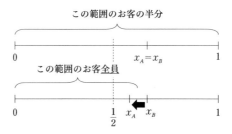

図8.9　出店場所を少し西にずらすと利潤が増える

$x_A = x_B = 1/2$ 以外には、どちらのケースでも、コンビニには出店場所を変えるインセンティブがある。

(1) 2店が同じ場所に立地するケースを考えよう（ただし、$x_A = x_B = 1/2$ を除く）。まずは出店場所が東寄りである（$x_A = x_B > 1/2$）とする。この場合、A店は $1/2 < x'_A < x_B$ というような $x'_A$ ——真ん中により近い場所——を選ぶと、利潤を1/2よりも増やすことができる。このことを示しているのが以下の数式である。

$$\pi_A(x'_A, x_B) = \frac{x'_A + x_B}{2} > \frac{x_A + x_A}{2} = x_A > \frac{1}{2} = \pi_A(x_A, x_B)$$

式は分かりにくいかもしれないが、図8.9を見ると、利潤を増やせる理由が感覚的に理解できる。今の出店場所は東寄りだが、もう少し真ん中に近い場所に店舗を移せば、西側に住んでいる学生客をすべて呼び込むことができる。もともとの利潤は1/2だったが、場所をずらした後の利潤は1/2よりも大きい。もちろん同じことはB店にも当てはまる。

次に、出店場所が西寄りである（$x_A = x_B < 1/2$）とする。この場合、A店は $x_B < x'_A < 1/2$ であるような $x'_A$ ——真ん中により近い場所——を選ぶと、利潤を1/2よりも増やすことができる。東寄りに出店する場合と理由は同じである。念のため、数式でもこのことを確認しておこう。

$$\pi_A(x'_A, x_B) = 1 - \frac{x'_A + x_B}{2} > 1 - \frac{x'_A + x_A}{2} = 1 - x'_A > 1 - \frac{1}{2} = \frac{1}{2} = \pi_A(x_A, x_B)$$

よって、(1) のケースはナッシュ均衡ではないことが分かった。

(2) 2店が違う場所に立地するケースを考えよう。ここでは $x_A < x_B$ とする。

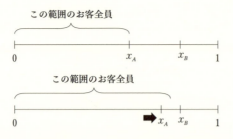

図8.10　出店場所をライバル店に近づけると利潤が増える

まず、より西側にいる A 店が場所を変えるインセンティブを持っているかどうかを確認しよう。A 店は、B 店に近い $x'$ という場所（$x_A < x' < x_B$）を選ぶことで、今よりも利潤を増やすことができる。下の式では、B 店に近づいて得られる利潤が左辺、現状で得られる利潤が右辺である。

$$\pi_A(x', x_B) = \frac{x' + x_B}{2} > \frac{x_A + x_B}{2} = \pi_A(x_A, x_B)$$

**図8.10**を見ると、A 店が利潤を増やせる理由が感覚的に理解できる。それだけでなく、より東側にいる B 店も、上で考えた $x'$ という場所を選ぶことで、利潤を現状よりも増やすことができる。このことは下の数式に示されている。現状で得られる利潤が左辺、A 店に近づいて得られる利潤が右辺である。

$$\pi_B(x_A, x_B) = 1 - \frac{x_A + x_B}{2} > 1 - \frac{x_A + x'}{2} = \pi_B(x_A, x')$$

今の議論から明らかなように、$x_B < x_A$ の場合にも同じことが言える。よって、(2) のケースもナッシュ均衡ではあり得ない。つまり、それぞれが違う場所に出店している場合、どちらのコンビニも、相手に近づけばより多くの学生客を呼び込んで利潤を増やすことができるのである。

ホテリング立地競争のモデルは、駅前などにコンビニが密集するという現実の状況を説明するために使われることがある。実際、上のナッシュ均衡のように 2 店のコンビニが真ん中に出店している場合、新たな 3 店目はその両脇に少しだけ離れた場所に出店することが最適となる。次々に出店が続く場合には、すでにある店舗を取り囲むように出店していくことになる。

しかし、3店のコンビニが同時に出店場所を決めるようなホテリング立地競争を考えると、状況はがらりと変わってしまう。この場合、3店すべてが真ん中に出店する（$x_A = x_B = x_C = 1/2$。ここで3つ目のコンビニをC店とする）ことは、もはやナッシュ均衡にならない。3店が真ん中に出店していれば1店あたりの利潤は1/3だが、1店だけが少しだけ東西のどちらかに出店場所を変えれば、そのコンビニは1/2に近い利潤を得られるからである。

実は、3店によるホテリング立地競争には純粋戦略によるナッシュ均衡が存在しない。3店が同じ場所に出店している場合、より開けた方向へ店舗をずらすインセンティブがどの店にもある。2店が同じ場所でもう1店が別の場所に立地している場合、あるいは3店がばらばらの場所で営業している場合には、単独営業している店舗は別の店舗の方へ近づくことでお客を増やすことができる。これは2店のホテリング立地競争と同じ発想である。では出店を計画しているコンビニが4店に増えると結果はどうなるだろう（章末問題8.3）？　興味がある読者はぜひ自分で考えてみてほしい。きっと結果に驚くことだろう。

## ●章末問題

**問題8.1**　本文で考えたビール業界のクールノー数量競争では、出荷にかかる費用がどの企業でも同じと想定していた。しかし、現実には、出荷費用が企業によって違うことは十分に考えられる。企業の規模やノウハウなどが違うためである。そこで、以下のような利潤関数を持つ2社によるクールノー数量競争を考える。企業1よりも企業2の出荷費用が高いことに注意しよう。

$$\pi_1(q_1, q_2) = (p-10)q_1$$
$$\pi_2(q_1, q_2) = (p-20)q_2$$
$$p = P(q_1, q_2) = 100 - (q_1 + q_2)$$

ナッシュ均衡を求めて、均衡における各社の生産量、ビールの価格、各社の利潤を計算しなさい。また、出荷費用の違いが競争の結果にどう影響を与えているのかを説明しなさい。

**問題8.2**　同じビールを生産する対称な企業（出荷費用が同じ）が$N$社いる市場を考えよう。各企業の利潤関数および市場の逆需要関数を次式とする。

$$\pi_i(q_i, q_{-i}) = (p-c)q_i, i = 1, \cdots, N.$$
$$p = P(q_1, \cdots, q_N) = B - (q_1 + \cdots + q_N)$$

ここで、$q_{-i} = q_1 + \cdots + q_{i-1} + q_{i+1} + \cdots + q_N$ は企業 $i$ 以外のすべての企業の出荷量の合計を表す。ナッシュ均衡を求めて、均衡における各社の出荷量、財価格、各社の利潤を計算しなさい。また、企業数が無限に大きくなった場合（$N \to \infty$）に、財価格と各社の利潤がどうなるかを考えなさい。

**問題8.3** 本文に登場した大学通りに4店のコンビニが出店計画を立てている。この場合のナッシュ均衡について考えよう。

(1) すべてのコンビニが通りの真ん中（$x = 1/2$）に立地する状況はナッシュ均衡にならない。その理由を説明しなさい。

(2) 2店のコンビニ（例えばA店とB店）が $x = 1/4$ に出店し、残りの2店のコンビニ（例えばC店とD店）が $x = 3/4$ に出店する状況はナッシュ均衡である。その理由を説明しなさい。

# 第 2 部

# 展開形ゲーム

# 第 9 章

# 展開形ゲームと部分ゲーム完全均衡

> そこでここからまったく種類を異にする二通りの活動が生じる、即ち第一は、個々の戦闘をそれぞれ按排し指導する活動であり、また第二は、戦争の目的を達成するためにこれらの戦闘を互に結びつける（組合せる）活動である。そして前者は戦術と呼ばれ、後者は戦略と名づけられるのである。
>
> 戦術は、戦闘において戦闘力を使用する仕方を指定し、また戦略は、戦争目的を達成するために戦闘を使用する仕方を指定する。
> カール・フォン・クラウゼヴィッツ『戦争論』（篠田英雄訳、上巻、岩波書店、1968年）

## 9.1 展開形ゲームとゲームの木

2章から8章にかけて戦略形ゲームを学んできた。戦略形ゲームは別名を同時手番ゲームというように、相手の選択を知る前に自分の戦略を選ぶ状況を表すモデルだった。9章からは、相手の選択を知った後で自分の行動を選べる状況を表すモデルである**展開形ゲーム**について学ぼう。このような状況ではプレイヤーが交互に行動を選んでいると解釈できるので、展開形ゲームは別名を**逐次手番ゲーム**ともいう。「逐次」というのは順番に、交互に、といった意味である。

展開形ゲームは**ゲームの木**を使って視覚的に表すことができる。ゲームの木を見れば「プレイヤーは誰か」「彼らの戦略は何か」「彼らの利得はいくらか」を簡単に把握できる。さらに、ゲームの木には「プレイヤーの行動のタイミング」も分かるという特徴がある。この節では「軍事演習ゲーム」を例にして、展開形ゲームについて考えてみよう。

「軍事演習ゲーム」

2017年後半に、北朝鮮は大陸間弾道ミサイル「火星15型」を発射するなどして、自国の軍事行動を活発化させていた。それに対して、北朝鮮による軍事挑発を抑止したいと考えていた米国と韓国が合同軍事演習を始めたのが2017年12月4

日である。この軍事演習は過去最大の規模だという。北朝鮮は米韓軍事演習について「緊迫した朝鮮半島情勢を一触即発の核戦争の局面へと追い込む重大な軍事的挑発だ」と非難し、「挑発には無慈悲な報復が伴うことを銘記すべきだ」と警告した[1]。

この状況を、「米国」と「北朝鮮」という2人のプレイヤーによる展開形ゲームとしてモデル化しよう。まず、米国は「軍事演習する」か「軍事演習しない」を決める。米国が「軍事演習しない」を選べば、北朝鮮にとって最も望ましい形でゲームは終わり、米国と北朝鮮はそれぞれ0と1の利得を得る。他方で米国が「軍事演習する」を選ぶと、今度は北朝鮮が戦略を選ぶ番になる。北朝鮮が「報復する」を選べば、行き着く先は戦争であり（「核戦争の局面へと追い込む」）、米国と北朝鮮はどちらも−1の利得を得る。そうではなく、北朝鮮が「報復しない」を選ぶならば、米国は1の利得を得る一方で、北朝鮮の利得は0になる。米国と北朝鮮はそれぞれどのような戦略を選ぶだろう？

ゲームの3要素については問題ないと思うが、ゲームが進行するタイムラインについて、北朝鮮が戦略を実行するのは米国が「軍事演習する」を選んだ時だけである点に注意しよう。プレイヤーたちの利得を（米国の利得、北朝鮮の利得）の順に並べて書くことにして、3つの結果とそれに対応する利得の組をまとめておこう。

（1）米国が「軍事演習しない」を選ぶ：$(0, 1)$

（2）米国が選んだ「軍事演習する」に対して北朝鮮が「報復しない」を選ぶ：$(1, 0)$

（3）米国が選んだ「軍事演習する」に対して北朝鮮が「報復する」を選ぶ：$(-1, -1)$

この展開形ゲームを表したゲームの木が**図9.1**に示されている。

ゲームの木の見方を説明しておこう。ゲームの木の中では、木の根元から枝先に向かって時間が流れており、ゲームの進行が時間の流れに沿って表されている。木の根元を**始点**、枝先を**終点**という。終点以外のすべての点（**意思決定点**）は分岐点となっていることに注意しよう。これらの分岐点はプレイヤーの**手番**を表している。

---

1）『朝日新聞デジタル』（2017年12月4日12時12分）

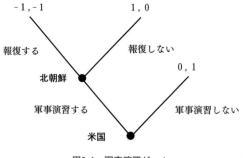

図9.1 軍事演習ゲーム

　始点は米国の手番で、始点に続く分岐点は北朝鮮の手番である。そして、分岐点から出る**枝**が表しているのは、その手番におけるプレイヤーの選択肢である（ここでは「戦略」ではなく、あえて「選択肢」という呼び方をしていることに注意しておこう。その理由についてはまたのちほど）。ゲームの終点には利得が示されている。ある点から枝を経由して別の点へと向かう系列を**経路**（パス）と呼び、特に、始点から終点までの経路を**プレイ**という。

　軍事演習ゲームでは、米国が意思決定した後に、北朝鮮がどう対処するのかを決める（機会があれば）。行動のタイミングが一目瞭然であることがゲームの木の最大の特徴である。

## 9.2　「軍事演習ゲーム」のナッシュ均衡

　軍事演習ゲームでプレイヤーたちはどの戦略を選べばよいだろう？　展開形ゲームといえども戦略形と同じゲームである。そこで、ナッシュ均衡を求めることにしよう。4.1節で説明したように、ナッシュ均衡とは最適応答戦略の組である。ナッシュ均衡の状態からは、どのプレイヤーも自分から戦略を変更しようとは思わない。この考え方にぴったりと当てはまる戦略の組を探すと、（軍事演習する、報復しない）、（軍事演習しない、報復する）の2つが見つかる。これらの戦略の組がきちんとナッシュ均衡になっていることを確認しておこう。

　まずは、（軍事演習する、報復しない）という戦略の組がナッシュ均衡であることを確かめよう。このナッシュ均衡を**図9.2**に示しておいた。プレイヤーが選んだ戦略は矢印で表してある。

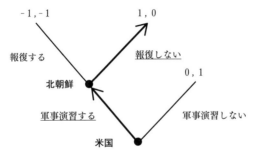

図9.2 （軍事演習する、報復しない）というナッシュ均衡

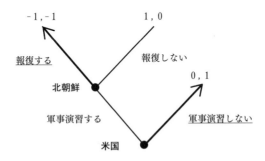

図9.3 （軍事演習しない、報復する）というナッシュ均衡

　北朝鮮が「報復しない」を選んでいるならば、米国が「軍事演習する」から「軍事演習しない」に戦略を変えると、自分の利得は1から0へ下がってしまう。このような変更のインセンティブを米国が持たないのは明らかである。では、北朝鮮の視点ではどうだろう？　米国が「軍事演習する」を選んでいるならば、北朝鮮が「報復しない」から「報復する」に戦略を変えると、自分の利得が0から−1へ下がってしまう。北朝鮮にもこのような変更のインセンティブは存在しない。まとめると、どちらのプレイヤーにも戦略を変更するインセンティブがないので、（軍事演習する、報復しない）という戦略の組はナッシュ均衡である。

　次に、（軍事演習しない、報復する）という戦略の組がナッシュ均衡であることを確かめよう。**図9.3**はこのナッシュ均衡を示している。

　北朝鮮が「報復する」を選んでいるならば、米国が「軍事演習しない」から「軍事演習する」に戦略を変えると、自分の利得は0から−1へ下がってしまう。米国には戦略を変更するインセンティブがない。北朝鮮にとってはどうだろう？　今までと少し違っているのは、このナッシュ均衡においては、北朝鮮の選択が現

実には起きていないということである。この点に注意すると、米国が「軍事演習しない」を選んでいるならば、北朝鮮が「報復する」から「報復しない」に戦略を変えたところで、現実に得られる利得には何ら影響がない。そのように戦略を変更しても自分の利得は1のままである。つまり、戦略の変更によって自分の利得を増やすことはできないので、北朝鮮にはこのような変更のインセンティブは存在しない。利得が変わらないのだからあえて戦略を変える意味もないでしょうということである。まとめると、どちらにも戦略を変更するインセンティブがないので、（軍事演習しない、報復する）という戦略の組はナッシュ均衡である。

2番目の戦略の組がナッシュ均衡であるという議論について、何か違和感を覚えた読者もいるかもしれない。その違和感を忘れずにおいてほしい、10.1節で違和感の元を明らかにする。

## 9.3　展開形ゲームを戦略形ゲームに書き直す

軍事演習ゲームには2つのナッシュ均衡があることを見てきたが、どのようにしてこれらのナッシュ均衡を見つけたのかについては一切説明しなかった。最適応答戦略の組というナッシュ均衡の定義に立ち戻って、ゲームの木を見ながら探すというのが本道にも思えるのだが、ここでは別の方法を紹介しよう。それは、ゲームの木で表された展開形ゲームを戦略形ゲームに書き直し、そのうえでナッシュ均衡を見つけるという方法である。

このゲームにはそれぞれ2つの戦略を持つプレイヤーが2人いるので、あり得る結果は $2 \times 2 = 4$ 通りである。

「あれ？　でも、ゲームの木の中には3つしか終点がなかったのに」

その疑問はもっともだ。とりあえず、**図9.4**に示した軍事演習ゲームの利得行列を見てみよう。

|  |  | 北朝鮮 | |
|---|---|---|---|
|  |  | 報復する | 報復しない |
| 米国 | 軍事演習する | -1, -1 | 1, 0 |
|  | 軍事演習しない | 0, 1 | 0, 1 |

図9.4　軍事演習ゲーム（戦略形）

図9.4を見ると、利得行列の2か所に(0, 1)という利得の組が入っていることに気づくだろう。ゲームの木を見直してみると、この利得の組は米国が「軍事演習しない」を選んだ後にくる終点に対応している。

　少し丁寧に考えてみよう。ゲームの木を見れば分かるように、米国が「軍事演習しない」を選ぶと、北朝鮮が何も行動をしないままにゲームは終わってしまう。しかし、ここで注意したいのは、「何も行動をしないままに」というのは「戦略を選ばない」ことと同じではないという点だ。そうではなく、「北朝鮮は戦略を選んだものの、それを実行する機会がなかった」ということなのである。そう考えれば、(0, 1)という利得の組は、利得行列に示されているように、(軍事演習しない、報復する)(軍事演習しない、報復しない)という2つの戦略の組に対応していることが分かる。

　さて、以上の議論を踏まえて図9.4の利得行列をもう一度見てみよう。この利得行列が確かにゲームの木に対応していることが分かるだろう。図9.4は今まで見てきたのと同じ2×2の利得行列なので、それぞれのプレイヤーの最適応答戦略を考えればナッシュ均衡を求めることができる。

　まず、北朝鮮の「報復する」に対する米国の最適応答戦略は「軍事演習しない」で、「報復しない」に対する最適応答戦略は「軍事演習する」である。前と同じく、最適応答戦略に対応する利得に下線を引いてみよう。次に、米国の「軍事演習する」に対する北朝鮮の最適応答戦略は「報復しない」である。そして、「軍事演習しない」に対する最適応答戦略は「報復する」「報復しない」の2つである。どちらの戦略を選んでも等しく1という利得が得られることに注意しよう。

　戦略形ゲームの分析から、軍事演習ゲームには（軍事演習する、報復しない）、（軍事演習しない、報復する）という2つのナッシュ均衡があることが分かった。図9.1のゲームの木と図9.4の利得行列は、同じ状況をそれぞれ展開形ゲームと戦略形ゲームとして表しているに過ぎない。そのため、当たり前のことながらナッシュ均衡は同じになる。

　展開形ゲームを戦略形ゲーム（利得行列）として書き直せるというのは、何も軍事演習ゲームに特有の話ではない。一般的に、どんな展開形ゲームもそれに対応する戦略形ゲームを考えることができる。ナッシュ均衡を求める時には便利である。

## 9.4 展開形ゲームにおける戦略

　この見出しを目にして「何を今さら？」と思った読者もいることだろう。今までも散々、展開形ゲームでナッシュ均衡を求めるために戦略をあれこれ議論してきたからだ。ところが実は、前節までに見てきた軍事演習ゲームはある意味で特別な種類のものだったので、戦略という概念について深く考えずに済んでいたのだ。具体的に言うと「すべてのプレイヤーにとって『行動』と『戦略』が一致する」ような種類のゲームである。一般的には、行動は戦略とは違う。では行動とは何だろう？　そして、戦略と行動の違いはどこにあるのだろう？　これらの疑問について、以下で答えを見ていくことにしよう。

**「軍事演習ゲーム拡張版」**

　2017年末、米朝関係の緊張感は日に日に増していくように思われた。そんな状態にあっても、米国のティラーソン国務長官は北朝鮮との対話を何とか実現させようと奔走していたようだ——もっとも、米国のトランプ大統領はそれを望んでいないようだったが。米韓が合同軍事演習を行わないのであれば（そしてティラーソンの奔走が功を奏せば）、北朝鮮には、米国との対話に応じるという選択肢があったのかもしれない[2]。この状況を展開形ゲームとしてモデル化してみよう。

　「軍事演習ゲーム拡張版」は軍事演習ゲームを少し修正したゲームである。具体的には、「米国」が「軍事演習しない」を選んだ場合に、「北朝鮮」が「対話する」か「対話しない」を選ぶという手番があるようなゲームを考える。北朝鮮が「対話しない」を選んだ結果は、先に見た「軍事演習ゲーム」と同じである。しかし、「対話する」を選んだならば、その結果は米国と北朝鮮の双方にとって望ましいので、両者は利得2を得る。

　軍事演習ゲーム拡張版を表すゲームの木が**図9.5**である。図9.1と図9.5を見比べて、どこが拡張されたのかを確認しておいてほしい。

　このゲームの木を見ながら、プレイヤーの戦略が何であるかについて考えよう。米国は「軍事演習する」「軍事演習しない」という2つの戦略を持っている。

---

[2] この時はまさか4か月後に事態が急展開を迎えるとは思ってもいなかった。しかし、これはゲームの例として考えているのでこのままにしておく。

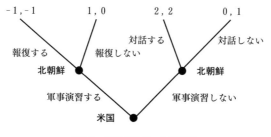

図9.5 軍事行動ゲーム拡張版

これは軍事演習ゲームと同じである。では北朝鮮の戦略は？「報復する」「報復しない」「対話する」「対話しない」の4つ<u>ではない</u>、というのが9.4節のポイントである。

ゲームの木を見れば分かる通り、後手である北朝鮮には手番が2つある。それぞれの手番での選択肢は**行動**と呼ばれる。つまり、先ほど挙げた「報復する」「報復しない」「対話する」「対話しない」の4つは北朝鮮の行動なのである。そして、「<u>自分のそれぞれの手番でどのような行動を選ぶのか</u>」、つまり「行動計画」のことを展開形ゲームでは戦略という。クラウゼヴィッツは『戦争論』で戦術と戦略という2つの概念を分けて議論したが、行動と戦略の関係はこれと似ている。北朝鮮は、例えば「米国が軍事演習してくるなら報復しよう。軍事演習しないならば対話しよう。」という戦略――行動計画――を選ぶことができる。つまり、ゲームが始まる時点で、プレイヤーはすべての選択を決めておくのである。

軍事演習ゲーム拡張版の中で、北朝鮮が持っている戦略は4つある。米国が「軍事演習する」を選んだ後に2つの行動の選択肢があり、「軍事演習しない」の後の手番にも2つの行動の選択肢がある。そのため、戦略の数は2×2＝4となる。北朝鮮の戦略を（米国が「軍事演習する」を選んだ場合の行動、米国が「軍事演習しない」を選んだ場合の行動）のように行動の組で表すと、4つの戦略は具体的にこう書き表せる。

　　　　（報復する、対話する）、（報復する、対話しない）、
　　　　（報復しない、対話する）、（報復しない、対話しない）

例えば、（報復する、対話しない）という戦略は、「米国が『軍事演習する』を

選ぶなら『報復する』を選ぼう。他方で、『軍事演習しない』を選ぶならば『対話しない』を選ぼう。」という行動計画を意味している。戦略を行動の組として書き表すやり方は今後も使っていくので、見方に慣れておいてほしい。

それでは、軍事演習ゲーム拡張版のナッシュ均衡を求めよう。軍事演習ゲーム拡張版は 2 人ゲームなので、9.2 節でやったように対応する戦略形ゲームに書き直してみると、ナッシュ均衡を簡単に求めることができる。米国には 2 つの戦略があり、北朝鮮には 4 つの戦略があることに注意すると、**図9.6**のように 2 × 4 の利得行列で書き表せる。

|  |  | 北朝鮮 | | | |
| --- | --- | --- | --- | --- | --- |
|  |  | 報復する、対話する | 報復する、対話しない | 報復しない、対話する | 報復しない、対話しない |
| 米国 | 軍事演習する | −1, −1 | −1, −1 | 1, 0 | 1, 0 |
|  | 軍事演習しない | 2, 2 | 0, 1 | 2, 2 | 0, 1 |

図9.6 軍事演習ゲーム拡張版（戦略形）

利得行列に利得を書き入れていく時には、それぞれの戦略の組に対して、ゲームのプレイがどの終点に行き着くのかをはっきりさせておくとよい。例えば〈軍事演習する、（報復する、対話する）〉という戦略の組（図9.6の左上のセル）によるプレイは、図9.5で示されたゲームの木において左端の終点に行き着く。そのため、図9.6の左上のセルには（−1,−1）という利得の組が入っているのである。同じく、〈軍事演習する、（報復する、対話しない）〉という戦略の組（図9.6の上段左から2番目のセル）によるプレイを考えよう。先ほどの戦略と比べると、米国が「軍事演習しない」を選んだ後の手番における北朝鮮の行動だけが違うので、ゲームのプレイ自体はさっきと同じである。ゲームの木を見るとやはり左端の終点に行き着く。そのため、このセルには（−1,−1）という利得の組が入る。このようにして 8 つのセルをすべて埋めていくのである。

展開形ゲームを戦略形ゲームに書き直してみると、行動計画としての戦略の性質がよく分かる。プレイヤーはゲームが始まる時点で戦略を選んでいるのであり、この時点では相手の選んだ戦略は分からない。

図9.6を見ながら軍事演習ゲーム拡張版のナッシュ均衡を求めよう。いつも通り、各プレイヤーの最適応答戦略に対応する利得に下線を引いていく。両方のプレイヤーの利得に下線が引かれたら、その利得に対応する戦略の組がナッシュ均衡である。ナッシュ均衡は 3 つある。

- 〈軍事演習する、(報復しない、対話しない)〉
- 〈軍事演習しない、(報復する、対話する)〉
- 〈軍事演習しない、(報復しない、対話する)〉

これらのナッシュ均衡をゲームの木に書き込んで1つずつ見ていくと、やはり少し違和感を覚える戦略の組が見つかるかもしれない。この点については次章で詳しく考えることにしよう。

● 章末問題

**問題9.1** 刑務所の中には一見すると奇妙な慣行やサブカルチャーがたくさんある。ところが、そういった文化や慣行は、合理的な囚人たちの最適化行動が生み出した結果なのである。カミンスキ（M. M. Kaminski）は著書『囚人たちのゲーム』（*Games Prisoners Play*, Princeton University Press, 2004）の中で、著者自身の5か月間の囚人生活や、そこで見聞きした体験談にもとづいた豊富な事例を挙げながらそう説明している。

そうした慣行の1つに、囚人たちは、彼らが収容されている部屋の壁や床に小さな穴を掘るのだが（もちろん禁止されている）、看守がそれを放置しておく、というものがある。穴を掘るといっても映画『大脱走』のように大規模なものではなく、隣の部屋の囚人と会話したり、せいぜい小さな物資をやり取りしたりできる程度のものである。とは言え、穴掘りが禁止行為であることに違いはない。この状況を穴掘りゲームとして定式化してみよう。

囚人は「大きな穴を掘る」「小さな穴を掘る」「何もしない」という3つの戦略を持っていて、掘られた穴に対して看守には「穴をふさぐ」「無視する」という選択肢がある。

囚人たちにとって、穴堀りは時間と手間がかかる作業である。修理工が呼ばれて穴がふさがれると、通常は壁が強化されるために再び穴を掘るのは困難になる。その一方で、修理工を呼んでくることは看守にとっても面倒である。そもそも自分の管理能力に対する評価を下げかねない。穴を通じて情報や物資が色んな部屋を行き来するのは望ましくないが、看守にとって一番困るのは、穴が大きくなって囚人が部屋を自由に出入りすることである。

穴掘りゲームを表したゲームの木が**図9.7**に示されている。ただし、左側の数値が囚人の利得、右側の数値が看守の利得である。

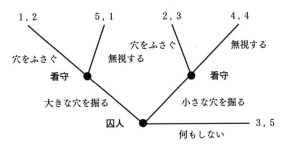

図9.7 穴掘りゲーム

穴掘りゲームを戦略形ゲームに書き直したうえでナッシュ均衡を求めなさい。

**問題9.2** 図9.8に示された展開形ゲームのナッシュ均衡を求めなさい。ただし、利得の組は、左から順にプレイヤー１、プレイヤー２、プレイヤー３の利得である。

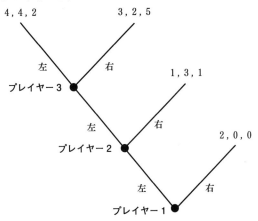

図9.8 ３人のプレイヤーがいる展開形ゲーム

# 第10章

# 部分ゲーム完全均衡

## 10.1 信憑性のない脅し

「軍事演習ゲーム」

9.3節で説明したように「軍事演習ゲーム」にはナッシュ均衡が2つあったが、恐らく読者は（軍事演習しない、報復する）というナッシュ均衡に違和感を覚えたのではないだろうか（**図10.1**に再掲した）。違和感の原因を探ってみよう。

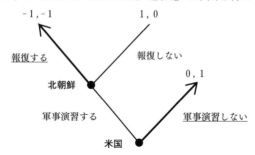

図10.1　違和感を覚える軍事演習ゲームのナッシュ均衡

そもそも、後手プレイヤーである北朝鮮が「『報復する』という戦略を選んでいる」という文章の、「選んでいる」という言葉の意味がよく分からない。ここでいう「選んでいる」というのは、「実行している」というのとは異なる。なぜなら、このナッシュ均衡の経路上では、北朝鮮の手番が実際には回ってこないからだ。そうならば、ここで「選んでいる」というのは、「もし北朝鮮の手番が回ってきたならば、『報復する』という戦略を実行する」という仮の話、あるいは「計画」なのだと解釈できる。

このように解釈すると、北朝鮮が立てている計画——米国が「軍事演習する」

**095**

ならば「報復する」——が本当に実行されるのかは疑問である。なぜこれが疑問なのかは、北朝鮮の手番が実際に回ってきた時の状況を思い浮かべてみれば分かる。この時点で「報復しない」を選んだ北朝鮮の利得は 0 だが、計画通りに「報復する」を選べば −1 の利得しか得られない。こんな愚かな選択をするだろうか？先の報道記事にあったような「核戦争の局面」など、北朝鮮だって望まないだろう。つまり、北朝鮮が「報復する」を選ぶことには信憑性がなく、単なる**空脅し**に過ぎないのだと考えられる。

4.1 節で説明したように、ナッシュ均衡を求めることのご利益は、行動の予測が得られることにある。ところが、空脅しに過ぎない戦略を含むようなナッシュ均衡は、予測としての精度が高くない。そのため、ゲームの解を求める時に、空脅しを含まないようなナッシュ均衡だけを選び出す方法があれば便利である。実は、次に説明する後ろ向き帰納法という方法を使うと、そのような望ましい性質を備えたナッシュ均衡だけを選び出すことができる。

## 10.2 部分ゲーム完全均衡

**後ろ向き帰納法**とは、ゲーム全体を部分ゲームに分けたうえで、ゲームの終点から始点へ向けて時間を遡るようにプレイヤーの最適な戦略を見つけ出していくという方法である。部分ゲームの説明もかねて、後ろ向き帰納法を使いながら軍事演習ゲームの解を求めることにしよう。

ゲーム全体の一部でありながら、それ自体が展開形ゲームの要素を備えているものを**部分ゲーム**という。軍事演習ゲームの部分ゲームにあたるのは、後手である北朝鮮の手番から始まるミニゲームである。

図 10.2 では、部分ゲームを濃い色で示しておいた。後ろ向き帰納法の第 1 ステップでは、部分ゲームにおけるプレイヤーの最適な意思決定を考える。図 10.2 で示した部分ゲームには北朝鮮という 1 人のプレイヤーしかいない。そのため、北朝鮮が自分の利得を高くするために「報復しない」を選ぶというのが最適な意思決定である。

次に、後ろ向き帰納法の第 2 ステップに進もう。タイムラインを 1 つ戻ると米国の手番から始まる（全体）ゲームなので、今度は、米国の最適な意思決定を考える。この時に重要なのは、先ほど見た部分ゲームでの意思決定（北朝鮮が「報

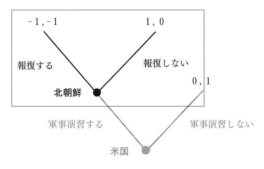

図10.2　軍事演習ゲームの部分ゲーム

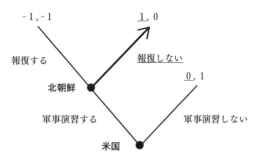

図10.3　米国の最適な意思決定

復しない」を選ぶ）を前提にするという点である。つまり、米国は、**図10.3**で下線が引かれた利得を比べて戦略を選ぶことになる。すると、最適なのは「軍事演習する」であることが分かる。

　後ろ向き帰納法のステップは以上である。よって、求められた解は（軍事演習する、報復しない）となる。このように、後ろ向き帰納法を使って求めた解を**部分ゲーム完全均衡**という[1]。部分ゲーム完全均衡である（軍事演習する、報復しない）は、空脅しを含んでいないナッシュ均衡と一致していることに注意しよう。これは一般的に成り立つ性質なので、展開形ゲームではナッシュ均衡よりも部分ゲーム完全均衡を重視することが多い。

---

[1] 部分ゲーム完全均衡をより正確に言うと、「すべての部分ゲームと全体ゲームにおいてナッシュ均衡を導く戦略の組」のことである。

## 「軍事演習ゲーム拡張版」

次に、「軍事演習ゲーム拡張版」の部分ゲーム完全均衡を求めてみよう。軍事演習ゲーム拡張版では、後ろ向き帰納法を使う際に1つ注意しなければならない。それは、このゲームには部分ゲームが2つあるということである[2]。具体的な2つの部分ゲームは以下の通りである。

- 米国が「軍事演習する」を選んだ後に、北朝鮮の手番から始まる部分ゲーム。
- 米国が「軍事演習しない」を選んだ後に、北朝鮮の手番から始まる部分ゲーム。

そのため、初めに2つの部分ゲームのそれぞれに対して、北朝鮮の最適応答を考える必要がある。後ろ向き帰納法の具体的な手順はこのようになる。

1. 米国が「軍事演習する」を選んだ後の部分ゲームで、北朝鮮の最適応答行動を見つける。
2. 米国が「軍事演習しない」を選んだ後の部分ゲームで、北朝鮮の最適応答行動を見つける。
3. 全体ゲームで、米国の最適応答戦略を見つける。

では3つのステップを順番に見ていこう。

### ステップ1：米国が「軍事演習する」を選んだ後の部分ゲーム

この部分ゲームは、**図10.4**の四角形で囲まれた部分である。この部分ゲームには北朝鮮という1人のプレイヤーしかいないので、北朝鮮は単純に、自分の利得が高くなる方の行動を選ぶ。図中で下線の引かれた利得を比べれば、北朝鮮にとって最適な行動は「報復しない」である。

### ステップ2：米国が「軍事演習しない」を選んだ後の部分ゲーム

この部分ゲームは、**図10.5**の四角形で囲まれた部分である。ステップ1と同じく、この部分ゲームにおける唯一のプレイヤーである北朝鮮は、自分の利得が高くなる方の行動を選ぶ。図中で下線の引かれた利得を比べれば、北朝鮮にとって

---

2) 全体ゲームは部分ゲームの1つに含まれると説明する教科書が多い。しかし本書では、読者の混乱を避けるために全体ゲームは部分ゲームに含めていない。全体ゲームを部分ゲームに含めた場合、軍事演習ゲーム拡張版の部分ゲームは3つあることになる。

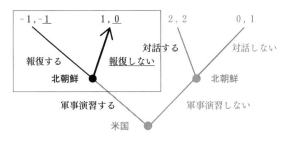

図10.4　米国が「軍事演習する」を選んだ後の部分ゲーム

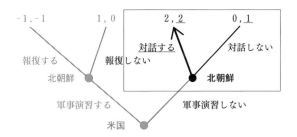

図10.5　米国が「軍事演習しない」を選んだ後の部分ゲーム

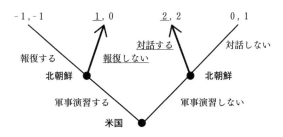

図10.6　全体ゲームにおける米国の最適な意思決定

最適な行動は「対話する」である。

　ステップ1とステップ2から、北朝鮮にとっての最適な戦略は（報復しない、対話する）であることが分かった。

## ステップ3：全体ゲーム

　最後に、全体ゲームにおける米国の最適応答戦略を考えよう。この時の重要な前提は、部分ゲームでは、上のステップで求めた（報復しない、対話する）という戦略を北朝鮮が選ぶということである。その前提のもとで、自分の利得が高く

第10章　部分ゲーム完全均衡　｜　099

なる方の戦略を米国は選ぶ。**図10.6**の中で下線の引かれた利得を比べれば、米国にとって最適な戦略は「軍事演習しない」である。

以上をまとめると、軍事演習ゲーム拡張版の部分ゲーム完全均衡は、〈軍事演習しない、(報復しない、対話する)〉である。この部分ゲーム完全均衡は、9.4節で求めたナッシュ均衡の1つと一致していることに注意しておこう。

## 10.3　シュタッケルベルグ競争

8.2節で学んだクールノー数量競争を覚えているだろうか？　K社とA社という2つのビール会社が、自社の利潤をできるだけ高くするべく、新製品の出荷量を決める。ただし、自社の出荷量を決める時点ではライバル企業の出荷量が分からない。そのため、クールノー数量競争は同時手番ゲームだった。

しかし、現実にはライバル企業の出荷量が分かる場合もある。例えば、業界のリーディングカンパニーはいち早くプレスリリースを出して新商品の内容や出荷予定量を公表するかもしれない。この場合、2番手の企業はプレスリリースで公表された情報にもとづいて自社の出荷量を決めることになる。

経済学では、このような逐次手番の数量競争を**シュタッケルベルグ競争**という。数量を先に決める企業(プレイヤー)をリーダー、後に決める企業をフォロワーと呼ぶことが多い。この節ではビール市場のシュタッケルベルグ競争を考えてみよう。

リーダーであるK社とフォロワーであるA社はどちらもビールを1本出荷するために$c$という(限界)費用がかかるとする。そのため、ビールの市場価格が$p$だとすると、ビール1本あたりの粗利は$p-c$である。よって、$q_i$本のビールを出荷した$i$社の利潤は次の式で表される。

$$\pi_K(q_K, q_A) = (p-c)q_K$$
$$\pi_A(q_K, q_A) = (p-c)q_A$$

ビールの市場価格$p$は、下の逆需要関数によって決まる。

$$p = P(q_K, q_A) = B-(q_K+q_A)$$

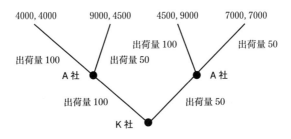

図10.7 シュタッケルベルグ競争ミニゲーム

各社の出荷量が増えるにつれて、市場価格が下がることが見て取れるだろう。

$B$ は市場規模を表しているのだが、消費者がビールに対して払ってもよいと考える金額の上限と見ることもできる。2社ともビールをまったく出荷しない場合（つまり $q_K = q_A = 0$）のビール価格が $p = B$ だからである。$B > c$ としておく。

「シュタッケルベルグ競争ミニゲーム」

手始めに、各社が「100」（たくさん出荷する）か「50」（あまり出荷しない）という出荷量のどちらかしか選べない状況を想定しよう。これをシュタッケルベルグ競争ミニゲームと呼ぶことにする。また、出荷にかかる（限界）費用を $c = 10$、市場規模を $B = 250$ とする。このシュタッケルベルグ競争ミニゲームは**図10.7**のゲームの木で書き表すことができる。終点の数値は左側がK社の利潤、右側がA社の利潤を表す。また、利潤そのものを利得と考える。

2社の選んだ出荷量にもとづいて市場価格を計算すれば、図中の利潤を求められる。左端の終点では2社が「100」という出荷量を選んでいるので、市場価格は $p = 250 - (100 + 100) = 50$ と計算できる。そのため、どちらの企業も $(50 - 10) \times 100 = 4000$ の利潤を得る。

中寄りの2つの終点は、一方の企業が「100」、もう一方の企業が「50」を選んでいる。この時の市場価格は $p = 250 - (100 + 50) = 100$ と計算できる。そのため、「100」を選んだ企業の利潤は $(100 - 10) \times 100 = 9000$、「50」を選んだ企業の利潤は $(100 - 10) \times 50 = 4500$ である。

右端の終点では、どちらの企業も「50」を選んでいるので、市場価格は $p = 250 - (50 + 50) = 150$ と計算できる。そのため、どちらの企業も利潤は

$(150-10) \times 50 = 7000$である。

　部分ゲーム完全均衡を求めるために、まずはA社（フォロワー）の手番から始まる部分ゲームを見てみよう。K社（リーダー）が「100」という出荷量を選んだ後の部分ゲームでは、A社は自分の利得が高くなる「50」という出荷量を選ぶ。そして、K社が「50」という出荷量を選んだ後の部分ゲームでは、A社は自分の利得が高くなる「100」という出荷量を選ぶ。

　部分ゲームでのA社の最適な意思決定を踏まえると、K社にとって最適な出荷量は「100」ということになる。以上より、シュタッケルベルグ競争ミニゲームの部分ゲーム完全均衡は、〈100、(50、100)〉である。読者は図10.7を見ながらこのことを確認してほしい。

## 「シュタッケルベルグ競争」

　ミニゲームには企業の戦略が2つしかなかったが、現実の企業はもっと自由に出荷量を選べるはずである。ビールを1本、2本と数えるならばビール会社には自然数と同じだけの選択肢があることになるし、ビールを液体と見て出荷量を考えるならば、マイナスでない限りどんな値でも選べる。そこで、今度は2社が0以上の値で好きなように出荷量を選べる状況を考えよう。

　この場合、先ほどのようにはゲームの木が書けないことに注意が必要である。

　「K社が出荷量0を選んだ場合の部分ゲームがこれ、出荷量0.1を選んだ場合の部分ゲームがこれ、出荷量0.2を選んだ場合の部分ゲームがこれ、……」

　もしこのようにしてゲームの木を書き始めたら、書き終えるまでに寿命が尽きてしまう。そもそも、「0の次に大きい出荷量」は0.1よりももっと小さい値であって、実際にはその値を書くことすらできない。これは、クールノー数量競争を利得行列で書き表せなかった理由と同じである。そこで、ゲームの木のイメージとして、ゲーム理論の教科書などでは次のような図がよく用いられる。

　図10.8では、プレイヤーたちの選択肢が無数にあることを扇形の弧で表現している。図中の枝は、K社（リーダー）が出荷量 $q_K$ を選び、それに続く部分ゲームでA社（フォロワー）が出荷量 $q_A$ を選ぶというプレイである。まあ、あくまでゲームの木のイメージだと思ってほしい。

　まずはK社が選んだ出荷量に対するA社の最適応答戦略を考えよう。A社の

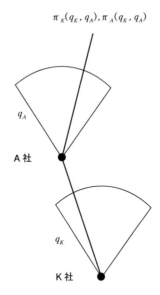

図10.8　シュタッケルベルグ競争（イメージ図）

利潤関数に逆需要関数を代入すると、A 社の利潤は次の式で表される。

$$\pi_A(q_K, q_A) = [B-(q_K+q_A)-c]q_A$$

A 社の最適応答戦略は、この式で表された利潤をできるだけ高くするような出荷量である。この式をよく見ると、自社の出荷量（$q_A$）の 2 次関数になっていることに気づくだろう。高校 1 年で習った平方完成を思い出すと、利潤を下のように書き直せる。

$$\begin{aligned}\pi_A(q_K, q_A) &= -(q_A)^2+(B-c-q_K)q_A \\ &= -\left(q_A-\frac{B-c-q_K}{2}\right)^2+\left(\frac{B-c-q_K}{2}\right)^2\end{aligned}$$

この利潤関数は上に凸の 2 次関数なので、頂点（＝最も高い利潤）をもたらす出荷量 $q_A^*$ はこのように求められる。

$$q_A^* = q_A(q_K) = \frac{B-c-q_K}{2}$$

ただし $q_K > B-c$ の時は $q_A^* = 0$ である。A社にとって最適な出荷量がK社の出荷量の関数として表されていることに注意しよう。この関数は、K社の選ぶ出荷量のそれぞれに対してA社がどれほどの出荷量を選べばよいのかを示した対応表のようなものである。$q_K = 0$ に対する最適応答の出荷量は $q_A^* = q_A(0) = (B-c)/2$、そして $q_K = B-c$ に対しては $q_A^* = q_A(B-c) = 0$ が最適応答の出荷量だと分かる。だからこそ、この関数がK社の選択に対するA社の最適応答になっていると言えるのである。

次に、ゲームの始点に立ち戻って、K社の最適な出荷量を考えよう。K社はすでに、自社が選ぶ出荷量に対してA社がどう反応してくるのかを知っている。それを踏まえると、K社の利潤関数は次のように書くことができる。数式の中で、$q_A$ に $q_A(q_K)$ を代入している点がポイントである。

$$\begin{aligned}
\pi_K(q_K, q_A(q_K)) &= [B-(q_K+q_A(q_K))-c]q_K \\
&= \left[B-\left(q_K+\frac{B-c-q_K}{2}\right)-c\right]q_K \\
&= \left(\frac{B-c-q_K}{2}\right)q_K
\end{aligned}$$

K社の利潤は $q_K$ について上に凸の2次関数である。先ほどと同じく平方完成すれば、K社にとっての最適な出荷量 $q_K^*$ はこのように求められる。

$$q_K^* = \frac{B-c}{2}$$

大事な点は、先ほどのA社とは違って、K社の最適な出荷量は<u>関数ではない</u>ということだ。今求めようとしているのは部分ゲーム完全均衡で、全体ゲームにおけるK社の最適な戦略は部分ゲームにおけるA社の最適戦略を前提としているからである。以上より、部分ゲーム完全均衡はこのように求められる。

$$\left\langle q_K^* = \frac{B-c}{2}, q_A^* = q_A(q_K) = \frac{B-c-q_K}{2} \right\rangle$$

A社の最適応答関数に $q_K = q_K^*$ を代入すると、部分ゲーム完全均衡においてA社が実際に選ぶ出荷量をこう計算できる。

$$q_A(q_K^*) = \frac{B-c-\frac{B-c}{2}}{2} = \frac{B-c}{4}$$

また、部分ゲーム完全均衡における価格と利潤も計算しておこう。

$$p = P(q_K^*, q_A(q_K^*)) = B - \left(\frac{B-c}{2} + \frac{B-c}{4}\right) = \frac{B+3c}{4}$$

$$\pi_K(q_K^*, q_A(q_K^*)) = \left(\frac{B+3c}{4} - c\right)\frac{B-c}{2} = \frac{(B-c)^2}{8}$$

$$\pi_A(q_K^*, q_A(q_K^*)) = \left(\frac{B+3c}{4} - c\right)\frac{B-c}{4} = \frac{(B-c)^2}{16}$$

シュタッケルベルグ競争の結果をクールノー数量競争と比べると、興味深いことが分かる[3]。それは、ゲームのタイミングが結果に大きな影響を与えるということである。実際、8.2節のクールノー数量競争とこの節のシュタッケルベルグ競争では、利潤関数と逆需要関数の中身がまったく等しい。にもかかわらず、均衡で選ばれる出荷量やその時の利潤が違う。具体的には、リーダーが同時手番の時よりも高い利潤を得ることができるのに対し、フォロワーは低い利潤に甘んじなければならない。

これは産業組織論の分野で**先手優位**と呼ばれるものだ。現実のビジネスで企業は商品開発にしのぎを削り、我先にと新商品を市場に投入しようとする。後発企業が似たような商品をすぐに売り始めることもしばしばあるが、それでも最初の1人になることがビジネスでは確かに重要なのである。シュタッケルベルグ競争はそうしたビジネスの特徴を説明してくれる。

---

3）クールノー数量競争とシュタッケルベルグ競争の結果を比べることには意味がない、という意見もある。その理由は、この2つはそれぞれ違った産業をモデル化したものだから、というものである。

もっともビジネスから目を移せば、先手優位が存在しない状況はいくらでもある。それどころか、後出しジャンケンを考えれば明らかなように、後手が完全に有利になる状況もある（章末問題10.4）。先手と後手のどちらが有利なのかはゲームの構造によって違ってくるということである。

## 10.4　さまざまな展開形ゲーム─後ろ向き帰納法の考え方─

9.4節で見たように、逐次手番ゲームの戦略は一般的にとても複雑である。ゲームの木が長くなり、ゲームが進むにつれて行動の数が爆発的に増える場合には、「戦略の組」であるナッシュ均衡や部分ゲーム完全均衡を厳密に特定するのはとても難しくなる。しかし、ゲームの解を完全に見つけられないようなゲームではゲーム理論的な分析がまったくできないかと言うと、必ずしもそうとは限らない。終点からゲームを後ろ向きに遡っていき、部分ゲーム完全均衡において選ばれるプレイを探し出すことはできる。そのような均衡プレイを明らかにすることは、それ自体、十分に意味があることである。

これまでに見てきたゲームはある意味で簡単なものだった。そのため、わざわざゲーム理論を使って分析するまでもなく、プレイヤーがどのような選択をすべきかがすぐに分かってしまう。そのようなゲームでは、確かに、理論の威力を感じるのは難しいかもしれない。

しかし、現実は複雑であり、ゲームの木は長くなる。このような状況に直面した時、人間の直感がそれほどあてにならないことは十分にあり得る。その意味で、後ろ向き帰納法の考え方を身に付けておくことはとても重要である。以下では、やや複雑なゲームを例にして、戦略を特定せずに均衡プレイを考えてみよう。

「金貨山分けゲーム」

3人の海賊たち（それぞれをA, B, Cと呼ぼう）が金貨100枚を分ける。ただし、彼らには独特の「分配ルール」があり、これを守るというのは絶対の掟である。その分配ルールは以下の通りである。
- 海賊Aが「分配」を提案する。分配案は（海賊Aの取り分、海賊Bの取り分、海賊Cの取り分）という形式で、金貨の合計が100枚になるようにする。

- 提案者も含めて分配案の採否を投票する。
  - ✓ 投票は海賊A→海賊B→海賊Cの順で行う。
  - ✓ 過半数が賛成すれば、その分配案が採用される。
  - ✓ 採用されなかった場合、提案者（海賊A）が殺されて、海賊Bが次の提案者になる。
- 提案が採用されるか、誰もいなくなるまで同様のことを続ける。

　誰にとっても自分の取り分は多いほど嬉しい。つまり、利得は取り分に応じて高くなる。そして、どうせ同じ枚数の金貨を手に入れるならば、その時点で生き残っている海賊は少ないほうが良いと思っている。欲にまみれた「仲間」が少ないほど、後あとのトラブルが減るだろう。また、当然のことながら、自分が殺される事態は何としても避けたい。この時、海賊Aはどのような提案をすべきだろう？

　この状況を「金貨山分けゲーム」として定式化すれば、プレイヤーの行動は「分配案」と「各分配案に対する投票」であり、得られる金貨の枚数をそのまま利得と考えればよい。そして、自分が殺された場合の利得を−1とする。

　授業でもこのゲームを紹介するようにしている。ゲームの説明をひと通り終えてから、海賊Aにとっての最適な提案を直感的に考えてみてください、と学生に問いかける。すると、学生の答えは、おおむね次の3つのパターンに分類できる。

- ほぼ均等に3人で分ける。例えば (30, 35, 35) や (40, 30, 30)。
- ほとんどの金貨を海賊Aと海賊B（または海賊C）で均等に分ける。例えば (50, 50, 0)。
- 海賊Aがほぼ総取りする。例えば (100, 0, 0)。

　この3つの中では、初めの2つのパターンを挙げる学生が大体半々くらい、そして3番目の「総取り」が少数派である。海賊たちの金貨山分けゲームを後ろ向きに解いていくと答えは1つなので、このように意見が分かれるということ自体、直感が必ずしも正しい答えに行き着かないことを示している。

　では、海賊Aにとっての最適な提案を探してみることにしよう。ただし、容易に想像できると思うが、このゲームで後手プレイヤー（つまり、海賊Bと海賊C）の戦略はとても複雑になる。そのため、ここでは部分ゲーム完全均衡の均衡

プレイに焦点を当てることにしよう。

　初めに考えるのは、海賊Cの提案から始まる部分ゲームである。ゲームのプレイがこの部分ゲームにたどり着いた時には、海賊AとBはすでにこの世にはいない。そして、多数決といっても、提案者である海賊Cが自分の提案に反対することはあり得ないので（それは文字通り自殺行為である）、海賊Cは自分の利得をできるだけ高くするように (0, 0, 100) を提案すればよい。この提案は、もちろん賛成多数で（自分1人しかいないのだから当たり前だが）受け入れられる。

　この結果を踏まえてゲームを1段階戻してみよう。今度は海賊Bの提案から始まる部分ゲームである。この時点では2人の海賊が生きていることに注意しよう。この後に続く部分ゲームは、海賊Cにとって最も望ましい結果が実現する。そのことをきちんと理解すれば、海賊Bのどんな提案に対しても、海賊Cは提案を拒否することが最適である。実際、「金貨100枚をすべて海賊Cに与える」という提案でも、海賊Cは拒否する。なぜなら、2人しかいないこの状況では、海賊Cが拒否すれば提案は必ず却下されることになり（海賊B1人の賛成では過半数にならない）、そうすれば次の部分ゲームで海賊Cはすべての金貨を独り占めできるからである。その結果、提案者である海賊Bは殺されてしまう。

　最後に、海賊Aが提案する全体ゲームを考えよう。ここでは次の2点に注目すればよい。

- この後に続く部分ゲームで、海賊Bは確実に殺されてしまう。そのため、海賊Aのどんな提案に対しても海賊Bは賛成する。
- この後に続く部分ゲームで、海賊Cは金貨を独り占めできる。そのため、海賊Aのどんな提案に対しても海賊Cは反対する。

このような反応を前提とすると、海賊Aにとっての最適な提案は (100, 0, 0) ——仲間には何も渡さない——である。一見すると不条理にも思えるが、この提案は海賊Aと海賊Bによる賛成多数で受け入れられる[4]。

---

4) この結果は投票ルールに依存している。提案の採否を決めるために海賊たちが同時に投票するというように投票ルールを変更すると、部分ゲーム完全均衡は他にも存在することになる。実際、「海賊Aのどのような提案に対しても3人の海賊が拒否する」ような部分ゲーム完全均衡がある。誰か1人だけが「賛成」にまわっても、結果が変わらないからである。ただし、この場合には海賊Aが自分の提案に対して自分で反対するわけで、このような部分ゲーム完全均衡は少し妙である。

海賊たちの金貨山分けゲームが現実的な状況をモデル化しているというわけではない。それでも、このゲームを考えてみることには何かしら意味がある。それは、複雑な状況では、モデルを使ってじっくりと考えてみることで、初めて「正解」にたどり着けるかもしれないということである。直感的に思いつく「最適な配分」は必ずしも最適ではないかもしれない。

　例えばノーベル経済学賞を受賞した心理学者カーネマン（D. Kahneman）は『ファスト＆スロー』（村井章子訳、早川書房、2014年）の中で、思考モードを「速い思考」と「遅い思考」の2つに分けて紹介している（これが本のタイトルにもなっている）。速い思考とは、手元にある情報を使って、問題に対する答えを瞬時に導き出すような思考モードのことで、日常生活のあらゆる場面で用いられている。この思考モードのおかげで、われわれは普段の生活をスムーズに送ることができる。食事をする時、シャワーを浴びる時、道を渡る時、本当なら考えるべきことは山ほどあるが、いちいち熟考していたら時間がかかりすぎてしまうだろう。このような問題に対しては速い思考による直感的な判断がきわめて有効である。

　しかし、速い思考は情報を十分に吟味しているわけではないので、場合によっては判断を誤ることがある。例えば、ある情報がとても強い印象を与えるような場合、その印象が判断を過剰に左右してしまい、偏った答えが導き出される。金貨山分けゲームであれば、山分けだから均等だろうとか、他の海賊にも多く分けないと提案が拒否されるだろうとか、このような直感が働く。そのために、直感的な判断を過信し過ぎず、遅い思考を使ってじっくりと問題を考えることが重要なのである。

● 章末問題

**問題10.1**　ビジネスや政治的なかけひき、身の回りの出来事について先手優位・後手優位となる状況をそれぞれ探しなさい。

**問題10.2**　以下の有名なイソップ童話で、キリギリスが夏の間に食料を蓄えなかった理由をゲーム理論的に考察してみよう。

『アリとキリギリス』（あらすじ）

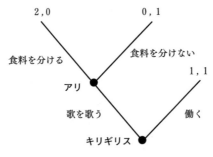

図10.9a　アリとキリギリス（現実）

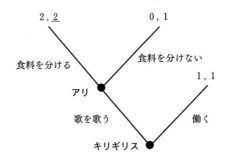

図10.9b　アリとキリギリス（キリギリスの思い込み）

夏の間、アリたちが冬に備えてせっせと働いているかたわらで、キリギリスは歌を歌って楽しく過ごしていた。とうとう冬が来た。キリギリスは食べ物を探したが見つからず、アリたちに食べ物を分けてくれるよう頼みこんだ。
キリギリス「お願いだ、少しでいいから食べ物を分けてくれないか。」
アリ　　　「食べ物がなくてもきみには歌がある。冬の間も歌っていたらいい。」
アリは食べ物をキリギリスに分けなかった、そしてキリギリスは餓死した。

この状況が**図10.9a**のゲームの木で表されている。利得の組は左からキリギリス、アリの順番である。（1）図10.9aのゲームの木で示された展開形ゲームの部分ゲーム完全均衡を求めなさい。

キリギリスは自分の歌をアリも存分に楽しんでくれていると勘違いしていたのかもしれない。そのようなゲームの木が**図10.9b**のように書き表せる。（2）図10.9bの展開形ゲームの部分ゲーム完全均衡を答えなさい。

**問題10.3** 逐次手番の「コーラ戦争」を考えてみよう。ここでは初めに「ペプシ」が「過激な CM」「爽やかな CM」を選び、その後でコカ・コーラが「過激な CM」「爽やかな CM」を選ぶ。

2 社が「過激な CM」を選ぶと利得 0、「爽やかな CM」を選ぶと利得 2 をそれぞれが得る。2 社の選択が違う場合、「過激な CM」を選んだ会社は利得 3、「爽やかな CM」を選んだ会社は利得 1 を得る。

この時、(1) この状況をゲームの木で書き表しなさい。そのうえで、(2) 部分ゲーム完全均衡を求めなさい。6.1 節で考えた同時手番のゲームと比べて、逐次手番のコーラ戦争では先手と後手のどちらに優位性があるだろうか？

**問題10.4** 2 人でする逐次手番の「ジャンケン」を考えてみよう。このようなゲームは、俗に後出しジャンケンと呼ばれている。利得はそれぞれ勝ちが 2、あいこが 1、負けが 0 とする。

この時、(1) この状況をゲームの木で書き表しなさい。そのうえで、(2) 部分ゲーム完全均衡を求めなさい。7.6 節で考えた同時手番のゲームと比べて、逐次手番のジャンケンでは先手と後手のどちらに優位性があるだろうか？

**問題10.5** リーダー企業（L）とフォロワー企業（F）によるシュタッケルベルグ競争を考えよう。(1) 部分ゲーム完全均衡を求めたうえで、(2) 均衡における各企業の利潤を計算しなさい。ただし、利潤関数および逆需要関数を以下の通りとする。

$$\pi_L(q_L, q_F) = (p-10)q_L$$
$$\pi_F(q_L, q_F) = (p-20)q_F$$
$$p = P(q_L, q_F) = 100-(q_L+q_F)$$

**問題10.6** 10.3 節で考えた金貨山分けゲームに 4 人目の海賊 D が加わったとしよう。「分配ルール」や利得はまったく同じとする。この時、部分ゲーム完全均衡において海賊 A が提案する分配案を考えなさい。

# 第11章

# 理論と現実の関係：実験ゲーム理論について

> 「もしだれかがボビー・フィッシャーのサインに五十ドル払ってもいいといって、別の人間がそのだれかにフィッシャーを紹介することで五ドルの仲介料を手に入れるとしたら、フィッシャーはその五ドルも要求してくるだろうし、それがもらえなければ、五十ドルもいらないというだろう」
> フランク・ブレイディー『完全なるチェス 天才ボビー・フィッシャーの生涯』
> （佐藤耕士訳、文藝春秋、2013年）
>
> 宇宙ははてしなく複雑でわけのわからないところだが、そんな宇宙で人生の意味を知りたいと思う人々にとって、『銀河ヒッチハイク・ガイド』はなくてはならない伴侶である。どんな問題についても役に立つとかためになるとは言わないが、少なくともこう請け合って安心させてはくれる——不正確な部分があっても、少なくともそのせいで改訂版が出ることはないと。重大な食い違いがある場合、まちがっているのはつねに現実のほうなのだ。
> ダグラス・アダムス『宇宙の果てのレストラン』（安原和見訳、河出書房新社、2005年）

## 11.1 最後通牒ゲーム

ボビー・フィッシャーは14歳でチェスの全米チャンピオンになり、ボリス・スパスキーを破って29歳でついに世界チャンピオンになった。1972年のことである。そんなチェスの天才は金銭欲が強かった。チェス世界選手権への出場にあたって、賞金以外にテレビや映画の放映権の30％、さらに入場料収入の30％を要求した[1]。主催者側が入場料収入は支払えないと言うと、フィッシャーは、大会の直前になって開催国への飛行機をキャンセルしてしまった。フィッシャーには「金銭的利益を守ろうとする抜け目なさ」がある一方で、誰かが自分の名前を利用して金を稼ぐことを極端に嫌っていた[2]。たくさんのオファーを無視したのはそのせいである。その中には自分の取り分が300万ドルになるオファーもあったのだけれども。

フィッシャーは変わり者だったのであって、常識ある人なら儲け話を断ったりしないだろう。そう思う人もいるかもしれないが、必ずしもそうとは限らない。それどころか、ある種の状況では、フィッシャー的な振る舞いがきわめて一般的なのだとさえ言える。そのことを知るためにうってつけのゲームが「最後通牒ゲーム」である。

### 「最後通牒ゲーム」

　最後通牒ゲームのプレイヤーは「提案者」と「応答者」の2人である。提案者の役割は、一定のお金——例えば1万円——を自分と相手でどうやって分けるのか（分配案）を考えて、応答者に提案することである。応答者は、その提案を受け入れるかどうかを決める。応答者が提案を受け入れた場合には、提案通りのお金を2人はそれぞれもらえるが、断った場合には2人とも1円ももらえない。プレイヤーの利得は、自分が手にする金額と考えればよい。

　プレイヤーの戦略をもう少し丁寧に見てみよう。提案者の戦略は「応答者の取り分」である。つまり、1万円の内のいくらを相手に渡すかを決める。1円単位で分けるならば、このような提案は9999通りある（相手に1円渡すという提案から9999円渡すという提案まで）。あるいは、お金を液体のように連続的な数値で分けられるなら、提案者の戦略は無数にあることになる。

　他方で、応答者の戦略は「あり得る提案のそれぞれに対して、その提案を受け入れるか断るかをあらかじめ決めておくような行動計画」である[3]。先ほどと同じく1円単位での分配を想定するならば、9999通りの提案に対して2つの反応があるので、応答者の戦略は $2^{9999} \approx 10^{3010}$ 個というとてつもない数になる（宇宙にあ

---

1）『完全なるチェス』（邦訳263〜265ページ）を参照のこと。この大会では、勝者が7万8325ドル、敗者が4万6875ドルの賞金を受け取れることになっていた。この時代は1ドルが300円ほどだったので、勝った時の賞金は2300万円ほどという計算になる。もっとも当時の世界選手権は単にチェスの世界大会という以上の意味があった。冷戦の真っただ中にあって、チェスの試合には米ソの代理戦争という側面があったのだという。この世界選手権は『完全なるチェックメイト』というタイトルで映画化もされている。

2）『完全なるチェス』邦訳160ページ

3）具体的には、「提案が『1円』だったら『断る』、『2円』だったら『受け入れる』、…『9999円』だったら『受け入れる』」というようなリスト（行動計画）として戦略を書き表すことができる。

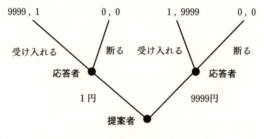

図11.1　最後通牒ミニゲーム

る原子の総数が$10^{80}$個と言われていることを思えば、凄さが何となく分かる）。

　ただし、例えば自分の取り分が4800円である提案を断るならば、4800円未満の提案でも断ると考えるのが自然だろう。また、3400円もらえる提案を受け入れる応答者は、3400円以上の提案も同じく受け入れるに違いない。そう考えれば、提案者の戦略を「自分の取り分が●●円以上ならば提案を受け入れるが、●●円未満ならば断る」という形式の戦略に限ってもそれほど問題はないだろう[4]。

　では、最後通牒ゲームの部分ゲーム完全均衡を求めよう。さしあたり、提案者の戦略が「1円」「9999円」の2つしかないような「最後通牒ミニゲーム」を考える。先ほど書いたように、提案者の戦略は応答者の取り分である。ずい分と偏った戦略のように思えるだろうが、とりあえずこうしておく。この最後通牒ミニゲームのゲームの木は図11.1に示されている。終点の数値は左側が提案者の利得、右側が応答者の利得である。

　後ろ向き帰納法の手順にしたがって、部分ゲームにおける応答者の最適応答を考えよう。2つある部分ゲームのどちらでも、応答者は「受け入れる」を選ぶことが最適である。「受け入れる」を選べばそれぞれ1円、あるいは9999円がもらえるのに対して、「断る」を選ぶと1円も手に入らないからだ。部分ゲームにおけるこのような応答を見越せば、提案者にとって最適な戦略は「1円」ということになる。つまり部分ゲーム完全均衡では、提案者は「1円」を提案し、応答者は提案を受け入れる[5]。

　さて、今度は提案者の戦略を限定せずに、1円単位で、1円以上9999円以下から好きなように選べるとしよう。もうお気づきと思うが、この場合の応答者の最

---

4）このような形式の戦略を閾値戦略という。

適応答はミニゲームにおける行動とまったく同じである。1円以上のどんな提案に対しても、応答者は「受け入れる」を選ぶ。「断る」を選ぶメリットは何にもない。とすれば、提案者の最適な戦略は「1円」を提案することである[6]。

## 11.2 ゲーム理論実験

部分ゲーム完全均衡点として、ゲーム理論は「提案者が（ほぼ）総取りを提案し、応答者がその提案を受け入れる」ことを予測する。この結果に対して、読者の皆さんはどう感じただろう？

「そりゃそうだよな、自分が提案者（応答者）だったとしてもそうするよ」

そう思った読者はこの後を読み飛ばしてもらって構わない。しかし多くの読者にとって、部分ゲーム完全均衡の結果は、理論的には正しくてもどこか納得がいかないだろう。現実の人間は何か違った行動を取るように思えるのである。

では、理論ではなく「実際」にとられる行動とはどのようなものだろう？　それを確かめるために行われるのが**ゲーム理論実験**である。実験室に集まった被験者に「提案者」か「応答者」の役割を与えて、実際に最後通牒ゲームをプレイしてもらうのである[7]。最後通牒ゲームの典型的な実験では、ペアを組む相手は匿名とされる。応答者が知り合いや友だちだったら、自分をごうつく張りの人間だと思われるのを避けるために穏やかな提案をするかもしれない。そのような影響

---

5) 部分ゲーム完全均衡を戦略の組として正確に書くと〈1円、(受け入れる、受け入れる)〉である。応答者の戦略は（1円を提案された時の行動、9999円を提案された時の行動）という順番で行動を並べて書き表している。ただし以下では、部分ゲーム完全均衡の均衡プレイのみに注目する。その理由は、提案者の戦略をもっと増やして考えた時に、応答者の戦略を明示することが煩雑になるからである。

6) 提案者が「1万円」を提案できたとしても、結果は何も変わらない。提案者は、すべてを投げ出すような「1万円」という提案など決して選ばないからだ。その一方で、「0円」という提案が戦略として可能な場合には、少しばかり注意が必要である。「0円」を提案された応答者は、その提案を受け入れるにせよ断るにせよ、お金が1円も手に入らないという結果に変わりはない。そのため、「0円」という提案から始まる部分ゲームにおいて、応答者にとっては「受け入れる」「断る」のどちらも最適応答になる。この場合には、部分ゲーム完全均衡の均衡プレイは2つ存在する。1つ目は先ほど考えた「提案者が『1円』を提案し、応答者がその提案を『受け入れる』」というもの。もう1つは、「提案者が『0円』を提案し、応答者がその提案を『受け入れる』」というものである。

をなくすために匿名性が必要なのである。ゲームの結果に応じて、被験者には報酬として現金が支払われる。

　最後通牒ゲームの実験は日本や米国などの先進国だけでなく、世界中のさまざまな国や地域で行われてきた。被験者の属性（人種、性別、年齢、職業など）や、2人で分けるための金額もさまざまである。生身の人間に最後通牒ゲームをプレイしてもらうと、彼らのほとんどは、ナッシュ均衡や部分ゲーム完全均衡が予測する行動をとらない。ところが、驚くことに、多くの実験で提案者は似たような提案をする。分け合う金額を100とすると、提案の平均は30〜40、中央値は40〜50である。相手にほとんど何も与えない0〜10の提案や、それとは逆に、半分よりも多くを相手にあげてしまうような気前の良い提案は滅多にない。『行動ゲーム理論』（邦訳なし）という分厚い教科書を執筆したキャメレール（C. Camerer）によれば、実験の結果は、経験の有無などにもほとんど左右されないらしい。

　その一方で、応答者による拒否行動には地域差が見られたようである。それでも、40〜50という提案が断られることはほとんどなく、20以下という提案の2回に1回は断られるといった傾向がある。

## 11.3　行動経済学

　11.2節で説明した最後通牒ゲームの実験結果は部分ゲーム完全均衡による理論予測とかけ離れている。このことには疑いの余地がない。理論予測と実験結果の差は何が原因なのだろう？　少なくとも、プレイヤーが**利己的な動機**にのみしたがうというゲーム理論の想定とは違って、人びとは必ずしも自己利益を最大化するのではなさそうだ。標準的なゲーム理論にはまだ改訂の余地があるのだろう。

　幸いなことに経済学は『宇宙ヒッチハイク・ガイド』とは違うので、理論と現実との間に重大な食い違いがあるとなれば、理論が改訂されていくことになる。

---

7）最後通牒ゲームの実験には色んなバリエーションがある。例えば、最後通牒ゲームを一定の回数だけ繰り返す（回数はあらかじめ被験者に知らされていたり、あるいは確率的にゲームがある回で終わったりする）というものだ。しかし、このバージョンは、本文で説明した状況とは異なる。1回ごとの最後通牒ゲームが、もっと大きなゲームの部分ゲームになっていると考えられるからである。

そのような改訂版の候補として最も有力なのが**行動経済学**である。行動経済学とは「利己的で合理的な経済人の仮定を置かない経済学」のことで[8]、人間行動にかんする多くの分野——心理学、社会学、文化人類学、脳神経科学など——の成果を取り入れた新しい経済学の分野である。行動経済学の観点から、最後通牒ゲームの実験結果について考えてみよう。

総取りではなく40〜50という提案をするのは、提案者が公平性を重視しているから、あるいは応答者の利得も重視しているからだと考えることができる。これらは**利他的な動機**と言える。しかし、その一方で、「不条理な提案」が応答者に拒まれるという事態を恐れて40〜50という「正当な提案」を出している可能性もある。この2つの動機を区別するために考え出されたのが「独裁者ゲーム」である。独裁者ゲームはプレイヤーが提案者しかいない1人バージョンの最後通牒ゲームと言える（プレイヤーが1人しかいないので本来的な意味でのゲームではないが）。

独裁者ゲームでは自分の提案が拒否されないので、利己的な提案者は安心して「0」を提案できるはずである。ところが、独裁者ゲームについての実験研究によると平均的な提案は20前後だったという[9]。この結果から、最後通牒ゲームの実験結果についていくつかのことが言える。

まず、最後通牒ゲームで40〜50を提案する動機は、必ずしも提案が拒否されることに対する恐れがすべてというわけではなく、ある程度まで利他的な動機が混じっている。もしもこうした恐れが理由のすべてであったなら、独裁者ゲームで提案者は「0」を提案するはずである。次に、利他的な動機といっても提案者が重視しているのは公平性ではない。最後通牒ゲームで40〜50という「正当な提案」をする理由が公平性ならば、独裁者ゲームでも似たような提案をするはずだが、実際の提案はそれよりもだいぶ低いからだ。最後通牒ゲームと独裁者ゲームの結果を合わせて考えてみると、提案者が利己的な動機と利他的な動機の両方を

---

8) 大垣昌夫・田中沙織『行動経済学——伝統的経済学との統合による新しい経済学を目指して——』（有斐閣、2014年）による定義。
9) 独裁者ゲームの実験ならば、応答者の役割を果たす被験者が実際にはいなくてもよさそうに思える（どうせ応答は不可能なので）。しかし、『ゲームと経済行動』誌に発表されたフォーサイス（R. Forsythe）たちによる実験では、応答者は律儀に別室で提案者の提案を見守ることになっていた。別室ではなく提案者の目の前に応答者がいるような環境なら、結果はまた変わったかもしれない。

持っているということが分かる[10]。

今度は応答者の行動について考えてみよう。応答者が完全に利己的な動機で行動しているわけではないことは明らかである。完全に利己的な応答者は、(理論の予測通りに) どんな提案も受け入れるはずだが、現実には低い提案を拒否する。しかし、そうした拒否行動をもたらしているのは、提案者の利得を重視するという意味での利他的な動機でもない。そうではなくて、応答者は公平性を重視していて、不公平な提案に対する「報復」として低い提案を拒否するのだというのが妥当な説明に思える。その根拠として、コンピュータによるランダムな提案に対しては、断る割合が下がるということを示した研究もある[11]。コンピュータは意図的に不平等な提案を出してきたのではないのだから、罰しても仕方ないだろう。

## 11.4　ムカデゲーム

「ムカデゲーム」

1992年に『エコノメトリカ』誌に掲載された論文では「ムカデゲーム」と呼ばれるゲームについての興味深い実験結果が報告されている[12]。ムカデゲームとは次のような2人ゲームである。「先手」「後手」という2人のプレイヤーがお金を分け合う。プレイヤーにはそれぞれ2回まで「右」か「下」を選ぶチャンスがある。どちらかのプレイヤーが「下」を選ぶか、双方が意思決定を2回行うとゲームが終わる。プレイヤーが「右」を選ぶたびに分けられるお金は倍増し、意思決定する側が80%の取り分を得る。ムカデゲームをゲームの木で書き表したもの

---

[10] ただし、キャメレールが言うように、完全に利己的な提案者も「正当な提案」をする可能性はある。応答者が「互恵的公平性」を重視して反応することを織り込めば、提案者は戦略的に「正当な提案」を選ぶかもしれない。

[11] ブロント (S. Blount) による実験では、提案者が人間だろうとコンピュータだろうと、同じように「不公平な提案」を拒否するという応答者は少なからずいたようだ。このような行動を「報復」と理解するのは難しい。お金が手に入らないことをコンピュータは残念には思わないだろう。

[12] R. D. McKelvey and T. R. Palfrey, "An Experimental Study of The Centipede Game," *Econometrica* 60 (1992): 803-836. マッケルヴィーとパルフレイは全部で40人の学生を集めてムカデゲームをプレイさせた。

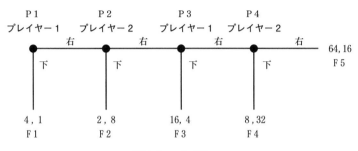

図11.2　ムカデゲーム

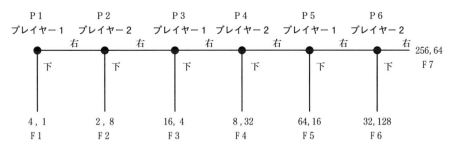

図11.3　ムカデゲーム（6つ足）

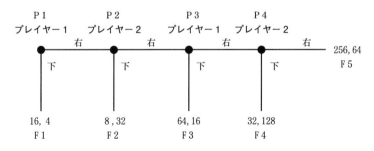

図11.4　ムカデゲーム（利得4倍）

が**図11.2**である。

　このゲームの木の始点は左端の点で、時間は左から右へと流れている。ゲームの木を見ると、ムカデゲームという名前の由来が理解できるだろう。さすがに100本も足があるわけではないけれど。図中では、プレイヤーの意思決定点にP1からP4まで番号を振ってある。同じように、終点にはF1からF5までの番号を振った。

　彼らの実験が興味深いのは、図11.2と同じようなムカデゲームをあと2つ用意

| | セッション番号 | 試行回数 | 終点 | | | | | | |
|---|---|---|---|---|---|---|---|---|---|
| | | | F1 | F2 | F3 | F4 | F5 | F6 | F7 |
| ムカデゲーム | 1 | 100 | 0.06 | 0.26 | 0.44 | 0.20 | 0.04 | | |
| | 2 | 81 | 0.10 | 0.38 | 0.40 | 0.11 | 0.01 | | |
| | 3 | 100 | 0.06 | 0.43 | 0.28 | 0.14 | 0.09 | | |
| | 計 | 281 | 0.07 | 0.36 | 0.37 | 0.15 | 0.05 | | |
| ムカデゲーム(利得4倍) | 4 | 100 | 0.15 | 0.37 | 0.32 | 0.11 | 0.05 | | |
| ムカデゲーム(6つ足) | 5 | 100 | 0.02 | 0.09 | 0.39 | 0.28 | 0.20 | 0.01 | 0.01 |
| | 6 | 81 | 0.00 | 0.02 | 0.04 | 0.46 | 0.35 | 0.11 | 0.02 |
| | 7 | 100 | 0.00 | 0.07 | 0.14 | 0.43 | 0.23 | 0.12 | 0.01 |
| | 計 | 281 | 0.01 | 0.06 | 0.20 | 0.38 | 0.25 | 0.08 | 0.01 |

図11.5 ムカデゲーム実験の結果:出典 McKelvey and Palfrey (1992)

して、それらの結果を比較したという点である。ムカデゲーム(6つ足)を**図11.3**に、ムカデゲーム(利得4倍)を**図11.4**に示しておこう。

図11.2と比べると、図11.3にはP5とP6という2つの点が足されていて、それに応じて終点も2つ増えている。ムカデゲーム(6つ足)でプレイがF7にたどり着いた時の利得は、F5の4倍である。つまり、4つ足のオリジナルと比べて、プレイヤーたちには最大で4倍のお金を手に入れるチャンスがある。

図11.2と図11.4の違いは利得だけである。ムカデゲーム(利得4倍)では文字通り、すべての終点の利得がオリジナルの4倍になっている。また、図11.3に示した6つ足の後半を取り出したゲームだと見ることもできる(P3からP6までの意思決定点とF3からF7までの終点に対応している)。

3種類のゲームとも、部分ゲーム完全均衡ではプレイヤー1が始点(P1)で「下」を選んでゲームが終わる(章末問題にしておくので、読者は自分でこのことを確認しておこう)。ところが――恐らく皆さんが想像した通りに――実験結果は部分ゲーム完全均衡の結果とはだいぶ違っていた。

**図11.5**は3つのゲームにおいて、それぞれの終点にたどり着いたゲーム結果がどれくらいの割合だったのかを示している。表から分かるように、実験ではオリジナルのムカデゲームと6つ足のムカデゲームをそれぞれ3セッション、利得が4倍のバージョンは1セッションを行った。例えばセッション番号1の実験では10人の先手と10人の後手が総当たりでムカデゲームをプレイしているので、試行回数は10×10=100回ということになる。

F1の列を見てみよう。オリジナルのムカデゲームでは、全体の7％のゲームにおいて、プレイヤー1が最初の手番で「下」を選んでゲームが終わっている。利得が4倍になるとこの割合は倍増するが（15％）、他方、6つ足バージョンで最初にプレイヤー1が「下」を選んでF1の終点にたどり着く割合は1％未満に過ぎない。

　足が4本のムカデゲーム（オリジナルと利得が4倍のバージョン）ではF2とF3の終点にたどり着く割合が合計で70％ほどになっている。つまり、後手であるプレイヤーが自分の手番が回ってきた幸運に感謝してただちに「下」を選ぶか、あるいは「プレイヤー2が『右』を選ぶことに賭けた」プレイヤー1が2回目の意思決定で「下」を選ぶかのどちらかである。

　その一方、足が6本のムカデゲームでたどり着きやすい終点はF4とF5である。この2つで60％を少し上回るという割合になっている。4つ足バージョンと比べると違った結果に見えるが、実は、「残りの終点が2つか3つ」という共通点がある。つまり、4つ足バージョンではたどり着きやすい終点のF2とF3の後にはF4とF5という2つの終点だけが存在しており、6つ足バージョンでは残っている終点は同じくF6とF7という2つだけなのである。この結果は、ゲームが終盤に近付くと「下」に逃げるという傾向があることを意味しているのかもしれない。

　また、興味深いことに、どのゲームでも右端の終点にたどり着くケースが少なからずある。4つ足バージョンで言えばF5の終点は、後手であるプレイヤー2が2回目の意思決定で「右」を選んだことを意味する。図11.2（と図11.3）を見ればすぐに分かる通り、この点でプレイヤー2が「右」を選ぶことは単に自分の利得を下げることにしかならない。このような結果が全体の5％もある。6つ足バージョンでも同様に、F7という終点がプラスの割合でたどり着いている。もっとも6つ足ではF7に行き着く割合は低くて1％に過ぎない。

　ムカデゲームの実験結果は、実験の参加者が数値化された利得——これは実験後にお金に換えてもらえることを思い出そう——だけに注目して意思決定しているわけではないことを示している。皆さん自身が何か重大な意思決定の場面に直面した時にも、このことは十分に心に留めておく必要があるだろう。

　その一方で、従来通りのゲーム理論が力を発揮する場面というのも非常に多くある。どのような場面で利得以外の要素が大きな影響を持つのか、行動経済学が

これから発展することで、ますます分かってくることが増えてくるはずである。

● 章末問題

**問題11.1** 図11.2から図11.4に示したムカデゲームの部分ゲーム完全均衡について考えよう。P1から P4（P6）の各点で、プレイヤーがそれぞれ「右」「下」のどちらを選ぶことが最適なのかを答えなさい。

**問題11.2** 本文で説明したように、表11.5のF1は、先手のプレイヤー1が最初の手番で「下」を選んで終わったゲームの割合である。4つ足バージョン（図11.2のオリジナルと図11.3の4倍利得のバージョン）では10％前後の被験者が最初に「下」を選んだのに対し、ムカデゲーム（6つ足）で最初に「下」を選んだ被験者はほとんどいない。この違いがなぜ起こるのかについて、あなたの考えを説明しなさい。

**問題11.3** これも本文で説明したことだが、各ゲームとも、最後の意思決定点で「右」を選んだプレイヤー2（後手プレイヤー）が若干いることが見て取れる。そのような意思決定は自分の利得を下げることにしかならないのに。その理由について、あなたの考えを説明しなさい。

第3部

## 情報構造が重要なゲーム

# 第12章
# 不完全情報ゲーム

## 12.1 完全情報ゲームと不完全情報ゲーム

「成績評価ゲーム」

　次のような「成績評価ゲーム」について考えてみよう。期末試験に向けて、「学生」は「勉強する」か「勉強しない」を選ぶ。「教員」は学生の選択を知ったうえで、学生の評価として「合格」か「不合格」を選ぶ。学生は、合格して単位が取れれば嬉しいが、そのために一生懸命勉強するのはけっこう大変である。教員の望みは学生が一生懸命に勉強することで、勉強を頑張る学生は合格させたいし、勉強しない学生は不合格としたい。教員にとって望ましい順に結果を並べてみるとこうなる。

1. きちんと勉強する学生を合格させる。
2. きちんと勉強する学生を不合格にする。
3. 勉強しない学生を不合格にする。
4. 勉強しない学生を合格させる。

同じように、学生にとって望ましい順に結果を並べてみるとこうなる。

1. 勉強せずに合格する。
2. 勉強して合格する。
3. 勉強せずに不合格になる。
4. 勉強したのに不合格になる。

　成績評価ゲームを表したゲームの木が図12.1である。ゲームの木の終点に書かれた数値は、左側が学生の利得、右側が教員の利得を示している。

　ゲームの木では始点から終点に向かって時間が流れる（9.2節を参照）。時間の

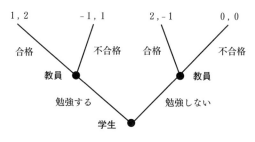

図12.1　成績評価ゲーム

　流れに注目すると、成績評価ゲームでは、「ゲームの中で過去に起きた出来事を教員はすべて知っている」と言える。学生の選択を踏まえて、教員は行動を選べるからである。その一方で、学生にとって過去の出来事は存在しない。成績評価ゲームのように、過去に起きた出来事をすべてのプレイヤーが知っているゲームを**完全情報ゲーム**という。今まで見てきた展開形ゲームはすべて完全情報ゲームである。

　念のため、成績評価ゲームの部分ゲーム完全均衡を示しておくと、〈勉強する、(合格、不合格)〉である[1]。教員の戦略は、(学生が「勉強する」を選んだ場合の行動、学生が「勉強しない」を選んだ場合の行動) という順で並べて書いてある。ちなみに、これ以外に〈勉強しない、(不合格、不合格)〉というナッシュ均衡がある。

　ところで、現実には、学生がきちんと勉強しているかどうかを教員が知ることはできない。だからこそ、きちんと勉強した学生は良い点数を取る可能性が高いという前提のもとで、教員は試験を行うのである。先ほどの言い方にならってみれば、「ゲームの中で過去に起きた出来事を教員は知らない」となる。このように、過去に起きた出来事をプレイヤーが必ずしも知らないゲームを**不完全情報ゲーム**という。

---

1) 部分ゲーム完全均衡を求めるために、後ろ向き帰納法を使ってプレイヤーの最適戦略を考えよう。まず、学生が「勉強する」を選んだ後の部分ゲームでは、教員にとって「合格」が最適な行動である。次に、学生が「勉強しない」を選んだ後の部分ゲームでは、教員にとって「不合格」が最適な行動である。つまり、教員は(合格、不合格)という戦略を選ぶ。このことを前提とすると、学生の最適応答戦略は「勉強する」である。図12.1を見ながら、自分で確認してみてほしい。

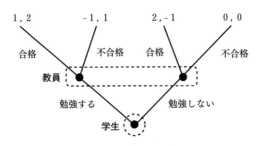

図12.2 成績評価ゲーム（不完全情報バージョン）

## 12.2 情報集合

12.1節で説明したように、学生が勉強を頑張っているかどうかが教員には分からない。そこで「成績評価ゲーム（不完全情報バージョン）」を考えることにしよう。図12.1のゲームの木は完全情報ゲームなので、このままでは状況が正しく表されていない。そこで、ゲームの情報構造を表すために**情報集合**を導入する必要がある。情報集合とは、意思決定点の集まりのことで、プレイヤーごとに過去の出来事について「何を知っていて何を知らないか」を表すための概念である。情報集合を加えて書き直したゲームの木を**図12.2**に示そう。

図12.1にはなかった破線の囲みが情報集合である。学生と教員では情報集合の様子が違っていることに気づいただろう。まず、教員の2つの意思決定点が1つの情報集合に含まれている。これは、「教員は、自分の手番が回ってきた時に、自分がどちらの意思決定点にいるのかが区別できない」ことを意味する。学生が「勉強する」を選んだならゲームの経路は左側の点にたどり着き、「勉強しない」を選んだなら右側の点にたどり着く。左右の点を区別できないということは、教員が学生の選択を知らないことと同じである。ただし、自分の手番が回ってきたという事実から、学生がどちらかの戦略を選んだのだということを教員は理解している。まさに、学生の選択を知らないということを教員は知っているのである[2]。

それに対して、学生の意思決定点は1つしかなく、その1つの点が1本の破線（情報集合）で囲まれている。当たり前ではあるが、ゲームの始点である自分の意思決定点を学生は確実に知っている。

## 12.3　戦略形ゲームと展開形ゲーム

図12.2のゲームの木で表された不完全情報ゲームでは、教員は学生の選択を知らずに自分の意思決定をする。学生はゲームの始点で意思決定するので、当然、教員の選択を知らない。つまり、どちらのプレイヤーも相手の選択を知らずに自分の意思決定をするので、このゲームは同時手番ゲーム（戦略形ゲーム）なのだと言える。実際、成績評価ゲーム（不完全情報バージョン）は図12.3の利得行列で表された戦略形ゲームと同じである。

|  |  | 教員 | |
|---|---|---|---|
|  |  | 合格 | 不合格 |
| 学生 | 勉強する | 1, 2 | -1, 1 |
|  | 勉強しない | 2, -1 | 0, 0 |

図12.3　成績評価ゲーム（不完全情報バージョン）（戦略形）

2つのゲーム（図12.2と図12.3）は同じ状況を表しているのだから、当然、ゲームにおける戦略も同じでなければならない。つまり、成績評価ゲーム（不完全情報バージョン）においても、学生の戦略は「勉強する」「勉強しない」の2つであり、教員の戦略は「合格」「不合格」の2つである。このことから、不完全情報ゲームにおけるプレイヤーの戦略とは、<u>自分のそれぞれの情報集合でどのような行動を選ぶのかについて決めておくような行動計画</u>ということになる。戦略がはっきりすればナッシュ均衡を求めることも簡単だろう（章末問題12.2）。

展開形ゲームに情報集合を取り入れると、どんな戦略形ゲームもゲームの木――展開形ゲーム――に書き直すことができる。9.2節では、どんな展開形ゲームも戦略形ゲームで表せることを説明した。この2つを合わせると、結局のところ、戦略形ゲームと展開形ゲームというのは単に表現の違いに過ぎないことが分

---

2）成績評価ゲーム（不完全情報バージョン）のプレイヤーたちは、ゲームの情報構造にかんして、まるでソクラテスのような「無知の知」を持っているのだと言えるかもしれない。プラトンは『ソクラテスの弁明』の中で、自分が知者でないことを知っているからこそソクラテスは知者なのだという、いわゆる「無知の知」について書いている（もっとも、この解釈は正しくないという説もあるようだが（『ソクラテスの弁明』（納富信留訳、光文社、2012年）））。また、孔子も『論語』の中で似たようなことを言っている。どちらも今から2500年くらい前のことで、ただただ凄いと思うしかない。

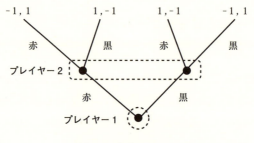

図12.4　色当てゲーム

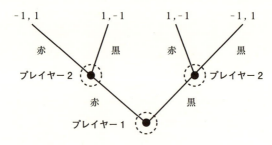

図12.5　色当てゲーム（完全情報バージョン）

かる。分析したい状況に応じて、使いやすい形式を選べばよいのである。

## 「色当てゲーム」

　7章で分析した「色当てゲーム」をゲームの木で書き表してみよう。先手の「プレイヤー1」が「赤」「黒」どちらかの色を選び、後手の「プレイヤー2」がその色を当てようとして「赤」「黒」を選ぶ。当たればプレイヤー2の勝ちで、外せばプレイヤー1の勝ちである。プレイヤー2はプレイヤー1がどちらの色を選んだのかが分からないので、これは典型的な不完全情報ゲームである。色当てゲームは図12.4のようにゲームの木で書き表すことができる。

　プレイヤー2の手番に注意しよう。ポイントは、2つの意思決定点が1つの情報集合に含まれていることである。参考までに、プレイヤー2の意思決定点がそれぞれ別の情報集合に含まれるようなゲームの木も示しておこう。

　図12.5のゲームの木が意味しているのは、プレイヤー2が透視能力を持つエスパーだということである。ばくち打ちにとってはあこがれの能力だろう。当然のことながら、部分ゲーム完全均衡ではプレイヤー2が必勝する。

念のため、図12.5のゲームの木に対応する戦略形ゲームを考えてみよう。情報集合ごとに行動を選べるので、後手のプレイヤー２には４つの戦略がある。プレイヤー２の戦略を、プレイヤー１の「赤」に対する行動、「黒」に対する行動という順番で並べて書くと、利得行列はこう書ける。

|  |  | プレイヤー２ | | | |
| --- | --- | --- | --- | --- | --- |
|  |  | 赤赤 | 赤黒 | 黒赤 | 黒黒 |
| プレイヤー１ | 赤 | -1, 1 | -1, 1 | 1, -1 | 1, -1 |
|  | 黒 | 1, -1 | -1, 1 | 1, -1 | -1, 1 |

図12.6 色当てゲーム（完全情報バージョン）（戦略形）

**図12.6**を図7.1（7.1節50ページ）と比べてみると、同時手番の色当てゲームとはまったく違うゲームであることがよく分かる。このように、ゲームの情報構造を理解することで初めてゲームを正しく定式化することができるのである。

## 12.4　あり得ない「不完全情報ゲーム」

ゲームの木を見ると視覚的にゲームを把握できるので便利である。ゲーム理論分析の第１歩として、ゲームの木を思い浮かべてみることで状況が理解できてくる。ただし、情報集合の取り扱いには注意が必要である。注意しないと、理論的にあり得ないゲームの木を書いてしまうかもしれない。そうなっては分析どころではない。**図12.7**に示したゲームの木を見てみよう（利得は省略してある）。

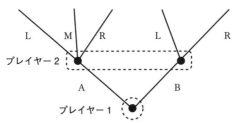

図12.7　理論的にあり得ないゲームの木

このようなゲームの木で表せるゲームは存在するだろうか？　こう質問されれば「存在しない」が答えであることは想像がつくだろうが、ではなぜ存在しないのか。情報集合の性質をもう一度思い出そう。

プレイヤー２の情報集合には２つの意思決定点が含まれている。つまり、プレ

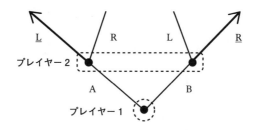

図12.8 理論的にあり得ない選択

イヤー1が「A」「B」のどちらを選んだかをプレイヤー2は知らない。でも、ちょっと待てよ。自分の手番では、どのような選択肢があるかは分かっている。それを踏まえれば、選択肢が3つあるということは、自分の手番は左側の点のはずである。2つしかなければ右側の点ということになる。この事実は「プレイが情報集合のどちらの点にたどり着いているのか」をプレイヤー2が知っていることを意味しており、2つの点が1つの情報集合に含まれていることと矛盾する。これが、図12.7があり得ないという理由である。『鏡の国のアリス』には毎朝、朝食前にあり得ないことを6つも信じたという女王が登場するが、このようなゲームの木を信じた日も1日ぐらいはあったことだろう。

　情報集合に含まれる2つの点から出ている枝の数が同じでも、選択肢の種類が違っていたら、やはりプレイヤー2は自分が持っている選択肢から、左右どちらの点にいるのかを判断できてしまう（例えば左側の点では「L」「R」、右側の点では「赤」「黒」が可能な行動だったとすれば、プレイヤー2は2つの意思決定点を区別できていることになる）。つまり、情報集合に含まれる各点の選択肢は等しくなければならないのである。

　今度は、プレイヤーの戦略について注意しておこう。**図12.8**で表された不完全情報ゲームにおいて（ここでも利得は省略してある）、プレイヤー2は (L, R) という戦略（左側の点で行動「L」をとり、右側の点で「R」を取る。図中では矢印で示してある）を選ぶことができるだろうか？

　ここでも答えは「できない」である。なぜだろう？ プレイヤー2が自分の手番の各点で別々の行動を選べるということは、そもそもそれらの点を区別できているという前提が必要である。この前提は、2つの点が1つの情報集合に含まれていることと矛盾する。図12.8で表されたゲームは、実際には同時手番の戦略形

ゲームである。そう考えれば、(L, R) のような戦略が不可能であることを直感的に理解できるだろう。ところが、目に見える絵を描けてしまうために、ついつい勘違いしてしまうのである。実際にゲームのナッシュ均衡を考える時にも十分に注意しよう。

## 12.5 不完全情報ゲームの部分ゲーム完全均衡

不完全情報ゲームは展開形ゲーム——ゲームの木——で表すことができる。つまり、解の概念としては、ナッシュ均衡だけでなく部分ゲーム完全均衡を考えることができるのである。実際、すでに学んだように、展開形ゲームではナッシュ均衡よりも部分ゲーム完全均衡のほうが解として望ましいとされることが多い。

部分ゲーム完全均衡を求める時には、ゲームを部分ゲームに分けたうえで後ろ向き帰納法を使う。ただし、情報集合がある場合、部分ゲームを考える時に注意が必要である。具体的には、情報集合を切断するような部分ゲームを考えてはならない。具体例を見ながら説明していこう。

まず、**図12.9** を見てほしい（手番における選択肢と利得は省略してある）。これはいわゆる同時手番ゲームと言える。例えば、色当てゲームを展開形で表すとこんなゲームの木になる。

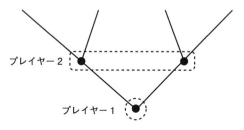

図12.9　不完全情報ゲーム①

このゲームには部分ゲームは存在しない。一見すると、後手であるプレイヤー2の点から始まる部分ゲームが2つあるように思えるのだが、これは正しくない。プレイヤー2は2つの意思決定点を区別できないのだから、それぞれの点において（後ろ向きに）最適な行動を選ぶことはできない。情報集合に着目するならば、情報集合を切ってしまうような部分ゲームはあり得ないということである。

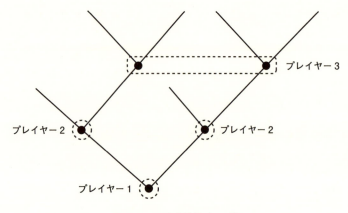

図12.10　不完全情報ゲーム②

　次に、図12.10に示した不完全情報ゲームを見てほしい。ここでも手番における選択肢と利得は省略してある。

　先ほどと同じく、プレイヤー3の手番から始まる部分ゲームが存在しないことは分かるだろう。では、プレイヤー2の点から始まる部分ゲームというのはどうだろうか？　プレイヤー2の意思決定点は2つあるが、それぞれは別々の情報集合に含まれている。そのため、これらの点を起点として部分ゲームが2つあるようにも思える。しかし、実はそのような部分ゲームは存在しない。

　その理由は、プレイヤー2の選択に続く枝先がきちんと分離していないからである。例えば、プレイヤー2の右側の点を見てみると、次にくるプレイヤー3の手番は、プレイヤー2の左側の点から先の点と情報集合でつながってしまっている。つまり、あるプレイヤーの情報集合に意思決定点が1つしか含まれていないとしても、その先にくるゲームが部分ゲームとして完結していなければ、やはり部分ゲームとして考えることができないのである。

　最後に、図12.11を見てみよう。手番における選択肢と利得は省略してある。

　このゲームにはプレイヤー3の手番から始まる2つの部分ゲームが存在する。なぜなら、プレイヤー3の手番から始まるゲームは情報集合にまたがっているわけではなく、独立しているからである。他方で、プレイヤー1の手番から始まるゲームは枝先が独立した部分ゲームになっていないし、プレイヤー2の手番はそもそも意思決定点がきちんと分かれていない。そのため、これらは部分ゲームに

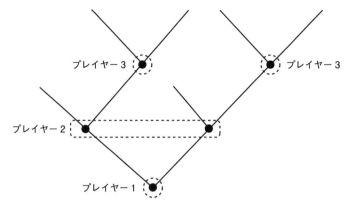

図12.11　不完全情報ゲーム③

はなり得ない。

このように、情報集合のある展開形ゲームでは、後ろ向きに最適行動をたどれる場合とたどれない場合があるので、ゲームの木を見ながらどれが部分ゲームなのかをじっくりと考えながら解を求めなければならない。

●章末問題

**問題12.1**　「車選びゲーム」「コーラ戦争」（6.1節42ページ）をゲームの木で書き表しなさい。その際には、情報集合の書き方に注意すること。

**問題12.2**　図12.2のゲームの木で表された成績評価ゲーム（不完全情報バージョン）のナッシュ均衡を求めなさい。

**問題12.3**　図12.12のゲームの木で表された不完全情報ゲームの部分ゲーム完全均衡を求めなさい。

**問題12.4**　図12.13のゲームの木で表された不完全情報ゲーム部分ゲーム完全均衡を求めなさい。

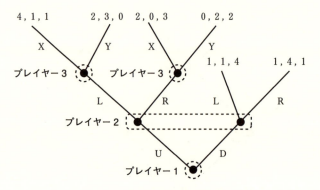

図12.12　不完全情報ゲーム④

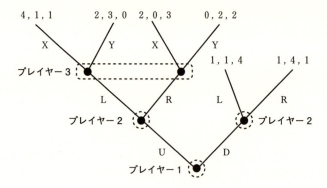

図12.13　不完全情報ゲーム⑤

# 第13章
# 情報不完備ゲーム

## 13.1 情報不完備ゲームとは

　12章では、情報構造に注目してゲームを定式化する方法について学んだ。自分が意思決定する時点では、他のプレイヤーがどんな戦略（行動）を選んだのかが必ずしも分からない。「分からない」という部分はゲームの木に情報集合を書き入れることで表せる——このようなモデルを不完全情報ゲームというのだった。しかし、身の回りの出来事を思い浮かべてみると、相手の選択だけでなく、意思決定の時に分からないことは他にもあるかもしれない。

　あなたが4月の初めに授業の履修登録をする場面を思い浮かべてみよう。「ゲーム理論入門」は何だか面白そうだが、内容だけでなく、あなたとしては単位が取れるかどうかも気になるところである。シラバスを読んでも、期末試験が難しいかどうかはよく分からない。それに、教員がどんな人なのかも不明である。難しい試験を好んで出すような鬼なのか？　それとも試験が易しい仏なのか？　それによって、あなたの勉強の姿勢も変わるだろう。

　あなたにとっては教員の人柄（鬼か仏か）が分からないのだが、これは教員の戦略ではない。教員が人柄を自分で選んでいるわけではないからだ。また、教員は自分の人柄を完全に知っているということに注意しよう。自分だけが知っている情報のことを**私的情報**というが、まさに人柄は教員の私的情報である。誰かが私的情報を持っているような状況には**情報の非対称性**があるという。

　情報の非対称性は色んな場面に登場する。例えば、8.2節で取り上げたクールノー数量競争について考えてみよう。ビール会社が出荷量を同時に決めるというゲームである。8.2節の例では、どちらのビール会社も市場の規模を知っていた

が、実際には需要動向を完全に把握していることはまれだろう。そこで、一方のビール会社だけが市場分析をコンサルタントに依頼して、需要動向にかんする情報を入手しているものとしよう。もう一方の会社にはそのような情報がない。これがクールノー数量競争における情報の非対称性である。

　私的情報を含んだゲームの構造について、プレイヤーが必ずしもすべてを知らないという状況を表すモデルを**情報不完備ゲーム**という。それに対して、プレイヤーが何もかも知っているゲームは**情報完備ゲーム**である。つまり、上の履修登録やクールノー数量競争は情報不完備ゲームということになる。では、情報不完備ゲームはどのように定式化すればよいのだろうか？

## 13.2　偶然手番

　情報不完備ゲームを定式化する方法を編み出したのは1994年にナッシュ、ゼルテンと一緒にノーベル賞を受賞したハルサニーである。授業の履修登録を例にしながら、ハルサニーのアイデアを説明しよう。この例では、教員は鬼か仏のどちらかだったのだが、ハルサニーはこれを2つの異なるゲームと見なすことにした。つまり、「鬼の教員がいるゲーム」と「仏の教員がいるゲーム」の2つである。そのうえで、学生がプレイしているのは、<u>自分がどちらをプレイしているのかが確率的にしか分からないゲーム</u>であると考えた。そのために導入したのが、私的情報に対応する2つ以上のゲームの中から1つを確率的に選ぶという**偶然手番**である。偶然手番には「手番」という名前がついているものの、プレイヤーではないことには注意が必要だろう。意思を持って何かを選ぶわけではないし、利得もない。

　偶然手番を導入すると、<u>情報不完備ゲームを不完全情報ゲームに置きかえることができる</u>。これがハルサニーの提案した方法である。不完全情報ゲームならば、どのように解を求めればよいのかをわれわれもすでに知っている。

　クールノー数量競争の例で言えば、需要が違えばゲームも違うということである。そして、情報を持たない企業は、それらのゲームのどれをプレイしているのかが完全には分からない。情報不完備ゲームでは、その中から1つのゲームを偶然手番が確率的に選ぶのである。

## 13.3 情報不完備ゲームの定式化

　13.3節では情報不完備ゲームの定式化の仕方を見ていこう。先ほどの履修登録の例は、教員の性格が学生にとって不明であるような状況における「期末試験ゲーム」（3章を参照のこと）として考えることができるだろう（学生にとっては結局のところ、勉強するかどうかがポイントだからだ）。期末試験ゲームは同時手番ゲームで、次の2点の特徴があった。

- 学生は、教員の意思決定を知らずに「勉強する」「勉強しない」のどちらかを選ぶ。
- 教員は、学生の意思決定を知らずに「難しい試験」「易しい試験」のどちらかを選ぶ。

それに加えてこの節では、以下の要素がプラスされる。

- 学生は、教員の性格を知らずに「勉強する」「勉強しない」のどちらかを選ぶ。

では、具体的なゲームの内容を見てみよう。

**「期末試験ゲーム（情報不完備バージョン）」**

　「期末試験ゲーム」の利得行列を**図13.1**に示しておく。利得行列を見れば分かる通り、この教員にとっては「易しい試験」が支配戦略である。図13.1の利得を持つ教員を「やる気のない教員」と呼ぼう。

|  |  | 教員 | |
|---|---|---|---|
|  |  | 難しい試験 | 易しい試験 |
| 学生 | 勉強する | 3, 1 | 1, 3 |
|  | 勉強しない | 0, 0 | 2, 2 |

図13.1　やる気のない教員と学生による期末試験ゲーム

　それとは別に、**図13.2**の利得を持つ「熱意のある教員」を考えてみよう。熱意のある教員は、「学生が勉強することが何にも増して大事で、それがゆえに、どちらかというと試験問題を難しくしたい」と考えているような教員である。熱意のある教員と学生による期末試験ゲームを図13.2の利得行列で書き表す（学生の利得は図13.1と同じである）。

|  |  | 教員 | |
|---|---|---|---|
|  |  | 難しい試験 | 易しい試験 |
| 学生 | 勉強する | 3, 3 | 1, 2 |
|  | 勉強しない | 0, 1 | 2, 0 |

図13.2　熱意のある教員と学生による期末試験ゲーム

「やる気のない教員」「熱意のある教員」をそれぞれ教員の**タイプ**と呼ぼう。タイプは教員の私的情報である。つまり、教員は自分のタイプを知っているが、学生は教員のタイプを知らないという情報の非対称性が存在している。とは言え、まるで手がかりがないというわけではなく、「教員が『やる気のない教員』である確率は $p$ である」ことだけは学生も知っている（そしてそのことを教員も理解している）。正確に言うと、教員のタイプにかんする確率分布が共有知識であると想定する[1]。

まず、期末試験ゲーム（情報不完備バージョン）の全体像をゲームの木で把握しておこう（**図13.3**）。

ゲームは偶然手番から始まる。意図や好みを持たない偶然手番によって、「やる気のない教員」「熱意のある教員」という教員のタイプがそれぞれ確率 $p$、$1-p$ で選ばれる。このことはゲームの木にも示されている。

図13.3の中の情報集合に注目して、ゲームの情報構造を確認しておこう。教員の2つの意思決定点は別々の情報集合に含まれているので、意思決定の時点で教員は偶然手番の選択を知っていることになる。これらの情報集合が、教員が自分のタイプを知っていることを示している。他方で、4つある学生の意思決定点は1つの情報集合に含まれている。これらの点を区別できない学生は、意思決定の時点で、偶然手番の選択（教員のタイプ）も教員の選択も知らないということになる。

---

[1] プレイヤー1と2の間で「Aが共有知識である」とは次のことを意味する。プレイヤー1とプレイヤー2がAを知っており、「プレイヤー1とプレイヤー2がAを知っている」ことをプレイヤー1とプレイヤー2は知っており、「『プレイヤー1とプレイヤー2がAを知っている』ことをプレイヤー1とプレイヤー2は知っている」ことをプレイヤー1とプレイヤー2は知っており、……ということが無限に続く。共有知識は共通認識とも呼ばれる。2005年にノーベル経済学賞を受賞したオーマンが、1976年に発表した論文の中で数学的に定式化した。

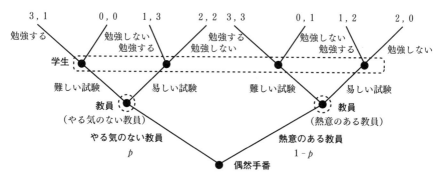

図13.3　期末試験ゲーム（情報不完備バージョン）

　ゲームの木を見ながら、読者は「プレイヤーが何を知っていて何を知らないのか」をきちんと確認してから先へ進んでほしい。

　期末試験ゲーム（情報不完備バージョン）におけるプレイヤーの戦略は何だろう？　不完全情報ゲームにおける戦略とは情報集合ごとに行動を決めるような行動計画だったことを思い出すと（12.3節）、教員の戦略は、<u>タイプに応じた行動の組</u>となることが分かる。（やる気のない教員の行動、熱意のある教員の行動）のように行動の組で表すと、教員の戦略は具体的には次の4つである。

　　　　（難しい試験、難しい試験）、（難しい試験、易しい試験）、
　　　　（易しい試験、難しい試験）、（易しい試験、易しい試験）

　例えば、（難しい試験、易しい試験）は、「自分がやる気のないタイプならば『難しい試験』を選び、熱意のあるタイプならば『易しい試験』を選ぼう。」という戦略である。実際のところ、教員は自分のタイプを知っているわけだから、そうではないタイプだった時のことを「計画しておく」というのは奇妙に聞こえるかもしれない。「相手の選択に応じてどう行動するか」という意味での行動計画と比べると確かにイメージがわきにくいのだが、ここでは、「ゲームが始まる前に（自分のタイプを知る前に）、偶然手番の選択に応じた行動計画を立てる」と解釈しておこう。他方で、学生の戦略はシンプルで、「勉強する」「勉強しない」のどちらを選ぶかである。

## 13.4 ベイジアンナッシュ均衡

期末試験ゲーム（情報不完備バージョン）のナッシュ均衡を求めよう。情報不完備ゲームは**ベイジアンゲーム**と呼ばれることもあるので、情報不完備ゲームのナッシュ均衡を特に**ベイジアンナッシュ均衡**という。13.4節では、教員が「やる気のない教員」である確率が $p=1/2$ であるゲームのベイジアンナッシュ均衡を求めよう（学生の見るところでは、やる気がないのか熱意があるのかは5分5分ということである）。

ベイジアンナッシュ均衡を求めるための正攻法は、ゲームを利得行列で書き表したうえで最適応答の組を求めるというものである。ただし、以下の2点に注意しなければならない。

①私的情報（タイプ）を持っているプレイヤーは、あたかもタイプごとに違うプレイヤーであるかのように扱う。

②相手プレイヤーが私的情報を持つ場合には、利得を期待値で考える（期待利得を計算する）。

これらの点に注意しながら、期末試験ゲーム（情報不完備バージョン）の利得行列を書いてみよう。利得行列は**図13.4**のように2×4である。利得はこの後埋めていく。

|  |  | 教員 | | | |
|---|---|---|---|---|---|
|  |  | 難しい試験、難しい試験 | 難しい試験、易しい試験 | 易しい試験、難しい試験 | 易しい試験、易しい試験 |
| 学生 | 勉強する |  |  |  |  |
|  | 勉強しない |  |  |  |  |

図13.4 利得行列の準備

まずは上の注意点①に気をつけながら、図13.4に教員の利得を書き入れよう。注意点①によれば、教員には2つのタイプがあるので、タイプごとに別のプレイヤーとして扱わなければならない。そこで、利得行列にも「2人分」の利得を書き入れる必要がある。

〈勉強する、（難しい試験、難しい試験）〉に対応する教員の利得を考えてみよう（図13.4の左上のセル）。やる気のない教員にとって、この戦略の組は図13.1の左上のセルに対応するので、得られる利得は1である。また、熱意のある教員にとって、この戦略の組は図13.2の左上のセルに対応するので、得られる利得は3

である。そのため、この戦略の組に対する教員の利得は(1,3)となる。この利得の組を利得行列に書き込もう（**図13.5**）。

教員

| | | 難しい試験、難しい試験 | 難しい試験、易しい試験 | 易しい試験、難しい試験 | 易しい試験、易しい試験 |
|---|---|---|---|---|---|
| 学生 | 勉強する | ?,(1,3) | | | |
| | 勉強しない | | | | |

図13.5 〈勉強する、（難しい試験、難しい試験）〉に対応する教員の利得

数値は「学生の利得、（やる気のない教員の利得、熱意のある教員の利得）」の順番になっていて、学生の利得はひとまず「?」としておく（後で計算する）。2人分の教員の利得を別々に書いておくことで、注意点①が言うように、教員をタイプごとに違うプレイヤーであるかのように扱える。

念のため、もう1か所だけ、〈勉強する、（難しい試験、易しい試験）〉に対応する教員の利得を考えてみよう（図13.4の上段の左から2番目のセル）。やる気のない教員にとって、この戦略の組は図13.1の左上のセルに対応するので、得られる利得は1である。熱意のある教員にとって、この戦略の組に対応するのは図13.2の右上のセルであることに注意しよう（得られる利得は2）。そのため、この戦略の組に対する教員の利得は(1,2)となる。この利得の組を利得行列に書き込もう（**図13.6**）。

教員

| | | 難しい試験、難しい試験 | 難しい試験、易しい試験 | 易しい試験、難しい試験 | 易しい試験、易しい試験 |
|---|---|---|---|---|---|
| 学生 | 勉強する | ?,(1,3) | ?,(1,2) | | |
| | 勉強しない | | | | |

図13.6 〈勉強する、（難しい試験、易しい試験）〉に対応する教員の利得

同じようにして、残りの6つの戦略の組に対応する教員の利得を書き込んだものが**図13.7**である。

教員

| | | 難しい試験、難しい試験 | 難しい試験、易しい試験 | 易しい試験、難しい試験 | 易しい試験、易しい試験 |
|---|---|---|---|---|---|
| 学生 | 勉強する | ?,(1,3) | ?,(1,2) | ?,(3,3) | ?,(3,2) |
| | 勉強しない | ?,(0,1) | ?,(0,0) | ?,(2,1) | ?,(2,0) |

図13.7 教員の利得

次に、注意点②に気をつけながら、学生の利得を考えよう。学生は、自分の相

手がどちらのタイプなのか分からないので、戦略の組に対する期待利得を計算しなくてはならない。〈勉強する、（難しい試験、易しい試験）〉に対応する学生の期待利得を計算してみよう。確率 $p = 1/2$ で相手はやる気のない教員で、この時に実現するセルは図13.1の左上である（やる気のない教員は「難しい試験」を選ぶ）。そのため、学生は3の利得を得る。一方、確率 $1-p = 1/2$ で相手は熱意のある教員で、この時に実現するセルは図13.2の右上である（熱意のある教員は「易しい試験」を選ぶ）。そのため、学生は1の利得を得る。これらをまとめると、学生の期待利得はこう計算できる。

$$p \times 3 + (1-p) \times 1 = 1 + 2p = 2$$

左辺の第1項がやる気のない教員が相手の時の利得、第2項が熱意のある教員が相手の時の利得である。この計算結果を**図13.8**のように利得行列へ書き入れよう（上の行の左から2列目のセル）。

教員

|  |  | 難しい試験、難しい試験 | 難しい試験、易しい試験 | 易しい試験、難しい試験 | 易しい試験、易しい試験 |
|---|---|---|---|---|---|
| 学生 | 勉強する | ?,(1,3) | 2,(1,2) | ?,(3,3) | ?,(3,2) |
|  | 勉強しない | ?,(0,1) | ?,(0,0) | ?,(2,1) | ?,(2,0) |

図13.8 〈勉強する、（難しい試験、易しい試験）〉に対応する学生の期待利得

同じようにして、残りの7つの戦略の組に対応する学生の期待利得を書き込んだものが**図13.9**である。これで利得行列が完成した。

教員

|  |  | 難しい試験、難しい試験 | 難しい試験、易しい試験 | 易しい試験、難しい試験 | 易しい試験、易しい試験 |
|---|---|---|---|---|---|
| 学生 | 勉強する | 3,(1,3) | 2,(1,2) | 2,(3,3) | 1,(3,2) |
|  | 勉強しない | 0,(0,1) | 1,(0,0) | 1,(2,1) | 2,(2,0) |

図13.9 期末試験ゲーム（情報不完備バージョン）

利得行列が完成すれば、後はいつもと同じように最適応答戦略を探せばよい。ただし、教員については、タイプごとに最適応答戦略を探す必要がある。その点には十分に注意しよう。

まず、学生の最適応答戦略を探そう。教員の4つの戦略に対して、最適応答戦略に対応する利得に下線を引くと、**図13.10**のようになる。

|  |  | 教員 | | | |
|---|---|---|---|---|---|
|  |  | 難しい試験、難しい試験 | 難しい試験、易しい試験 | 易しい試験、難しい試験 | 易しい試験、易しい試験 |
| 学生 | 勉強する | <u>3</u>,(1,3) | <u>2</u>,(1,2) | <u>2</u>,(3,3) | 1,(3,2) |
|  | 勉強しない | 0,(0,1) | 1,(0,0) | 1,(2,1) | <u>2</u>,(2,0) |

図13.10　学生の最適応答戦略

　次に、やる気のない教員の最適応答行動を探そう。利得行列の各セルでは、（　）内の左側の数値がやる気のない教員の利得である。学生の「勉強する」に対する最適応答行動は「易しい試験」である（戦略として見ると（易しい試験、難しい試験）と（易しい試験、易しい試験）の2つに対応する）。この行動は、やる気のない教員に対して利得3をもたらす。同じように学生の「勉強しない」に対する最適応答行動は「易しい試験」である（戦略として見ると（易しい試験、難しい試験）と（易しい試験、易しい試験）の2つに対応する）。この行動は、やる気のない教員に対して利得2をもたらす。そこで、これらの利得に下線を引いておこう（**図13.11**）。

|  |  | 教員 | | | |
|---|---|---|---|---|---|
|  |  | 難しい試験、難しい試験 | 難しい試験、易しい試験 | 易しい試験、難しい試験 | 易しい試験、易しい試験 |
| 学生 | 勉強する | <u>3</u>,(1,3) | <u>2</u>,(1,2) | <u>2</u>,(<u>3</u>,3) | 1,(<u>3</u>,2) |
|  | 勉強しない | 0,(0,1) | 1,(0,0) | 1,(<u>2</u>,1) | <u>2</u>,(<u>2</u>,0) |

図13.11　やる気のない教員の最適応答行動

　最後に、熱意のある教員の最適応答行動を探そう。利得行列の各セルで、今度は（　）内の右側の数値を見ればよい。学生の「勉強する」に対する最適応答行動は「難しい試験」である（戦略として見ると（難しい試験、難しい試験）と（易しい試験、難しい試験）の2つに対応する）。この行動は、熱意のある教員に対して利得3をもたらす。同じように学生の「勉強しない」に対する最適応答行動は「難しい試験」である（戦略として見ると（難しい試験、難しい試験）と（易しい試験、難しい試験）の2つに対応する）。この行動は、熱意のある教員に対して利得1をもたらす。そこで、これらの利得に下線を引いておこう（**図13.12**）。

|  |  | 教員 |  |  |  |
|---|---|---|---|---|---|
|  |  | 難しい試験、難しい試験 | 難しい試験、易しい試験 | 易しい試験、難しい試験 | 易しい試験、易しい試験 |
| 学生 | 勉強する | <u>3</u>,(1,<u>3</u>) | <u>2</u>,(1,2) | <u>2</u>,(<u>3</u>,<u>3</u>) | 1,(<u>3</u>,2) |
|  | 勉強しない | 0,(0,<u>1</u>) | 1,(0,0) | 1,(<u>2</u>,1) | <u>2</u>,(<u>2</u>,0) |

図13.12 熱意のある教員の最適応答行動

図13.12を見ると、すべてのプレイヤーの利得に下線が引かれたセルが見つかる。これに対応する戦略の組〈勉強する、(易しい試験、難しい試験)〉が期末試験ゲーム（情報不完備バージョン）のベイジアンナッシュ均衡である[2]。

## 13.5 クールノー数量競争（情報不完備バージョン）

8.2節で学んだ「クールノー数量競争」は、プレイヤーである企業が出荷量を同時に選ぶというゲームだった。重要なポイントは、プレイヤーには無数の戦略があるので、ゲームを利得行列で書き表せないということである。この場合には、各プレイヤーの最適応答戦略を関数という形式で直接書き表せば、連立方程式を解くことでナッシュ均衡を求められた。ここまでは復習である。

さて、それを踏まえたうえで、13.1節で例として挙げた状況——市場規模の大きさを一方の企業だけが知っている——で出荷量を同時に決めるというビール会社の競争を、情報不完備ゲームとしてモデル化しよう。そのうえで、ベイジアンナッシュ均衡を求めることにする。

「クールノー数量競争（情報不完備バージョン）」

「K社」と「A社」という2社がビール市場でクールノー数量競争を行っている。プレイヤーは「出荷量」（それぞれ $q_K$, $q_A$ と書く）を同時に選ぶ。企業の利潤を利得として考える。2社にとって、ビールを1本出荷するためには等しく $c$ の（限界）費用がかかる。そのため、ビールの市場価格が $p$ だとすると、ビール1

---

[2] このゲームでは、教員がタイプによってそれぞれ支配行動を持っている。やる気のない教員にとっては「易しい試験」が常に望ましく、熱意のある教員にとっては「難しい試験」が常に望ましい。そのため、ベイジアンナッシュ均衡はもっと簡単に求められる。しかし、支配行動がない場合には本文で求めた手順で考えていく必要があるので、このやり方をじっくりと理解してほしい。

本あたりの粗利は $p-c$ である。

ここまでは8.2節の説明と同じである。違うのは、ビールの市場価格 $p$ を左右する市場規模の大きさを K 社は知っているのだが、A 社は知らないという点である。具体的に言うと、確率 $g$ でビール市場の市場規模は $B$ という大きさで、ビールの市場価格は下の逆需要関数によって決まる。

$$p = P(q_K, q_A; B) = B-(q_K+q_A)$$

他方で、確率 $1-g$ で市場規模は $b$ という大きさで、この場合のビールの市場価格は下の逆需要関数によって決まる。

$$p = P(q_K, q_A; b) = b-(q_K+q_A)$$

$B > b > c$ とする。市場規模が $B$ だというのはビールに対する需要が大きい状況を意味していて、$b$ だというのは需要が小さい状況を意味する。また、実際の市場規模がどちらなのかを K 社は知っているが、A 社は知らないという情報の非対称性が存在している。つまり、K 社は市場規模が $B$ と $b$ のどちらなのかを知ったうえで出荷量を選べるが、A 社は市場規模の大きさを知らずに出荷量を選ばなければならない。確率 $g$ は共有知識である。

ここでは、市場規模が $B$ である時の K 社を「B タイプ」、$b$ である時の K 社を「b タイプ」と呼ぶことにしよう。それぞれのタイプが選ぶ出荷量を $q_K^B, q_K^b$ と書くと、K 社の戦略は $(q_K^B, q_K^b)$ と書くことができる。他方で A 社の戦略は出荷量 $q_A$ である。

では、以上の定式化のもとで、ベイジアンナッシュ均衡を求めることにしよう。まずは、B タイプの K 社の最適応答戦略を考える。B タイプの K 社にとっての利潤関数をこのように書こう。

$$\pi_K^B(q_K^B, q_A) = (p-c)q_K^B$$

逆需要関数を代入すると、利潤関数はこう書きかえられる。

$$\pi_K^B(q_K^B, q_A) = [B-(q_K^B+q_A)-c]q_K^B$$

B タイプの K 社は、上の数式で表された利潤を最大化するように出荷量を選

ぶので、最適応答はこのように求められる（上の利潤関数は$q_K^B$の2次関数になっているので、最適応答を求めるには平方完成すればよい）。

$$q_K^{B*} = q_K^B(q_A) = \frac{B-c-q_A}{2}$$

最適応答がA社の選ぶ出荷量の関数として表されていることに注意しよう。また、$q_A > B-c$の時は$q_K^{B*} = 0$とする。

次に、bタイプのK社の最適応答を考える。bタイプのK社にとっての利潤関数をこのように書こう。

$$\pi_K^b(q_K^b, q_A) = (p-c)q_K^b$$

逆需要関数を代入すると、利潤関数はこう書きかえられる。

$$\pi_K^b(q_K^b, q_A) = [b-(q_K^b+q_A)-c]q_K^b$$

bタイプのK社は、上の数式で表された利潤を最大化するように出荷量を選ぶので、最適応答はこのように求められる。

$$q_K^{b*} = q_K^b(q_A) = \frac{b-c-q_A}{2}$$

やはり、最適応答関数はA社の選ぶ出荷量の関数として表されている。

市場規模についての情報を持っているK社を、タイプごとにあたかも別々のプレイヤーとして扱うという点には注意が必要である。けれども、その点を別にすれば、ここまでの議論は8.2節のものとまったく変わらない。違いは私的情報を持たないA社にとっての議論である。A社の最適応答戦略を考えるためには、期待利得を計算しなければならない。

市場規模が$B$の時の、A社にとっての利潤をこのように書こう。

$$\pi_A(q_K^B, q_A; B) = (p-c)q_A$$

逆需要関数を代入すると、利潤関数はこう書きかえられる。

$$\pi_A(q_K^B, q_A; B) = [B-(q_K^B+q_A)-c]q_A$$

他方で、市場規模が $b$ の時の、A社にとっての利潤をこのように書こう。

$$\pi_A(q_K^b, q_A; b) = (p-c)q_A$$

逆需要関数を代入すると、利潤関数はこう書きかえられる。

$$\pi_A(q_K^b, q_A; b) = [b-(q_K^b+q_A)-c]q_A$$

そして、実際の市場規模がどちらなのかがA社には分からないので、A社は利潤を期待値で評価して、その期待利潤を最大化するように出荷量を選ぶことになる。期待利潤はこのような数式で書くことができる。

$$\begin{aligned}\Pi_A((q_K^B, q_K^b), q_A) &= g \times \pi_A(q_K^B, q_A; B) + (1-g) \times \pi_A(q_K^b, q_A; b) \\ &= g[B-(q_K^B+q_A)-c]q_A + (1-g)[b-(q_K^b+q_A)-c]q_A \\ &= [\{g(B-q_K^B)+(1-g)(b-q_K^b)\}-q_A-c]q_A\end{aligned}$$

記号が多いせいで何やら数式が恐ろしく見えるが、実はいつもと同じ $q_A$ の2次関数である。A社の最適応答戦略はこのように求められる。

$$q_A^* = q_A(q_K^B, q_K^b) = \frac{1}{2}[g(B-q_K^B)+(1-g)(b-q_K^b)-c]$$

ベイジアンナッシュ均衡では、$q_K^{B*} = q_K^B(q_A^*)$, $q_K^{b*} = q_K^b(q_A^*)$, $q_A^* = q_A(q_K^{B*}, q_K^{b*})$ なので、3本の方程式を連立させて解けば、出荷量がそれぞれ下のように計算できる[3]。

$$q_K^{B*} = \frac{(3-g)B-(1-g)b-2c}{6}$$

$$q_K^{b*} = \frac{-gB+(2+g)b-2c}{6}$$

$$q_A^* = \frac{gB+(1-g)b-c}{3}$$

大小関係を計算で確かめてみると、$q_K^{B*} > q_A^* > q_K^{b*}$ であることが分かる。これは直感的にも納得できる結果だろう。ビールへの需要が大きいことを確実に知っ

---

3）$2(b-c) > g(B-b)$ を仮定しておく。

ているBタイプは、それに応じてたくさんのビールを出荷する。逆に、bタイプは需要が小さいことを知っているので、出荷量を少なく抑えることになる。他方で、実際の市場規模が分からないA社としては、平均的な市場規模（とK社の出荷量）を想定しながら自社の出荷量を決めるしかない。そのため、中程度の規模のもとで出荷量を選ぶことになる。それが、このような大小関係になる理由である。

このベイジアンナッシュ均衡における企業の利潤も計算しておこう。均衡の出荷量を利潤関数あるいは期待利潤関数に代入すれば、それぞれこう計算できる（計算は各自で練習問題としてやってみよう）。

$$\pi_K^B(q_K^{B*}, q_A^*) = \left[\frac{(3-g)B-(1-g)b-2c}{6}\right]^2 = (q_K^{B*})^2$$

$$\pi_K^b(q_K^{b*}, q_A^*) = \left[\frac{-gB+(2+g)b-2c}{6}\right]^2 = (q_K^{b*})^2$$

$$\Pi_A((q_K^{B*}, q_K^{b*}), q_A^*) = \left[\frac{gB+(1-g)b-c}{3}\right]^2 = (q_A^*)^2$$

もし $g=1$ だったら、これは市場規模が $B$ である8.2節のクールノー数量競争と同じ状況になるはずである。実際に、$g=1$ を代入してみると、$q_K^{B*} = q_A^*$ となる（もちろん両社の利潤も同じになる）。その一方で、もし $g=0$ だったら、これは市場規模が $b$ であるとした時の8.2節のクールノー数量競争と同じ状況になるはずである。実際に、$g=0$ を代入してみると、$q_K^{b*} = q_A^*$ となる（そして両社の利潤も同じになる）。これで情報不完備ゲームにおけるクールノー数量競争を分析できた。

● 章末問題

**問題13.1** 2人以上の人たちが集まって何かをする時、そこにいる誰もがお互いのことを完全に知っていることなどまずないだろう。その意味では、世の中の出来事はほとんどすべて情報不完備ゲームとして定式化することが可能だと言えるかもしれない。自分の身の回りの出来事やニュースなどで見聞きした社会現象、経済現象を例として取り上げて、情報不完備ゲームとして定式化しなさい。

**問題13.2** 13.4節の本文では $p=1/2$ のケースについて、期末試験ゲーム（情報不完備

バージョン）のベイジアンナッシュ均衡を求めた。しかし、この値が変われば均衡も変わり得る。そこで、今度は $p = 7/8$ のケースについてベイジアンナッシュ均衡を求めなさい。

# 第14章

# オークション

> オークションは、美術品を売るための理想的な手段だ。美術品という商品の価値は、固有ないし客観的なものではほとんどない。だが、幻想や野心や人間の競争心によって、大いにその価値をふくらませることのできる商品だ。……美術市場では、オークションの興奮に満ちた競り合いのなかで定期的に高価格が生み出されてきたが、これらは個人的な取引では決して達成できなかったであろう金額だ。
> フィリップ・フック『サザビーズで朝食を』(中山ゆかり訳、フィルムアート社、2016年)

## 14.1 オークション理論

本章では、情報不完備ゲームの重要な応用例としてオークションを取り上げる。カタカナで「オークション」という言葉を見ると、美術品の高額落札が話題になるサザビーズやクリスティーズを思い浮かべるかもしれない。しかし、オークションは何も美術品の売買に使われるだけではない。生鮮食品はある程度まで市場で競り売りされているし、公共事業の受発注は入札で行われる。これらもオークションの一種であることを考えれば、オークションはとてもよく使われる売り(買い)の形式であることが分かる。さらに最近はヤフオク！やイーベイを初めとするオンラインオークションのおかげで、オークションがとても身近になった[1]。読者の中にもヤフオク！で買ったり売ったりした経験のある人がいるだろう。

**オークション理論**の分野では、オークションを情報不完備ゲームとして定式化したうえで分析するのが主流である。以下では最も基本的な定式化を見ていこう。

---

1) ゲーム理論を用いたヤフオク！の分析については、拙著『ヤフオク！の経済学』(日本評論社、2018年)をぜひお読みいただきたい。

プレイヤーは2人以上いる「買手」で、オークションでの入札額の選び方が戦略となる。戦略をもう少し正確に書くと、商品に対する自分の**評価値**に応じて、入札額をいくらにするかを決める関数である。評価値とは、商品に対して出してもよいと思える金額の上限だと考えると分かりやすい[2]。本書では、各人の評価値が他人の入札に左右されないと想定する。このような評価値を**私的価値**という。評価値は各自の私的情報なので、他人の評価値がいくらなのかは分からない。ただし、評価値に対する確率分布は共有知識である（私的情報や共有知識といった概念が何だったか忘れてしまった読者は13.3節を読み返そう）。

　評価値よりも安く商品を落札できたなら、その差額の分だけお得に商品を手に入れられたことになる。つまり、商品を落札した場合の利得は、評価値から落札額を差し引いた金額で表すことができる。

　　　　利得＝評価値－落札額

それに対して、商品を落札しなかった時の利得は0とする。

　オークション理論の分野では、入札の形式によってオークションを封印入札オークションと公開入札オークションの2つに分ける。本章では、入札の時点で他人の入札額が分からないという封印入札オークションを分析することにしよう。

　自分が1万円を入札して商品を落札したら、1万円を支払って商品を手に入れる。たぶん、多くの読者はこれを当たり前と感じるだろう。落札者が自分の入札額を支払うようなオークションを**一位価格オークション**という。すべての入札額の中で最も高い金額（＝一位価格）が落札額になるからである。他方で、2番目に高い入札額を落札額とするオークションを考えることもできる。そのようなオークションを**二位価格オークション**という。二位価格オークションでも、最も高い金額を入札した買手が落札者になるが、支払う金額は2番目に高い入札額、つまり自分以外の入札で最も高い金額を支払うことになる。二位価格オークション

---

[2] こう聞くと、評価値は予算に似ていると思えるかもしれないが、評価値と予算は別物である。例えば、2017年にはレオナルド・ダ・ヴィンチの「サルバトール・ムンディ」が500億円以上という高額で落札された。あなたもこの絵画に高い価値があることは認めるだろう。500億円とは言わないが、出せるものなら100億円くらいなら買いたいと思うかもしれない。これが評価値である。しかし、読者は（恐らく）絵画の購入に100億円を充てることはできないだろう。100億円は（恐らく）予算オーバーだからである。

は奇妙な仕組みに聞こえるかもしれないが、後で見るように望ましい性質が備わっており、オークション理論ではとても重視されている。

## 14.2 一位価格オークション

「一位価格オークション・ミニゲーム」

　最も単純なケースとして、買手が2人しかいない一位価格オークションを考えてみよう。それぞれの買手を「買手1」「買手2」と呼ぶ。ここではミニゲームとして、彼らの評価値がそれぞれ「10千円」「4千円」のいずれかで、それぞれ等しい確率で起こるとする。自分の評価値から相手の評価値をまったく推測できないとすれば（これを**独立**であるという）、2人の評価値の組み合わせは4通りあって、それぞれが1/4の確率で起きることになる（**図14.1**）。

|  |  | 買手2 | |
|---|---|---|---|
|  |  | 10千円 | 4千円 |
| 買手1 | 10千円 | 1/4 | 1/4 |
|  | 4千円 | 1/4 | 1/4 |

**図14.1　確率分布**

　ミニゲームで2人が選べる入札額は、「5千円」「2千円」のどちらかのみとする。情報不完備ゲームにおける戦略は、自分の評価値（タイプ）に応じて入札額を選ぶような行動計画である。（評価値が10千円の時の入札額、評価値が4千円の時の入札額）という順番で入札額を並べるように戦略を書き表すと、2人の買手はどちらも以下の4つの戦略を持つ。

（5千円、5千円）、（5千円、2千円）、（2千円、5千円）、（2千円、2千円）

　先ほど説明したように、落札した場合の利得は評価値から落札額を差し引いた値で、落札しなかった場合の利得は0とする。

　一位価格オークションのルールとして、高い入札額を選んだ方の買手が自分の入札額を支払って商品を落札できる。ただし、2人の入札額が同じ時は、落札者がランダムに選ばれるものとしよう。ジャンケン、あるいはコイントスで決めるということである。一位価格オークション・ミニゲームは**図14.2**のゲームの木で表すことができる（図が見にくくなるので利得の一部は省略してある）。

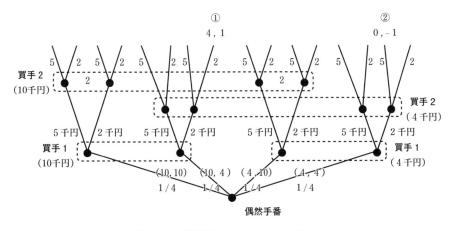

図14.2 一位価格オークション・ミニゲーム

利得についての注意を2点書いておこう。図14.2で①という番号を振ってある終点を見てほしい。この終点に至るまでのプレイは次の通り。

- 偶然手番が「買手1の評価値は10千円、買手2の評価値は4千円」（図中では(10,4)と表してある）を選ぶ。

  ↓

- 評価値が10千円の買手1が「2千円」を選ぶ。

  ↓

- 評価値が4千円の買手2が「2千円」（図中では2と表してある）を選ぶ。

2人の入札額が等しいので、落札者はランダムに選ばれる。終点①のように、2人が同じ金額を入札した後の終点では、利得が期待値で示されている[3]。買手1は、確率1/2で2千円を支払って10千円の価値があると評価している商品を落札できる。他方で、確率1/2で商品を落札できない。すると、買手1の期待利得はこう計算できる（以下、利得を表す時には千円という単位を省略する）。

$$\frac{1}{2} \times (10-2) + \frac{1}{2} \times 0 = 4$$

---

[3] もちろん、終点①を偶然手番に置きかえて「買手1が落札する」「買手2が落札する」を半々の確率で選ぶというゲームの木を書いてもよい。ただし、そのようなゲームの木はごちゃごちゃして見にくいので、本文では縮約形を考えて期待利得を示しているのである。どちらのゲームの木でも結果は何も変わらない。

同じように、買手2は、確率1/2で2千円を支払って4千円の価値があると評価している商品を落札できる。他方で、確率1/2で商品を落札できない。すると、買手2の期待利得はこう計算できる。

$$\frac{1}{2} \times (4-2) + \frac{1}{2} \times 0 = 1$$

そのため、①の終点には(4,1)という利得の組が書かれている。

次に、図中で②という番号を振ってある終点を見てほしい。終点②へ至るプレイは次の通り。

- 偶然手番が「買手1の評価値は4千円、買手2の評価値は4千円」(図中では(4,4)と表してある)を選ぶ。

↓

- 評価値が4千円の買手1が「2千円」を選ぶ。

↓

- 評価値が4千円の買手2が「5千円」(図中では5と表してある)を選ぶ。

入札額の高い買手2が商品を落札するのだが、この場合に買手2が得る利得はマイナスである (4−5 = −1)。このように、<u>自分の評価値よりも高い価格で商品を落札すると、利得がマイナスになる</u>ことに注意しよう。他方で、商品を落札できなかった買手1の利得は0である。そのため、②の終点では(0,−1)という利得の組が書かれている。

以上をもとに、一位価格オークション・ミニゲームのベイジアンナッシュ均衡を求めよう。2人のプレイヤーが4つの戦略を持っているので、このゲームは4×4の利得行列で書き表すことができる。私的情報を持っているプレイヤーを、タイプに応じて別々のプレイヤーであるかのように利得行列を書こう。後で見るように、利得行列には期待利得を入れていく(その前準備として、先ほど省略したゲームの木の利得をすべて計算しておくと便利である)。

このゲームは対称、つまり、どちらの買手の立場から見てもゲームの構造は同じである。そこで、以下では買手1の立場からゲームを見ながら、**図14.3**に示した利得行列を埋めていくことにする。

|  | 買手2 | | | |
|---|---|---|---|---|
| 買手1 | 5千円、5千円 | 5千円、2千円 | 2千円、5千円 | 2千円、2千円 |
| 5千円、5千円 | (?, ?), (?, ?) | | | |
| 5千円、2千円 | | | | |
| 2千円、5千円 | | | | |
| 2千円、2千円 | | | | |

図14.3 利得行列の準備

　図中の期待利得は、「(評価値が10千円である買手１、評価値が４千円である買手１)、(評価値が10千円である買手２、評価値が４千円である買手２)」の順に並べて書く。まず、評価値が10千円である買手１について、「５千円」「２千円」を選んだ時の期待利得をそれぞれ計算しよう。

### 評価値が10千円の買手１が「５千円」を選んだ時

　最初に確認しておきたいのは次の２点である。
- 買手２の選んだ行動が「２千円」ならば、買手１は商品を確実に落札でき、利得５を得る（10−5 = 5）。
- 買手２の選んだ行動が「５千円」ならば、買手１は確率1/2で商品を落札し、期待利得5/2を得る（1/2×(10−5)+1/2×0 = 5/2）。

　これらを踏まえて、買手１の期待利得を計算する。

　まず、買手２が（５千円、５千円）という戦略を選ぶとしよう。買手１にとっては、入札競争で相手が必ず「５千円」を選んでくるということになる。この時は、上で計算した通り、買手１の期待利得は5/2である。

　次に、買手２が（５千円、２千円）または（２千円、５千円）という戦略を選ぶとしよう。買手１にとっては、相手は確率1/2で10千円（または４千円）という評価値を持っていて「５千円」を入札してくる。また、確率1/2で４千円（または10千円）という評価値を持っていて「２千円」を入札してくる。そのため、買手１にとっての期待利得はこう計算できる。

$$\frac{1}{2} \times \frac{5}{2} + \frac{1}{2} \times 5 = \frac{15}{4}$$

　最後に、買手２が（２千円、２千円）という戦略を選ぶとしよう。買手１にと

第14章　オークション

っては、相手が必ず「2千円」を選んでくるということになる。この時は、先ほど計算した通り、買手1の期待利得は5である。

以上をまとめると、評価値が10千円である買手1が「5千円」を選んだ時の期待利得を図14.4のように書き込むことができる（1行目と2行目の両方が対応していることに注意しよう）。

|  | | 買手2 | | | |
| --- | --- | --- | --- | --- | --- |
|  | | 5千円、5千円 | 5千円、2千円 | 2千円、5千円 | 2千円、2千円 |
| 買手1 | 5千円、5千円 | $(\frac{5}{2},?),(?,?)$ | $(\frac{15}{4},?),(?,?)$ | $(\frac{15}{4},?),(?,?)$ | $(5,?),(?,?)$ |
|  | 5千円、2千円 | $(\frac{5}{2},?),(?,?)$ | $(\frac{15}{4},?),(?,?)$ | $(\frac{15}{4},?),(?,?)$ | $(5,?),(?,?)$ |
|  | 2千円、5千円 | | | | |
|  | 2千円、2千円 | | | | |

図14.4 評価値が10千円である買手1が「5千円」を選んだ時の期待利得

## 評価値が10千円の買手1が「2千円」を選んだ時

先ほどと同じく最初に次の2点を確認しておこう。
- 買手2の選んだ行動が「2千円」ならば、買手1は確率1/2で商品を落札し、期待利得4を得る（$1/2 \times (10-2) + 1/2 \times 0 = 4$）。
- 買手2の選んだ行動が「5千円」ならば、買手1は商品を落札できない（利得0）。

これらを踏まえて、買手1の期待利得を計算する。

まず、買手2が（5千円、5千円）という戦略を選ぶとしよう。買手1にとっては、入札競争で相手が必ず「5千円」を選んでくるということになる。この場合、買手1が落札することは決してないので、買手1の期待利得は0である。

次に、買手2が（5千円、2千円）または（2千円、5千円）という戦略を選ぶとしよう。買手1にとっては、相手は確率1/2で10千円（または4千円）という評価値を持っていて「5千円」を入札してくる。また、確率1/2で4千円（または10千円）という評価値を持っていて「2千円」を入札してくる。そのため、買手1にとっての期待利得はこう計算できる。

$$\frac{1}{2} \times 4 + \frac{1}{2} \times 0 = 2$$

最後に、買手2が（2千円、2千円）という戦略を選ぶとしよう。買手1にとっては、相手が必ず「2千円」を選んでくるということになる。この時は、先ほど計算した通り、買手1の期待利得は4である。

以上をまとめると、評価値が10千円である買手1が「2千円」を選んだ時の期待利得を**図14.5**のように書き込むことができる（3行目と4行目の両方が対応していることに注意しよう）。

|  |  | 買手2 | | | |
|---|---|---|---|---|---|
|  |  | 5千円、5千円 | 5千円、2千円 | 2千円、5千円 | 2千円、2千円 |
| 買手1 | 5千円、5千円 | $(\frac{5}{2},?),(?,?)$ | $(\frac{15}{4},?),(?,?)$ | $(\frac{15}{4},?),(?,?)$ | $(5,?),(?,?)$ |
|  | 5千円、2千円 | $(\frac{5}{2},?),(?,?)$ | $(\frac{15}{4},?),(?,?)$ | $(\frac{15}{4},?),(?,?)$ | $(5,?),(?,?)$ |
|  | 2千円、5千円 | $(0,?),(?,?)$ | $(2,?),(?,?)$ | $(2,?),(?,?)$ | $(4,?),(?,?)$ |
|  | 2千円、2千円 | $(0,?),(?,?)$ | $(2,?),(?,?)$ | $(2,?),(?,?)$ | $(4,?),(?,?)$ |

図14.5 評価値が10千円である買手1が「2千円」を選んだ時の期待利得

### 評価値が4千円である買手1の期待利得

道のりが長くて恐縮なのだが、次に、評価値が4千円である買手1について、「5千円」「2千円」を選んだ時の期待利得をそれぞれ計算しよう。この場合に注目してもらいたいのは、先ほどゲームの木で見たように、入札額によっては期待利得がマイナスになり得るという点である。計算のやり方自体は先ほどとまったく変わらないので、1つ1つ丁寧に計算すれば利得を埋めていくことができる。そのようにして買手1の利得を書き込んだものが**図14.6**である。

|  |  | 買手2 | | | |
|---|---|---|---|---|---|
|  |  | 5千円、5千円 | 5千円、2千円 | 2千円、5千円 | 2千円、2千円 |
| 買手1 | 5千円、5千円 | $(\frac{5}{2},-\frac{1}{2}),(?,?)$ | $(\frac{15}{4},-\frac{3}{4}),(?,?)$ | $(\frac{15}{4},-\frac{3}{4}),(?,?)$ | $(5,-1),(?,?)$ |
|  | 5千円、2千円 | $(\frac{5}{2},0),(?,?)$ | $(\frac{15}{4},\frac{1}{2}),(?,?)$ | $(\frac{15}{4},\frac{1}{2}),(?,?)$ | $(5,1),(?,?)$ |
|  | 2千円、5千円 | $(0,-\frac{1}{2}),(?,?)$ | $(2,-\frac{3}{4}),(?,?)$ | $(2,-\frac{3}{4}),(?,?)$ | $(4,-1),(?,?)$ |
|  | 2千円、2千円 | $(0,0),(?,?)$ | $(2,\frac{1}{2}),(?,?)$ | $(2,\frac{1}{2}),(?,?)$ | $(4,1),(?,?)$ |

図14.6 評価値が4千円である買手1の期待利得

そして、最後に、ゲームが対称であることを利用して、買手2の期待利得も書

き入れて利得行列を完成させよう。

これでベイジアンナッシュ均衡を求めるための準備が整った。図14.7の利得行列を使って、それぞれの買手の最適応答戦略を見つければよい。この時には、タイプごとに買手を別々のプレイヤーと見なして最適応答戦略を考えるのを忘れないようにしよう。すると、〈（5千円、2千円）、（5千円、2千円）〉という戦略の組がベイジアンナッシュ均衡であることが分かる。これを言葉に直すと、「どちらの買手も、評価値が10千円ならば5千円を入札し、評価値が4千円ならば2千円を入札する」となる。

買手2

|  | 5千円、5千円 | 5千円、2千円 | 2千円、5千円 | 2千円、2千円 |
|---|---|---|---|---|
| 5千円、5千円 | $(\frac{5}{2}, -\frac{1}{2}), (\frac{5}{2}, -\frac{1}{2})$ | $(\frac{15}{4}, -\frac{3}{4}), (\frac{5}{2}, 0)$ | $(\frac{15}{4}, -\frac{3}{4}), (0, -\frac{1}{2})$ | $(5, -1), (0, 0)$ |
| 5千円、2千円 | $(\frac{5}{2}, 0), (\frac{15}{4}, -\frac{3}{4})$ | $(\frac{15}{4}, \frac{1}{2}), (\frac{15}{4}, \frac{1}{2})$ | $(\frac{15}{4}, \frac{1}{2}), (2, -\frac{3}{4})$ | $(5, 1), (2, \frac{1}{2})$ |
| 2千円、5千円 | $(0, -\frac{1}{2}), (\frac{15}{4}, -\frac{3}{4})$ | $(2, -\frac{3}{4}), (\frac{15}{4}, \frac{1}{2})$ | $(2, -\frac{3}{4}), (2, -\frac{3}{4})$ | $(4, -1), (2, \frac{1}{2})$ |
| 2千円、2千円 | $(0, 0), (5, -1)$ | $(2, \frac{1}{2}), (5, 1)$ | $(2, \frac{1}{2}), (4, -1)$ | $(4, 1), (4, 1)$ |

買手1は左端の列。

図14.7　一位価格オークション・ミニゲーム

実は、図14.7の利得行列を注意深く眺めてみると、買手にはタイプによって支配行動があることに気づく。まず、10千円の評価値を持つ買手は常に5千円を入札するのが望ましい。直感的に言うと、10千円という評価値の買手にとっては、良くて引き分けという2千円の入札には旨味が少ないのである。その一方で評価値が4千円ならば2千円を入札するのが望ましい。なぜなら5千円という高過ぎる入札では、落札したとしても利得がマイナスとなってしまうからである。

言うまでもないことだが、一般的には、買手の評価値は10千円か4千円の2つしかないわけではないし、入札額も0円以上の金額を自由に選べるはずである。さらに、買手も2人とは限らない。そこで、以下ではより一般的な一位価格オークションについてのベイジアンナッシュ均衡を考えてみる。

「一位価格オークション（より一般的なバージョン）」

買手がN人参加しているオークションを考えてみよう。それぞれの買手を「買手1」「買手2」…「買手N」と呼ぶことにする。彼らの評価値がそれぞれ0以上1以下の範囲で、独立かつ一様に分布しているものとする。「一様に」と

いうのは、どの評価値も等しくあり得る、というような意味である[4]。評価値は買手間で独立に分布しているので、先ほどのミニゲームと同じく自分の評価値から他人の評価値を推測することはできない。

　ここでは対称な均衡を考えることにして、買手1の戦略に注目しよう。買手1は評価値に応じて入札額を選べるので、評価値（$x$）と入札額（$p$）の対応関係を $p = b(x)$ という関数で表すことにする。この $p = b(x)$ が戦略である。戦略を関数として表すというのは、シュタッケルベルグ競争のフォロワーと似たような発想だと言えるだろう（10.2節を参照のこと）。あり得る評価値は無数にあるので、すべての対応をリストとして書き上げることはできない。そこで関数として表現するのである。

　ここでは、$b(x) = kx$ という形式で書けるような戦略にしぼって均衡を探してみよう（このような戦略を線形と呼ぶ）。その意味するところは、買手が自分の評価値の一定の割合を入札額として選ぶというものである。$k$ がその割合を表している。例えば、$k = 1$ というのは100％、すなわち、「自分の評価値と等しい金額を入札する」戦略のことである。あるいは、$k = 1/2$ なら50％、すなわち「評価値のちょうど半分を入札する」という戦略である。明らかに $k > 1$ という、「評価値よりも高い金額を入札する」戦略にはメリットがない。落札した場合の利得がマイナスになってしまうからだ。ミニゲームでも、4千円の評価値を持つ買手には、「5千円」を選ぶインセンティブがなかった。このような戦略は $k = 1$ である戦略に支配される。

　ベイジアンナッシュ均衡では、ライバルたちは $b(x) = kx$ にしたがって入札してくる。すると、買手1が $p$ という価格を入札して勝てるのは、ライバル全員の評価値が $kx < p$、すなわち $x < p/k$ の時である。一様分布を仮定しているので、そのような確率はこう計算できる。

$$\frac{p}{k} \times \frac{p}{k} \times \cdots \times \frac{p}{k} = \left(\frac{p}{k}\right)^{N-1}$$

つまり、$x$ という評価値を持つ買手1が $p$ という金額を入札した時の期待利得

---

4）より正確には、各買手の評価値が $x$ 以下の値である確率が $F(x) = x$ という分布関数で与えられることになる。

は、このように数式で表せる。

$$(x-p) \times \left(\frac{p}{k}\right)^{N-1}$$

買手1としては、この期待利得を最も高くするように $p$ を選べばよい。最大化問題の1階の条件を考えると（つまり、上の期待利得を $p$ で偏微分したものを0とすると）、次の等式を満たす $p$ が最適な入札額である[5]。

$$-\left(\frac{p}{k}\right)^{N-1}+(N-1)(x-p)\left(\frac{1}{k}\right)^{N-1}p^{N-2}=0$$

$p=kx$ を代入して式を整理すれば、均衡戦略を下式のように求めることができる。

$$p=b(x)=x-\frac{1}{N}x$$

右辺の第1項は自分の評価値である。つまり、この式からは自分の評価値よりも低い金額を入札するのが最適な入札戦略なのだということが分かる。自分の評価値に比べて入札額を低く抑えることを、オークション理論の分野では**ビッドシェイディング**という。ビッドシェイディングが最適になる理由は直感的に理解できる。一位価格オークションでは、落札額は自分の入札額である。とすれば、評価値をそのまま入札すると、落札できたとしても利得は0になってしまう。それでは旨味が全然ないため、買手はビッドシェイディングをすべきなのである。問題はどれほどビッドシェイディングすべきなのかということなのだが、ビッドシェイディングの性質については章末問題14.1で考えることにしよう。

## 14.3　二位価格オークション

「二位価格オークション」

---

5）最大化問題の1階の条件については、経済数学の入門書、例えば浦田健二・神谷諭一・古屋核『経済学を学ぶためのはじめての微分法（第2版）』（同文館出版、2017年）を参照してほしい。

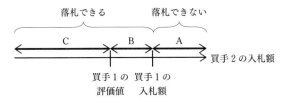

図14.8　評価値よりも高く入札する

　今度は二位価格オークションの最適戦略について考えてみよう。ただし、一位価格オークションの時とは違ったやり方で考えることにする。具体的には、買手1の立場から入札戦略を3つのグループに分けて、それらを順番に吟味していく。その3つとは、「自分の評価値よりも高く入札する」「評価値よりも低く入札する」、そして「評価値と等しく入札する」という戦略である。自分が商品を落札できるかどうかにとって大事なのは、ライバルたちの入札で最も高いものとの大小関係だけである。そこで、以下では仮想的に、そのような最も高い入札を選んだのが買手2だとする（その他に買手が何人いても構わない）。

　まず、自分の評価値よりも高く入札する戦略について考えてみよう。二位価格オークションなので、自分の入札額が相手を上回った場合には、相手の入札額を支払うことになる。すると、相手の入札額に応じて、3つの結果が起こり得ることになる。**図14.8**を見てほしい。

　図14.8では横軸に買手2の入札額をとっている。右に行くほど数値が大きいので、買手1の入札額が評価値よりも右に示されている。まず、図中のAの領域を見てほしい。この領域では、買手2の入札額が買手1の入札額よりも大きい。そのため、買手1は商品を落札することができない。この時、買手1の利得は0である。次にBの領域は、買手2の入札額が買手1の入札額より低いので、買手1は商品を落札できる。しかし、落札額となる買手2の入札額が買手1の評価値より大きいため、買手1は自分の評価値よりも高い金額を支払うことになってしまう。つまり、利得はマイナスになる。最後にCの領域では、買手2の入札額は買手1の入札額（そして評価値）よりも低い。この場合には買手1は商品を落札することができて、なおかつ利得はプラスになる。図の見方をしっかりと理解してもらいたい。そうでないと、以下の話を理解することが難しくなる。

　さて、図14.8の中にBの領域があることを考えれば、自分の評価値よりも高

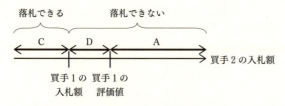

図14.9 評価値よりも低く入札する

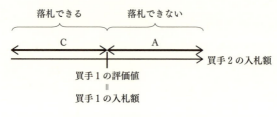

図14.10 評価値と等しく入札する

く入札する戦略には<u>支払い過ぎのリスク</u>があると言える。落札することだけを目的にして入札額をいたずらに高めることは、必ずしも得策ではなさそうだ。

次に、自分の評価値よりも低く入札する戦略について考えてみよう（**図14.9**）。

買手2の入札額がAの領域にある場合には、先ほどと同じく、買手1は商品を落札することができないので、利得は0である。次にDの領域を見てみると、やはり買手2の入札額が買手1の入札額よりも大きいため、買手1は商品を落札することができない。しかし、Dの領域はAの領域とは違った性質を持っている。それは、買手1が今よりも高い金額を入札していれば、商品を落札したうえでプラスの利得を得ることができたという性質である。最後に、Cの領域では、買手1は商品を落札してプラスの利得を得られる。

買手1にとって落札額が評価値を上回ることはあり得ないので、この戦略には先ほどの「支払い過ぎのリスク」は存在しない（つまり図14.8にあったBの領域がないということ）。ところが、評価値よりも低く入札する戦略には、<u>落札を逃してしまうという別のリスク</u>がある。このリスクは図14.9のDの領域で示されている。一位価格オークションでは入札額を低く抑えることが望ましかったのだが、二位価格オークションでは必ずしもそうとは言えなさそうだ。

最後に、自分の評価値と等しく入札する戦略について考えてみよう。この場合

には相手の入札額に応じて2つの結果が起こり得る（図14.10）。

　領域Aで落札できず、領域Cで落札できることは上の2つの戦略と同じである。注目すべきは、この戦略には、領域Bで示される支払い過ぎのリスクも、領域Dで示される買い逃しのリスクもないということである。3つの図をよく見比べてみてほしい。評価値と等しく入札する戦略は、それ以外の2つの戦略よりも優れていることが見て取れるだろう。それどころか、例えば「自分の評価値に応じて、ある評価値に対してはそれよりも低い価格を入札し、別の評価値に対してはそれよりも高い価格を入札する」というように複雑な戦略を編み出したとしても、期待利得を高めることはできない。つまり、二位価格オークションにおいては、自分の評価値と等しく入札することが支配戦略なのである（この議論では、ライバルである買手2の入札戦略を特に定めていなかったことに注意しよう）。

　このように、自分の評価値と等しく入札することが誰にとっても支配戦略であるような仕組みのことを**真実表明メカニズム**という。今見たように二位価格オークションは真実表明メカニズムであるが、実は、価格競上げ式オークションも同じく真実表明メカニズムである。真実表明メカニズムのメリットは何と言っても、買手にとって入札戦略を考えるのが簡単だという点である。美術品オークションやオンラインオークションが二位価格、あるいは価格競上げ式オークションの特徴を備えているのにはそれなりの理由があるのだと言える。

　二位価格オークションで買手が自分の評価値をそのまま入札するとすれば、オークションの終わった後に、落札者は、自分の次に高く入札した買手の評価値を知ることができる。この点に注目して、自分の原稿を二位価格オークションにかけたのが18世紀ドイツの文豪ゲーテである[6]。

　18世紀の終わりごろにかけて、ドイツでは書籍に対する需要が劇的に増加した。識字率の上昇や所得の増加が背景にある。それにともなって原稿料も上がっていったことだろう。当時、作家にはシート数に応じた原稿料が支払われていた

---

[6] 『ジャーナル・オブ・ポリティカル・エコノミー』誌に掲載された論文「ゲーテの二位価格オークション」で、モルドヴァヌとティーツェルは、ゲーテが『ヘルマンとドロテーア』の原稿を売るために行った二位価格オークションについて考察した（B. Moldovanu and M. Tietzel, "Goethe's Second-Price Auction," *Journal of Political Economy* **106** (1998): 854-859.）。短い論文で、しかもオークション理論の知識がなくても内容を理解するのに困らない。

ものの、本の売上げに応じた印税はなかった。つまり、作家が出版社に原稿を渡してしまうと、その後どんなに本が売れたとしても作家は何も得られなかったのである。これは、ゲーテなどの売れっ子作家にとって大いに不満であった。

　本の売上げが十分に見込めるならば、それを反映するように原稿料を上げさせればよいと思うだろう。ところが、ここには1つの問題があった。売上げ部数がどれくらいあるのか、そもそも自分の本が何部刷られているのか自体、作家本人には分からなかったのである。その理由として、当時の出版業界を悩ませた海賊版の問題がある。人気があって売れている本はすぐに海賊版が出回ってしまうため、出版社は出版部数を公表しなかったのだ。結果として、作家と出版社との間に情報の非対称性が生じることとなった。この情報の非対称性を利用して、出版社は作家から原稿を安く買いたたいている、少なくともゲーテはそう感じていたようだ。「出版社はいつだって自分や家族にとっての利益を知っていますが、作家は完全に闇の中です」このように書かれたゲーテの手紙を論文は引用している。ゲーテにとって情報の非対称性は「不道徳」なのであった。

　出版社は自分の原稿をどのくらいの金額だと評価しているのだろう？　二位価格オークションを行えば出版社は原稿に対する評価額を入札するに違いない——ゲーテがそこまで見抜いていたのかどうかは分からない。ともかく、ゲーテは『ヘルマンとドロテーア』の原稿を売るために二位価格オークションを行った。ゲーテ自身と出版社が原稿料を入札するという形式での二位価格オークションである。入札にはきちんと封をして、開封の時まで第三者が保管した。出版社の入札のほうが高ければ、出版社は原稿を手に入れて、ゲーテの入札した原稿料を支払う。果たして結果はどうだったのか。2人の入札の封が開かれると、そこには（筆者にとって）予想もしなかった結果が待っていた。関心のある読者はぜひ原論文にあたってほしい。

## ●章末問題

**問題14.1**　本文で説明したように、買手の評価値が私的価値で、なおかつ0以上1以下の範囲で一様分布している場合には、一位価格オークションの均衡戦略は以下の式で書き表せる。

$$p = b(x) = x - \frac{1}{N}x$$

この式を注意深く見ると、ビッドシェイディングの大きさがオークションに参加している買手の人数 $N$ によって変わることが分かる。買手の人数と入札額との関係を答えなさい。また、その直感的な理由について説明しなさい。

**問題14.2**　ヤフオク！やイーベイでは代理入札という仕組みを採用している。これは、自分が指定した金額の範囲内で、他の買手の入札額よりもわずかに高い金額をコンピュータが自動的に入札してくれる、という仕組みである。代理入札があると、オンラインオークションは（ほとんど）二位価格オークションと見なすことができる。数値例を作ってこのことを自分で確かめなさい。

# 第15章

# 逆選択

> 早い話、健康な人が万一に備えて保険に入るのではなく、死にかけた人が金目当てに保険に加入しているという事実が判明したのであった。(……)
> 「保険に入ると早死にする」という風評は「早死にしかかっている人が保険に入る」ことが原因だったのである。
>
> 高橋秀実『素晴らしきラジオ体操』(小学館、2002年)

## 15.1 保険に加入したがるのはどんな人？

　保険会社の資産運用による収益や諸経費を無視すれば、生命保険の保険料は「保険金×死亡率」で計算できる。死亡率が1％と見込まれていて、死亡した時に1000万円を受け取れる保険の保険料は10万円ということになる。保険の加入者が保険料を期待値で評価するような人（このような加入者をリスク中立的という）ならば、10万円の保険料は死亡のリスクに見合っていると言える。

　さて、大きな病気に罹っていて、自分の死亡率が5％であることを知っている人がいるとしよう。もちろん、保険会社にはこの人の死亡率は分からない。この人にとって10万円の保険料というのは割安なので、この生命保険はとても魅力的である。期待値で考えると1000万円×5％＝50万円の保険金を受け取れるからだ。とすれば、5％の死亡率が見込まれる人たちはこぞってこの保険に加入したがるはずである。するとどうなるか。保険会社は保険料を上げざるを得ないだろう。そうしなければ保険金の支払額が保険料収入を上回ってしまい、経営が立ち行かなくなるからだ。

　ところが、保険料が上がると、1％の死亡率が見込まれる「健康的な保険加入者」はこの保険を解約してしまうだろう。10万円の保険料だからこそリスクに見合っていたわけで、保険料が上がれば割に合わなくなってしまう。結果として、保険料が1000万円×5％＝50万円に上がり、5％の死亡率が見込まれる人だけが保険に加入するだろう、と考えるのは間違いである。「50万円の保険料なら割安

だ」と考える人たち、例えば10％の死亡率を見込んでいる人たちの存在を忘れてはいけない。彼らが保険に加入したがるので、保険会社はさらに保険料を上げざるを得ない。すると、先ほどと同じで、死亡率５％の「やや健康的な保険加入者」が保険から抜けて行ってしまう。同じプロセスが繰り返されていく結果、最も死亡率の高い部類の人だけが残って、そもそも保険が立ち行かなくなってしまう。

逓信省（今の株式会社かんぽ生命保険）が1916年（大正５年）に開始した簡易保険がまさにこのような状況に陥ってしまった。医師の診断を受けなくても月々10銭の保険料さえ払えばどんな職業の人でも加入できるという手軽さが「簡易」という名称の由来である。当初は伸び悩んでいた加入者も、関東大震災をきっかけにして一気に増えた。増えたのは良かったのだが、加入者がすぐに死んでしまうという問題が生じ始めた。1921年（大正10年）から1926年（昭和元年）にかけて、５年間で加入者数は9.4倍に増えたものの、死亡者数は188.9倍にもなってしまったという。これでは簡易保険の経営は成り立たない。慌てて逓信省が調査してみると、死にかかっている人が大金を目当てに保険に加入するという実態が明らかになったという[1]。保険会社が加入を望むのとはまさに逆の人びとが保険に加入したがったわけである。そのため、このような現象を**逆選択**（アドバースセレクション）という。

## 15.2 逆選択の例

ゲーム理論や情報の経済学では、「取引の前に情報の非対称性があることで生じるインセンティブの問題」のことを逆選択という。先ほどの簡易保険の例で

---

[1] 『素晴らしきラジオ体操』60ページを参照のこと。ところで簡易保険の話がラジオ体操とどう関係するのかが気になった読者がいるかもしれない。ラジオ体操の起源は逓信省簡易保険局が1928年（昭和３年）に制定した「国民保険体操」で、国民の健康を増進することが目的である。実はこの目的の背後に「ラジオ体操を広めて人々を健康にすれば、死亡率が下がり簡易保険の経営が成り立つ」という発想があったらしい（『素晴らしきラジオ体操』63ページ）。どこまで本気だったのかは分からないが、加入者の死亡率が20倍近くにまで増えてしまったとあっては、ただ手をこまねいているわけにはいかなかったのだろう。

は、保険へ加入するという取引の前に、個人の健康状態（死亡率）はすでに決まっている。そして、保険会社が個人の健康状態を知らないために、保険会社にとって望ましくない人が保険へ加入したがるというインセンティブ問題が生じる。

　この話は生命保険に限らずどんな保険（例えば自動車損害保険など）にも当てはまる。さらに、逆選択は保険に限らず社会の至るところで見られる。逆選択を初めて分析したのはノーベル経済学賞を受賞したアカロフ（G. Akerlof）である。アカロフが1960年に『クオタリー・ジャーナル・オブ・エコノミクス』誌で発表した論文は、逆選択の例として中古車市場を考えた。以来、中古車市場は経済学の中では逆選択の代名詞ともなった感がある。アカロフの論文は経済学者の間で瞬く間に認知度を高めていったのだが、問題の重要性もさることながら、論文のタイトルにもなった「レモン市場」という言葉がキャッチーだったというのも理由の１つなのではないだろうか。アカロフは、見た目からでは品質の判断が付かない中古車をレモンと呼んだ。

　レモン市場の簡単な例を見てみよう。中古車ショップに出かけて行った１人の買手が中古車を１台買いたいと考えている。価格が品質に見合っていれば中古車を１台買いたいのだが、肝心の品質が買手にはよく分からない。この情報の非対称性が逆選択を引き起こす。ディーラーに品質を訊ねることにはほとんど意味がない。商売なので、ディーラーは一様に「お買い得ですよ」と答えるからだ。逆選択を上手に解決できないと中古車の取引がスムーズにいかなくなってしまい、場合によっては市場そのものが消滅してしまう。

　別の例として、大学生が授業を履修する状況を考えてみよう。単位が取れるならばその授業を受けたいのだが、履修登録をする時点ではその授業の内容や期末試験がどれくらい難しいのかが分からない。教員に単位の取りやすさをたずねてもあまり参考にはならない。「きちんと勉強してテストで点が取れれば単位を落とすことはないですよ」という答えが返ってくるからだ──それ以外にどう答えればよいのか。

　逆選択を解決するための方法はいくつかある。中古車に品質保証書を付ける。授業の評判を先輩から聞いておく。保険の加入に医師の診断を義務付けるというのもよい。以下の節ではスクリーニングと呼ばれる方法について考えてみよう。

## 15.3 最善解

「採用活動ゲーム」

情報の非対称性があるような就活市場を考えてみよう。新卒採用のシーズンを迎え、企業が学生を採用したいと考えている。ただし、ひと口に学生と言っても彼らの能力は千差万別である。適材適所という言葉の通り、企業としては、学生を採用するならば能力に見合った仕事をしてほしいと考えている。ところが、肝心の能力が企業には分からない。

採用活動に先立って、企業は「仕事量と賃金の組み合わせ」(仕事内容と待遇)をウェブサイトに掲載する。学生はこれらの情報を見てからこの企業に就職するかどうかを決める。企業は仕事内容と待遇をどのように組み合わせて掲載すればよいのだろうか？

この状況を次のように「採用活動ゲーム」として定式化しよう。ここでは最も単純なケースとして、1社の企業が1人の学生を採用するようなゲームを考える(そもそも就活市場にこの企業と学生しかいないとする)。「企業」と「学生」というプレイヤーの間に情報の非対称性があるので、採用活動ゲームは情報不完備ゲームである。

学生は「高い (H)」または「低い (L)」能力を持つ。ここでは、高い能力を持つ学生のことを「Hタイプ(の学生)」、低い能力を持つ学生のことを「Lタイプ(の学生)」と呼ぶことにしよう。学生の能力(タイプ)は仕事をこなすためのコストに関係していて、Hタイプの学生のほうがLタイプの学生よりもコストが低い。これは自然な想定だろう。同じ仕事であっても、能力の高い学生のほうがやすやすと仕事をこなせるからである。能力は学生の私的情報だが、学生がHタイプである事前確率 $P$ は共有知識とする[2]。

仕事量 ($x$) と賃金 ($w$) の組み合わせを「労働条件」と呼ぶことにする。「労働条件」が企業の戦略である。提示された「労働条件」に対して、学生は「受け

---

[2] 企業からすれば、優秀な学生が全体のどの程度の割合なのかを、今までの採用実績から判断できる。パレートの法則(「採用した学生の中で優秀なのは2割くらいで、彼らが仕事の8割をこなしてくれる」)のような経験則を思い浮かべてみればよい。そしてパレートの法則は有名なので学生も知っているだろう。

入れる」または「断る」という行動のどちらかを選ぶ。

　企業が提示した $(x, w)$ という労働条件に対して「受け入れる」を選んだ $i$ タイプの学生は、$w - C^i x$ という利得を得る。$C^i$ は $i$ タイプの学生にとって $x$ の仕事をこなすためのコストである（Hタイプの学生なら $C^H$、Lタイプなら $C^L$ となる）。また、この場合には企業は $B(x) - w$ という利得を得る。$B(x)$ は $x$ という量の仕事が企業にもたらす便益である。労働条件に対して学生が「断る」を選んだ場合には、企業も学生も利得は0とする。

　ここでは、仕事量が「10」「30」の2通りしかないような就職活動ミニゲームを考えよう。また、ベンチマークとしてパラメータを次のように設定する。

- $P = 1/5$
- $B(10) = 100, B(30) = 160$（仕事量は10か30のどちらかのみ）
- $C^H = 2, C^L = 4$

　$B(30) > B(10)$ というのは、学生がたくさんの仕事をこなすほど、企業の便益が大きくなるという想定を反映している。本章で考えるモデルでは、企業の便益を左右するのは仕事量だけであって、学生の能力とは無関係である。また、$C^L > C^H$ というのは、能力の高い学生ほど低いコスト（少ない労力）で仕事を行えるという想定を反映している。

　企業はどのような労働条件を提示すればよいのだろう？　この問題を考えるためのスタートラインとして、まずは企業が学生のタイプを知っている状況（情報の非対称性がないケース）を想定してみよう。この状況は、情報完備ゲームである最後通牒ゲーム（11.1節）と見なすことができる。つまり、「労働条件」を提示する企業が提案者で、応答者である学生がそれを「受け入れる」か「断る」を選ぶようなゲームである。ただし、企業には、学生のタイプに対応した2つの情報集合があることに注意しよう（**図15.1**）。終点の数値は、左側が企業の利得、右側が学生の利得である。

　これは展開形ゲームなので、部分ゲーム完全均衡を求めるのが良さそうである。すると、企業にとっては、利得がプラスである限り学生が「受け入れる」を選ぶ範囲で自らの利得を最大化するような労働条件を提示することが最適となる。このようにして求めた部分ゲーム完全均衡を**最善解**（ファーストベスト）という。

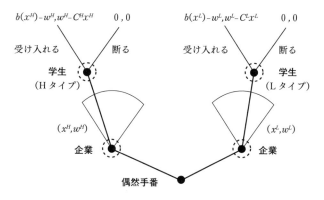

図15.1 採用活動ミニゲーム(情報完備バージョン)

まず、Hタイプの学生に対して提示する労働条件について考えよう。仕事量 $x$ とセットになった賃金があまりにも低いと、学生は労働条件を受け入れない。Hタイプの学生にとって、$x$ の仕事量をこなすためには $C^H x$ というコストがかかるので、この学生が「受け入れる」を選ぶための条件は数式でこう書ける。

$$w - C^H x \geqq 0$$

この条件のことを**個人合理性**の条件という。学生が労働条件を受け入れてくれる限り、企業としてはできるだけ賃金を低く抑えたい。そのためには、11.1節で見た最後通牒ゲームと同じように、上の式がちょうど等式になるような賃金を選べばよいのである。

$$w = C^H x = 2x$$

この式に $x = 10$ と $x = 30$ をそれぞれ代入すると、賃金をできるだけ低く抑えつつも H タイプの学生が受け入れてくれる労働条件は次の2つである。

$$(x, w) = (10, 20), (30, 60)$$

残っているのは、企業がどちらの労働条件を提示すればよいのかという問題である。まず、企業が $(x, w) = (10, 20)$ という条件を提示した時の利得を計算しよう。$x = 10$ によって企業にもたらされる便益が $b(10) = 100$ であることを踏まえ

第15章 逆選択 171

れば、企業の利得はこう計算できる。

$$b(10) - 20 = 100 - 20 = 80$$

同じように、$(x, w) = (30, 60)$ という条件を提示した時の利得はこう計算できる。

$$b(30) - 60 = 160 - 60 = 100$$

つまり、部分ゲーム完全均衡において企業は、Hタイプの学生に対して $(x, w) = (30, 60)$ という労働条件を提示する。

次に、Lタイプの学生に対して提示する労働条件について考えよう。考え方はHタイプの時とまったく同じである。個人合理性の条件式に出てきた $C^H$ を $C^L$ へと書きかえれば、Lタイプの学生が「受け入れる」を選んでくれる範囲で最も低い賃金を計算することができる。つまり、$w = C^L x = 4x$ である。すると、賃金をできるだけ低く抑えつつもLタイプの学生が受け入れてくれる労働条件は次の2つであると分かる。

$$(x, w) = (10, 40), (30, 120)$$

Hタイプの場合と同じように、それぞれの労働条件を提示した時に企業が得られる利得はこのように計算できる。

$(x, w) = (10, 40)$ を提示した時：$b(10) - 40 = 100 - 40 = 60$
$(x, w) = (30, 120)$ を提示した時：$b(30) - 120 = 160 - 120 = 40$

つまり、部分ゲーム完全均衡において企業は、Lタイプの学生に対して $(x, w) = (10, 40)$ を提示する。以上の結果をまとめると、採用活動ミニゲームの最善解はこう求められる。ただし、$(x^i, w^i)$ が $i$ タイプの学生に対する労働条件を表している。

$$\langle (x^H, w^H), (x^L, w^L) \rangle = \langle (30, 60), (10, 40) \rangle$$

企業が労働条件を提示する学生がどちらのタイプなのかは確率的な話なので、最善解による企業の利得は期待値で評価するべきだろう。$P = 1/5$ の確率で学生

のタイプは H である。この時には $(x^H, w^H) = (30, 60)$ という条件が受け入れられて、企業は $160 - 60 = 100$ の利得を得る。他方で、$1 - P = 4/5$ の確率で学生のタイプは L である。この時には、$(x^L, w^L) = (10, 40)$ という条件が受け入れられて、企業は $100 - 40 = 60$ の利得を得る。つまり、期待利得はこのように計算できる。

$$\frac{1}{5} \times (160 - 60) + \frac{4}{5} \times (100 - 40) = 68$$

情報の非対称性がない場合、企業は学生のタイプに応じて異なる労働条件を提示することができる。これが最善解の意味であり、重要なポイントである。最初に指摘したように、この状況は最後通牒ゲームと変わらないので、結果は企業にとって完全に有利なものである。実際、企業が最善解を選んだならば、学生の利得はタイプにかかわらず 0 であることに注意しよう。

## 15.4 セルフセレクションとスクリーニング

いよいよ本番、情報の非対称性がある状況を考えよう。この状況を表したゲームの木が**図15.2**である。

図15.1と比べると、企業の 2 つの意思決定点が 1 つの情報集合に含まれている。そのため、企業は学生のタイプに応じて労働条件を提示することはできない。では、図15.2の状況では、どのような労働条件を提示すればよいだろう？一見すると、先ほど求めた最善解のどちらか（H タイプ向けか L タイプ向けの労働条件）を提示するのが企業にはよさそうだと思える。まずは、この方法を試してみることにしよう。

H タイプ向けの労働条件である $(x^H, w^H) = (30, 60)$ を提示すると、H タイプの学生は「受け入れる」を選ぶ。これは先ほど確認した通りだ。ところが、L タイプの学生はこの条件を「断る」。L タイプの学生にとって、この労働条件で働いた時の利得は $60 - 4 \times 30 = -60$ とマイナスになってしまうからだ。これだったら働かずに 0 の利得をもらうほうが良い。**図15.3**には、$(x, w) = (30, 60)$ を提示した場合のプレイを示してある（図中にはすべての数値を代入してある）。

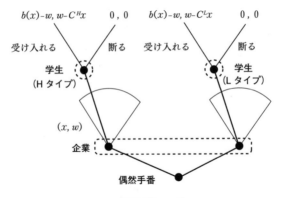

図15.2　採用活動ミニゲーム

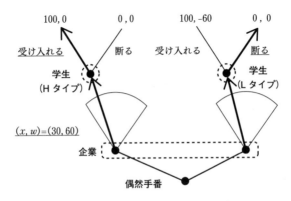

図15.3　$(x, w)=(30, 60)$を提示した場合のプレイ

　Hタイプの学生にしか条件を受け入れてもらえないので、企業の期待利得はこう計算できる。

$$\frac{1}{5} \times (160-60) + \frac{4}{5} \times 0 = 20$$

　Hタイプ向けの労働条件は、Lタイプにとっては賃金が低過ぎるのである。この結果を見ると、もう少し条件を工夫できるように思える。実際、例えば仕事量をそのままにしつつも、賃金を少し高くして$(x, w)=(30, 120)$とすれば、どちらのタイプも労働条件を受け入れてくれて、企業の期待利得は40となる。

　今度はLタイプ向けの条件である$(x^L, w^L)=(10, 40)$を提示するとどうなるだ

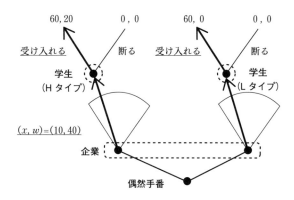

図15.4 $(x, w) = (10, 40)$ を提示した場合のプレイ

ろう？ この条件はLタイプだけでなくHタイプの学生にも受け入れられる。条件を受け入れたHタイプの学生の利得は $40 - 2 \times 10 = 20$ なので、条件を断った場合の利得0よりも良いからだ。つまり、この労働条件はどちらのタイプの学生に対しても個人合理性の条件を満たすのである。**図15.4**には、$(x, w) = (10, 40)$ を提示した場合のプレイを示してある。

この労働条件を提案した企業の期待利得はこう計算できる。

$$\frac{1}{5} \times (100 - 40) + \frac{4}{5} \times (100 - 40) = 60$$

先ほどと比べると、こちらの労働条件を提示するほうが企業にとっては望ましい。しかし、最善解を求めた時の議論を思い出すと、Hタイプの学生にはできれば30という仕事量を引き受けてもらいたいものだ。この部分をどうにかできないだろうか？

できる、というのが答えである。具体的には、企業が2つの労働条件を提示して、学生自らにどちらかを選んでもらう（**セルフセレクション**）という方法である。この方法を**スクリーニング**という。スクリーニングを取り入れたゲームでは、学生が「Hタイプ向けの労働条件」「Lタイプ向けの労働条件」「断る」という3つの行動から1つを選べることに注意してほしい（**図15.5**）。

では、企業は2つの労働条件をどのように設定すればよいのだろう？ 最善解を2つともウェブサイトに掲載して、学生にどちらか一方を選ばせればよい、読

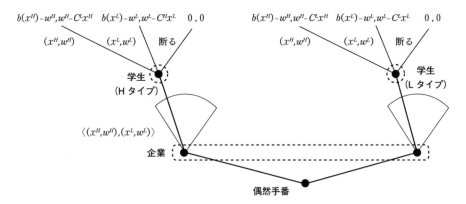

図15.5　スクリーニングがある場合の採用活動ミニゲーム

者はひょっとしたらこう考えるかもしれない。ところがこれはうまくいかないのである。

　Lタイプの学生は、企業の意図した通りに $(x^L, w^L)=(10, 40)$ という労働条件を選ぶ。$(x^H, w^H)=(30, 60)$ を選ぶと利得がマイナスになってしまうからだ。問題はHタイプの行動である。この2つの労働条件を見比べたHタイプの学生は、企業の思わくに反して $(x^L, w^L)=(10, 40)$ というLタイプ向けの労働条件を選んでしまう。なぜならば、Hタイプの学生にとって、Lタイプ向けの労働条件は仕事量の割に賃金が高くて魅力的だからである。つまり、せっかく2つの労働条件を提示しているのに、どちらのタイプの学生も $(x^L, w^L)$ を選んでしまう。これではLタイプ向けの労働条件だけを提示している先ほどのケースと何も変わらない。最善解を提示した場合のプレイを**図15.6**に示した（賃金などの数値をすべて代入してある）。

## 15.5　誘因両立性と次善解

　では、スクリーニングがうまく機能するような労働条件のメニューを考えよう。このメニューを $\langle (x^H, w^H), (x^L, w^L) \rangle$ と書くことにする。ただし、$(x^H, w^H)$ はHタイプ向けの労働条件、$(x^L, w^L)$ はLタイプ向けの労働条件である。情報の非対称性がある時に、企業の利得を最大にするような「労働条件のメニュー」を次

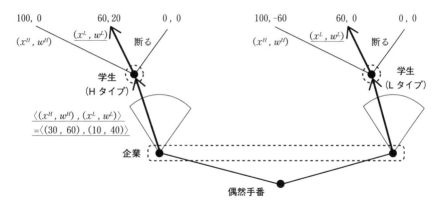

図15.6 最善解を提示した場合のプレイ

善解（セカンドベスト）という。

　まずは、次善解が備えているべき性質について考えておこう。1つ目は、すでに説明した個人合理性の条件である。どちらのタイプの学生も「断る」を選ばないように労働条件を設定しなければならない。2つ目として、次善解においては、<u>各タイプの学生がきちんと自分向けの労働条件を受け入れてくれる</u>必要がある。このような条件を**誘因両立性**の条件という。なぜ誘因両立性の条件が必要なのかと言うと、仮に両方のタイプが同じ労働条件を受け入れるならば、わざわざメニューを設定する意味がなくなってしまうからである。これら2つの条件を数式で書き表してみよう。まず、個人合理性条件は次の2本の式で書き表すことができる。

$$w^H - C^H x^H \geqq 0$$
$$w^L - C^L x^L \geqq 0$$

上の式がHタイプの学生に対する個人合理性条件、下の式がLタイプの学生に対する個人合理性条件である。どちらの式を見ても、学生が自分向けの労働条件を受け入れることが断るよりも好ましいという意味になっている。

それに対して、誘因両立性条件は次の2本の式で書き表すことができる。

$$w^H - C^H x^H \geqq w^L - C^H x^L$$
$$w^L - C^L x^L \geqq w^H - C^L x^H$$

上の式がHタイプの学生に対する誘因両立性条件、下の式がLタイプの学生に対する誘因両立性条件である。どちらの式を見ても、学生が自分向けの労働条件を選ぶほうが、別のタイプ向けの労働条件を選ぶよりも好ましいという意味になっている。次善解は、これら4本の式をすべて満たすような労働条件のメニューになっていなければならない。

さて、議論の出発点として、誘因両立性条件の2本の式を足し合わせてみよう。

$$w^H - C^H x^H + w^L - C^L x^L \geqq w^L - C^H x^L + w^H - C^L x^H$$
$$\Leftrightarrow -C^H x^H - C^L x^L \geqq -C^H x^L - C^L x^H$$
$$\Leftrightarrow C^L(x^H - x^L) - C^H(x^H - x^L) \geqq 0$$
$$\Leftrightarrow (C^L - C^H)(x^H - x^L) \geqq 0$$

今、$C^L > C^H$ なので $x^H \geqq x^L$ となるはずである。しかし、もし $x^H = x^L$ だとすれば、学生はどちらのタイプも仕事量が同じである以上、メニューの中で賃金の高い方を選ぶだろう。それでは意味がない。そのため、$x^H > x^L$ でなければならないことが分かる。つまり、能力の高い学生により多くの仕事を割り振るべきなのである。今考えているミニゲームでは仕事量が10か30のどちらかのみだったので、$x^H = 30$、$x^L = 10$ となる。

さて、次善解における仕事量が分かったので、これを個人合理性条件と誘因両立性条件の式に代入してみよう。コストの値もすべて代入しておくと、4本の式はこう書き直すことができる。

$$w^H \geqq C^H x^H = 2 \times 30 = 60$$
$$w^L \geqq C^L x^L = 4 \times 10 = 40$$
$$w^H - w^L \geqq C^H(x^H - x^L) = 2 \times 20 = 40$$
$$w^H - w^L \leqq C^L(x^H - x^L) = 4 \times 20 = 80$$

誘因両立性の条件式は次のように1つにまとめられる。

$$40 \leqq w^H - w^L \leqq 80$$

この式が意味しているのは、HタイプとLタイプの賃金差が一定の範囲内に

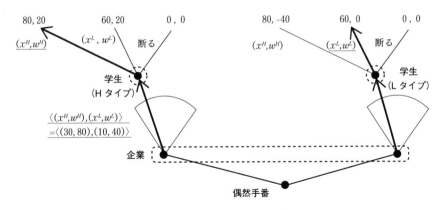

図15.7 次善解を提示した場合のプレイ

なければならないということである。賃金差が重要なので、どちらかのタイプの賃金は個人合理性の条件を満たすぎりぎりの程度に抑えておくのがよい。もちろん両方ともぎりぎりの程度に抑えられればそれに越したことはないが、それは無理である。実際、$w^H = 60$、$w^L = 40$ とすると $w^H - w^L = 20$ なので、誘因両立性の条件を満たさなくなってしまう。

まず、$w^H = 60$ としてみよう。すると、誘因両立性の条件式を満たすようなLタイプ向けの賃金は $-20 \leqq w^L \leqq 20$ である。しかし、このような賃金はLタイプの個人合理性の条件を満たさない。今度は $w^L = 40$ としてみよう。すると、誘因両立性の条件式を満たすようなHタイプ向けの賃金は $80 \leqq w^H \leqq 120$ である。企業にとっては賃金をできるだけ低く抑えたいのだから、$w^H = 80$ とすればよい。そして、この賃金は個人合理性条件を満たす。

以上をまとめると、次善解は $\langle (x^H, w^H), (x^L, w^L) \rangle = \langle (30, 80), (10, 40) \rangle$ と求められる。この次善解を提示すると、Hタイプの学生とLタイプの学生はどちらも自分向けのメニューを選んで受け入れてくれる。次善解の労働条件は個人合理性と誘因両立性の条件をどちらも満たしているからである。**図15.7**には次善解におけるプレイを示してある。

次善解のメニューを提示した企業の期待利得を計算してみよう。すると、15.4節で考えた労働条件に比べて期待利得が増えることを確認できる。実際、2つ以上の条件をメニューとして提示して得られる利得としては、これが最も高い。

$$\frac{1}{5} \times (160-80) + \frac{4}{5} \times (100-40) = 64$$

　注意点を2点述べておこう。第1に、次善解を提示することで得られる64という期待利得は、最善解によって得られる68よりも小さい。これは採用活動ゲームに限らず、一般的な逆選択の状況について言える結果である。つまり、情報の非対称性があることで、企業にはコストが発生している。情報を知らないというのはコストなのである。

　第2に、情報の価値に注目すれば、私的情報を持っている学生にとっては、次善解のほうが最善解よりも望ましい。ただし、これが当てはまるのはHタイプの学生だけである。実際、Lタイプが受け入れる（選ぶ）労働条件は最善解でも次善解でも変わらないので[3]、利得は0である。それに対して、最善解のもとでは0であったHタイプの学生の利得は、次善解のもとでは20——つまりプラスになる。Hタイプの学生は私的情報のおかげで得しているのである。

　その理由は、情報の非対称性がある時に、どちらのタイプの学生が企業の意図に反する行動を取りたがる（逆選択！）のかを考えてみると分かる。Lタイプの学生はHタイプの学生と比べると、同じ仕事をするのに多くのコストがかかる。そのようなLタイプの学生に向けて設定された条件は、Hタイプの学生にとって賃金が割高で魅力的なのである。そこで、Hタイプの学生は自分のタイプを偽って「Lタイプ向けの労働条件」に応募したいと考える。つまり、逆選択の要因はHタイプの学生のインセンティブなのである。この誘因を抑えるために、企業はHタイプ向けの労働条件について、賃金を上げるという形で対応しなければならない。これが、Hタイプの学生が情報プレミアムとして正の利得を得られている理由である。

　一般的に逆選択の問題を考える時には、誰に逆選択する動機があるのかを見極

---

3）賃金と同じように仕事量も自由に選べるという、より一般的な設定にすると話が違ってくる。具体的には、「Lタイプ向け」の次善解における賃金と仕事量は両方とも、最善解よりも小さな値になる。ただし、Lタイプの学生の利得が0のままであることに変わりはない。もっと一般的なケースについては、神戸伸輔『入門　ゲーム理論と情報の経済学』（日本評論社、2004年）の16章に詳しく説明されている。興味のある読者はぜひこちらを読んでもらいたい。

めることが重要である。それが分かれば、うまいスクリーニングの方法を考えることができる。

● 章末問題

**問題15.1** 現実の社会で使われているスクリーニングの例を説明しなさい。

# 第16章

# シグナリングゲーム

## 16.1 シグナリングゲーム

　就職みらい研究所が公表している『就職白書2017』は、採用時に企業が重視する項目と、面接で学生がアピールするポイントの調査結果を報告している。調べた項目には「人柄」や「今後の可能性」のように、15分しかない面接でどうやって判断するのだろうと思えるものから、「大学／大学院での成績」「取得資格」のような客観的な指標となり得るものまで、全部で24項目がある。『就職白書2017』によれば、企業が重視する項目として「取得資格」は24項目中14位（9.5%）、それに対して学生がアピールするポイントとして「取得資格」は24項目中10位（12.6%）であった[1]。

　就職活動で役に立つかもしれないと思って、在学中に資格の取得を目指す学生も多いだろう。実際に、大学で開講される資格取得講座はキャリア関連の科目として人気が高い。一方で、企業側は資格をあまり重視していないように見える。なぜなのだろう？

　すぐに思いつくのは、ひと口に資格と言っても、その中身はさまざまだということである。「資格のユーキャン」のホームページを見てみれば、こんなにあるのかと思うくらいたくさんの資格が並んでいる。確かにこれらの資格がすべて就活に役立つとは思えない。つまり、企業が重視する性質を備えた資格とそうでは

---

[1] 企業と学生の双方にとって「人柄」が1位になっていることはかなり驚きである（企業92.9%、学生47.3%）。わずかな時間の面接で人柄が判断できるなら、会社に入って人間関係で苦労する人は少ないはずだろう。

ない資格があるのだ。学生が取るのは後者の資格なので、企業はそれらの資格を重視しないのだという可能性があるだろう。別の可能性も考えられる。同じ資格であっても、労働市場の状況が違えば資格の役割が変わってくるのかもしれない。景気の良し悪しや社会のトレンドなどが関係することはあり得る。資格にまつわるこういった疑問について考えるのにうってつけなのがシグナリングゲームである。

**シグナリングゲーム**とは次のような特徴を持つような情報不完備ゲームをいう。

- 私的情報を持つプレイヤーと持たないプレイヤーがいる（情報の非対称性がある）。
- 私的情報を持つプレイヤー（送り手）が最初に「メッセージ」を送る。
- メッセージ（送り手の行動）には、私的情報についての断片が何かしら含まれる。
- 私的情報を持たないプレイヤー（受け手）は、メッセージを観察したうえで自分の行動を選ぶ。

シグナリングゲームは、米国の労働市場における賃金格差を分析するために、スペンス（A. M. Spence）が考えだしたモデルである。スペンスが1973年に発表した「労働市場のシグナリング」という論文で提唱した**シグナリング理論**によれば、人びとは能力に応じて大卒か高卒の学歴を自分で選ぶので、学歴の違いは能力の違いを反映している。能力の高い労働者は仕事をうまくやってのけるだろう。だから、学歴によって賃金差が生じるのだ、ということになる。シグナリング理論は、資格の問題にも当てはめることができる。就職活動で資格がどう役立つのかを調べるために、「就職活動ゲーム」を考えてみることにしよう。

**「就職活動ゲーム」**

情報の非対称性があるような就活市場を考えてみよう。いよいよ新しい年度を迎え、就職活動が本格的に始まる。企業にとって、採用しようとする学生の能力をどう見極めるかが重要な課題だ。しかしこれはそれほど容易なことではない。一方、学生にとっても情報の非対称性は深刻な問題である。特に、高い能力を持っている学生であれば、何とかしてそのことを企業の人事担当者に伝えたいのであるが、口で言うだけでは信用してもらえないだろう。1つの方法は資格を取っ

て能力をアピールするということだ。資格を取得して履歴書に書けば、企業は資格の有無を採用の判断に用いることができるだろう。学生は勉強して資格を取得するべきだろうか？　また、企業は資格の有無によって採用するかどうかを判断すべきだろうか？

　就職活動ゲームを定式化しよう。15章で考えた「採用活動ゲーム」と同じく、「学生」と「企業」というプレイヤーの間に情報の非対称性があるため、就職活動ゲームは情報不完備ゲームである。ここでは最も単純なケースとして、1社の企業と1人の学生がいる状況を想定する。学生は能力が「高い（H）」「低い（L）」のどちらかであるとする。高い能力を持つ学生のことを「Hタイプ（の学生）」、低い能力を持つ学生のことを「Lタイプ（の学生）」と呼ぼう。タイプは学生の私的情報だが、学生がHタイプである確率$P$は共有知識とする。

　就職活動に先立って、学生は「資格を取る」「資格を取らない」どちらかの行動を選ぶ。次いで企業は、学生が選んだ行動を把握したうえで、学生を「採用する」「採用しない」どちらかの行動を選ぶ。学生の行動を企業が把握できる理由は、履歴書を見れば、学生が資格を取得したのかどうか分かるからである。プレイヤーの戦略は、ゲームの木を見た後で改めて考えよう。

　次は利得である。学生が資格を取得するにはコストがかかる。資格の勉強は大変だし、時間もとられるだろう。勉強しなければバイトなど他のことができたはずだ。専門学校に通えばお金もかかる。こういった手間・時間・お金などをひっくるめてコストと呼ぶ。資格取得にかんするコストは学生のタイプによって違うかもしれないので、$i$タイプの学生にとってのコストを$C^i$と書くことにする（Hタイプの学生なら$C^H$、Lタイプの学生なら$C^L$となる）。学生は企業に採用されると賃金（$W$）をもらえる。賃金から資格にまつわるコストを差し引いた値を学生の利得と考える。採用されない時は0の賃金をもらうと見なせば良い。

　企業は、能力の高い学生を採用するほど高い便益を得られる。$i$タイプの学生を採用すると、企業は$B^i$の便益を得られる（先ほどと同じように、Hタイプの学生を採用すれば$B^H$、Lタイプの学生なら$B^L$である）。学生を採用する際には賃金（$W$）を払う。ただし、仮に学生のタイプが分かったとしても、企業はタイプによって賃金を変えることはできない（現実的に考えて、採用した学生の賃金は同じにせざるを得ないだろう）。賃金が企業にとっての採用コストで、便益からコストを差し引い

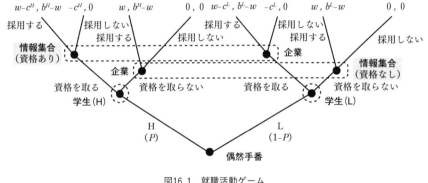

図16.1　就職活動ゲーム

た値が企業の利得である。学生を採用しなければ便益も賃金も生じないので、利得は0とする。

　採用活動ゲームとの重要な違いとして、タイプは資格を取得するためのコストと、企業にとっての便益の両方に関係すると想定する。

　就職活動ゲームは13章で学んだ情報不完備ゲームである。ゲームの木の始点は偶然手番で、学生のタイプが一定の確率分布にしたがって選ばれる。学生のタイプ、学生の行動、企業の行動によってゲームの結果が決まる。それぞれの結果でプレイヤーの利得がどうなるのかに注意しながらゲームの木を書くと、**図16.1**のようになる。

　ゲームの木はこれで特に問題ないのだが、シグナリングゲームでは**図16.2**のようなゲームの木がしばしば使われる。終点にある数値は、左側が学生の利得、右側が企業の利得を表している。木の中央にある偶然手番がゲームの始点になっていることに注意しよう。以下では図16.2のゲームの木を使うことにする。

　ではゲームの木が整ったところで、プレイヤーの戦略を確認しておこう。情報不完備ゲームでは、それぞれの情報集合における行動をあらかじめ決めておくような行動計画を戦略という。学生にとって2つの情報集合はタイプに対応しているので、学生は自分のタイプに応じて行動を選ぶことができる。つまり、2つのタイプに対して2つの行動を選べるので、2×2＝4の戦略があることになる。学生の戦略を（Hタイプの行動、Lタイプの行動）のように行動の組で表すと、学生の戦略は具体的には次の4つである。

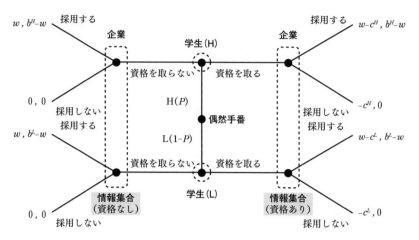

図16.2 就職活動ゲーム

（資格を取る、資格を取る）、（資格を取る、資格を取らない）、
（資格を取らない、資格を取る）、（資格を取らない、資格を取らない）

　例えば、（資格を取る、資格を取らない）という戦略は、「能力の高い学生（H）は資格を取るが、能力の低い学生（L）は資格を取らない」ことを意味し、（資格を取らない、資格を取らない）は「能力の高い学生（H）は資格を取らず、能力の低い学生（L）も資格を取らない」ことを意味する。

　次に企業の戦略を考えよう。企業にも情報集合が2つある。それぞれの情報集合は、学生の選んだ行動に対応している。つまり、企業は学生の選んだ行動に応じて自分の行動を選ぶことができる。学生の2つの行動に対して企業は2つの行動を選べるので、2×2=4の戦略があることになる。企業の戦略を（資格ありの学生に対する行動、資格なしの学生に対する行動）のように行動の組で表すと、企業の戦略は具体的には次の4つである。

（採用する、採用する）、（採用する、採用しない）、
（採用しない、採用する）、（採用しない、採用しない）

　例えば、（採用する、採用しない）という戦略は、「資格を取った学生は採用するが、資格を取らなかった学生は採用しない」ことを意味し、（採用する、採用する）は「資格を取った学生は採用し、資格を取らなかった学生も採用する」こ

とを意味する。これで就職活動ゲームのベイジアンナッシュ均衡を求める準備が整った。

## 16.2 「就職活動ゲーム」のベイジアンナッシュ均衡

予想できると思うが、就職活動ゲームのベイジアンナッシュ均衡は、コストや便益などの値によって変わってくる。そこで、まずはこれらのパラメータの値を次のように設定したケースをベンチマークとして考えることにしよう。

「就職活動ゲーム（ベンチマーク）」
- $P = 1/5$
- $B^H = 11, B^L = 1, W = 6$
- $C^H = 2, C^L = 8$

図16.2のゲームの木に、上の数値を当てはめたものが**図16.3**である。

このベンチマークは、企業がLタイプの学生を採用したくないと考えている状況だと解釈できる。Lタイプの学生は、支払われる賃金に見合った生産性を備えていないというのがその理由である（$W > B^L$）。

13章と同じように、私的情報を持っているプレイヤー（学生）を、タイプごとにあたかも別のプレイヤーと見なして利得行列を書き表そう。

学生と企業がそれぞれ4つの戦略を持っているので、利得行列は4×4である。利得行列の各セルでは、「（Hタイプの学生の利得、Lタイプの学生の利得）、企業の期待利得」というように数値を埋めていけばよい。とは言え、数値を埋めていくというこの作業はけっこう大変である。1つずつ地道に埋めていくのだが、数字を書いている内に段々混乱してくる。数値を埋めていくための確実なやり方として、学生と企業の戦略の組み合わせを1つ取り出すごとに、その戦略の組み合わせをゲームの木に実際に書き込んでみるとよい。そうすると利得を計算しやすい。

例えば〈（資格を取る、資格を取る）、（採用する、採用する）〉という戦略の組を考えてみよう。この戦略の組をゲームの木に書き込んだのが**図16.4**である。

図16.4を見ると、ゲームのプレイは、Hタイプの学生ならば右上の終点で、L

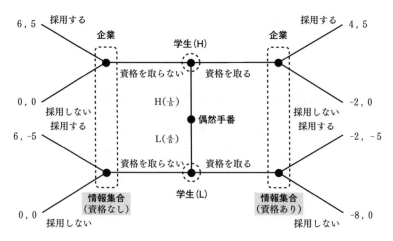

図16.3　就職活動ゲーム（ベンチマーク）

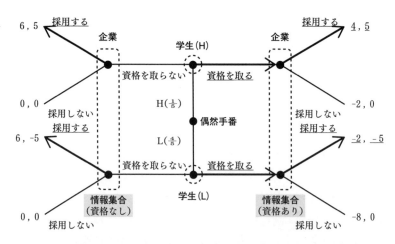

図16.4　〈（資格を取る、資格を取る）、（採用する、採用する）〉という戦略の組

タイプの学生なら右下から2番目の終点である。学生の利得はそれぞれ4と$-2$であることが分かる（実現する終点の利得に下線を引いてある）。そこで、利得行列の対応するセルに学生の利得を書き込んでおこう（**図16.5**）。とりあえず企業の期待利得は「?」としておく。

|  | | 企業 | | | |
|---|---|---|---|---|---|
| | | 採用する、採用する | 採用する、採用しない | 採用しない、採用する | 採用しない、採用しない |
| 学生 | 資格を取る、資格を取る | （4，−2），？ | | | |
| | 資格を取る、資格を取らない | | | | |
| | 資格を取らない、資格を取る | | | | |
| | 資格を取らない、資格を取らない | | | | |

図16.5 〈（資格を取る、資格を取る）、（採用する、採用する）〉という戦略の組

では、企業の期待利得はどうなるだろうか。もう一度、図16.4のゲームの木を見てほしい。偶然手番の確率を考えてみれば、1/5の確率で学生のタイプはHなので、ゲームのプレイは右上の終点に到達して5の利得が得られる。他方で4/5の確率で学生のタイプはLで、右下から2番目の終点に到達して−5の利得が得られる。ということは、企業の期待利得は1/5×5+4/5×(−5)＝−3と計算できる。図16.5で「？」としておいた企業の期待利得を−3と書きかえておいてほしい。

念のため、もう1つだけ例を見ておこう。〈（資格を取る、資格を取らない）、（採用する、採用しない）〉という戦略を考える。この戦略の組をゲームの木に書き込んだのが**図16.6**である。

図16.6を見ると、ゲームのプレイは、Hタイプの学生ならば右上の終点で、L

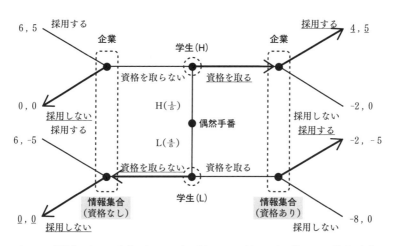

図16.6 〈（資格を取る、資格を取らない）、（採用する、採用しない）〉という戦略の組〉

タイプの学生なら左下である。学生の利得はそれぞれ 4 と 0 であることが分かる（先ほどと同じく、実現する終点の利得に下線を引いてある）。そこで、利得行列の対応するセルに学生の利得を書き込んでおこう（**図16.7**）。

|  |  | 企業 |  |  |  |
|---|---|---|---|---|---|
|  |  | 採用する、採用する | 採用する、採用しない | 採用しない、採用する | 採用しない、採用しない |
| 学生 | 資格を取る、資格を取る | (4, -2), -3 |  |  |  |
|  | 資格を取る、資格を取らない |  | (4, 0), ? |  |  |
|  | 資格を取らない、資格を取る |  |  |  |  |
|  | 資格を取らない、資格を取らない |  |  |  |  |

図16.7 〈(資格を取る、資格を取らない)、(採用する、採用しない)〉という戦略の組

続いて企業の期待利得を計算しよう。偶然手番の確率を考えてみれば、1/5 の確率で学生のタイプは H なので、ゲームのプレイは右上の終点に到達して 5 の利得が得られる。他方で 4/5 の確率で学生のタイプは L で、左下の終点に到達して 0 の利得が得られる。ということは、企業の期待利得は $1/5 \times 5 + 4/5 \times 0 = 1$ と計算できる。

このようにしてすべての戦略の組に対して（期待）利得を計算すれば、**図16.8**にあるような利得行列が完成する。

|  |  | 企業 |  |  |  |
|---|---|---|---|---|---|
|  |  | 採用する、採用する | 採用する、採用しない | 採用しない、採用する | 採用しない、採用しない |
| 学生 | 資格を取る、資格を取る | (4, -2), -3 | (4, -2), -3 | (-2, -8), 0 | (-2, -8), 0 |
|  | 資格を取る、資格を取らない | (4, 6), -3 | (4, 0), 1 | (-2, 6), -4 | (-2, 0), 0 |
|  | 資格を取らない、資格を取る | (6, -2), -3 | (0, -2), -4 | (6, -8), 1 | (0, -8), 0 |
|  | 資格を取らない、資格を取らない | (6, 6), -3 | (0, 0), 0 | (6, 6), -3 | (0, 0), 0 |

図16.8 就職活動ゲーム（ベンチマーク）（戦略形）

ベイジアンナッシュ均衡を求めるために、最適応答戦略に対応する利得に下線を引いていく。学生については、タイプごとに最適応答戦略を考えることを忘れないようにしよう。すると、ベイジアンナッシュ均衡は 2 つあることが分かる。

- 〈(資格を取る、資格を取らない)、(採用する、採用しない)〉
- 〈(資格を取らない、資格を取らない)、(採用しない、採用しない)〉

まずは 1 つ目の均衡の内容を確認しておこう。この均衡では、H タイプの学

生は資格を取るが、Lタイプの学生は資格を取らない。その一方で、企業は、資格を持つ学生は採用するが、資格を持たない学生は採用しない。この均衡のように、違うタイプの学生が違う行動を選ぶような均衡を**分離均衡**という。文字通り、タイプによって行動が分離しているからである。<u>私的情報を持つ側のプレイヤーである学生の行動に着目している</u>のであって、企業の行動に着目しているわけではない点に注意しよう。

この分離均衡では、就職活動において資格が大きな役割を果たしている。思い出してほしいのは、今考えているベンチマークでは、企業がLタイプの学生を採用したくないということである。その場合、Hタイプの学生の立場からすると、自分がLタイプではないことをきっちりとアピールしたいところだ。そして、資格を取るという行動によってその目的を見事に達成できているのである。では、なぜLタイプの学生も資格を取ることで「アピール」しないのだろうか？　その理由は、Lタイプの学生にとって、資格を取るのはもの凄く大変だからである。資格を取れば採用されるとしても、Lタイプの学生はそのことにメリットを感じない。

学生がタイプによって違った行動を取るおかげで、企業は資格の有無に応じて採用の可否を決めることができる。結果として、Hタイプの学生だけを採用したいという目的を果たせる。資格が就職活動（そして企業にとっての採用活動）に役立つと解釈できる理由はここにある。

2つ目の均衡についても内容を確認しておこう。この均衡では、どちらのタイプの学生も資格を取らず、学生が資格を取ったかどうかにかかわらず、企業は学生を採用しない。このように、どのタイプも同じ行動を選ぶような均衡を**一括均衡**という。

この一括均衡では、資格は何ら役割を果たしていない。均衡の背後には、次のようなストーリーを考えることができそうだ。「学生の能力を見分けるために、資格なんて役に立つはずがない」企業の人事担当者がそう思い込んでいるとしよう。思い込みの原因は何でもよい。ひょっとしたら、この人は単に資格が嫌いなのかもしれない。いずれにせよ、このような企業は、学生のタイプが分からないという前提のうえで、学生を採用するかどうかを期待利得によって判断するだろう。先ほど計算したように、学生を採用した場合の期待利得は $-3$ であり、採用しない場合の $0$ よりも低い。よって、企業は採用しないという選択をする。

企業の行動を正しく理解している学生は資格を取らない。わざわざ手間暇やお金をかけて資格を取っても採用されないのであるから、当然のことである。ここでは、均衡として、企業側の「思い込み」が予言成就的になっていることに注意しよう。実際にHタイプの学生も資格を取らず、タイプを判別するうえで資格は役に立っていない。

　このように2つ以上の均衡が存在する場合に、どちらが実現するのかをゲーム理論の中で判断することは難しい（複数均衡について説明した6章を思い出してほしい）。それでも、1つ目の分離均衡が存在するということは、就職するために資格が役に立つ――少なくとも、そのようなことがあり得るのだということを意味している。

　ただし当然のことながら、この結果は、187ページで設定した数値のもとで、ということである。数値が変われば結果は変わり得る。数値を変えるというのは、考えている状況の想定を変えることと同じである。そこで、以下では3つの異なる想定を考えてみたい。

①能力の高い学生の割合が増える（平均的に見て学生の能力が高い）。このケースは、学生がHタイプである確率$P$が高いという状況である。
②資格を取るのが誰にとっても簡単になる（合格率の高い資格を取る）。このケースは、Lタイプの学生にとっての資格取得コスト$C^L$が低いという状況である。
③学生の能力が全体的に底上げされる。このケースは、Lタイプの学生が企業にもたらす便益$B^L$が高いという状況である。

では、それぞれのケースを順番に見ていこう。

「ケース①」

　まず、学生がHタイプである確率$P$が高くなった状況を考えよう。ここでは、ベンチマークの$P=1/5$を$P=3/5$に変えてみる。ケース①のゲームの木を表したのが**図16.9**である。

　先ほどと同じく、利得行列を完成させてからベイジアンナッシュ均衡を見つけよう。事前確率（$P$）は企業の期待利得を計算するためにしか使わないので、学生の利得はベンチマークと同じである。その点に注意すると**図16.10**のような利

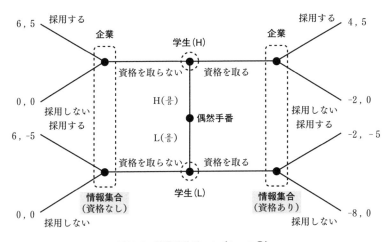

図16.9 就職活動ゲーム(ケース①)

得行列を書くことができる。図16.10には最適応答戦略に対応した利得に下線を引いてある。

|  | 企業 | | | |
|---|---|---|---|---|
|  | 採用する、採用する | 採用する、採用しない | 採用しない、採用する | 採用しない、採用しない |
| 学生 資格を取る、資格を取る | (<u>4</u>,-2), <u>1</u> | (<u>4</u>,-2), <u>1</u> | (-2,-8), 0 | (-2,-8), 0 |
| 資格を取る、資格を取らない | (4,<u>6</u>), 1 | (<u>4</u>,<u>0</u>), <u>3</u> | (-2,<u>6</u>),-2 | (-2,<u>0</u>), 0 |
| 資格を取らない、資格を取る | (<u>6</u>,-2), 1 | (0,-2),-2 | (<u>6</u>,-8), <u>3</u> | (<u>0</u>,-8), 0 |
| 資格を取らない、資格を取らない | (<u>6</u>,<u>6</u>), <u>1</u> | (0,<u>0</u>), 0 | (<u>6</u>,<u>6</u>), <u>1</u> | (<u>0</u>,<u>0</u>), 0 |

図16.10 就職活動ゲーム(ケース①)

ベイジアンナッシュ均衡は3つある。1つ目はベンチマークと同じ〈(資格を取る、資格を取らない)、(採用する、採用しない)〉という分離均衡である。この分離均衡が存在するので、ベンチマークと同じくケース①の状況でも就職活動に資格が役に立ち得るのだと言える。

あとの2つは一括均衡である。1つ目の一括均衡は、〈(資格を取らない、資格を取らない)、(採用する、採用する)〉という戦略の組である。この一括均衡ではどちらのタイプの学生も資格を取らないので、資格は就職活動で役に立っていない。この結果はベンチマークの一括均衡と同じだが、均衡の背後に考えられるストーリーは違う。先ほどと同じく、企業の人事担当者が「資格など役に立たん」と考えているのだが、今度は、企業は期待値の意味で学生を採用したほうが

第16章 シグナリングゲーム 193

良いと考えている。やみくもに採用しても、今度はHタイプの学生に当たる可能性が高いからである。その結果として、企業は資格の情報を無視して、とりあえず学生を採用しようと考える。そのことを理解している学生は、やはり、資格をわざわざ取ろうとはしない。どのみち採用されるので、資格を取るのは無駄以外の何物でもないからだ。

　もう1つの一括均衡は、⟨(資格を取らない、資格を取らない)、(採用しない、採用する)⟩である。ゲームの木で確認してもらえれば分かるように、この一括均衡でも、ゲームのプレイは同じである。つまり、どちらの学生も資格は取らず、それでいて企業に採用される。しかし、この一括均衡の背後にあるストーリーをうまく説明するのは難しい。「資格を取った学生をあえて採用しない」ことをうまく説明できないからだ。

　実は、この2番目の一括均衡はあまり説得力のない均衡なのである。あれ、どこかで聞いた話だな？と思った読者はとても鋭い。展開形ゲームでは、予測の精度という観点からナッシュ均衡には問題があるので部分ゲーム完全均衡を求める、という話をした (9.5節)。情報不完備ゲームは展開形ゲームの一種なので、それと同じことが言えるのである。次節でその話をしよう。

　ケース①には均衡が3つあるが、実際に起きやすいのがどの均衡なのかについては何とも言えない。ただし、Hタイプの学生に限って言えばどの均衡でも採用され、なおかつ一括均衡では就職するために資格が必要ではない。これらの点に注目すると、平均的に見て学生の能力が高い時には、資格の有用性が下がるのだと解釈できるかもしれない。

「ケース②」

　次に、Lタイプの学生にとっての資格取得コスト $C^L$ が低くなった状況を考えよう。ここでは、ベンチマークの $C^L = 8$ を $C^L = 5$ に変えてみる。ケース②のゲームの木を表したのが図16.11である。

　ベイジアンナッシュ均衡を求めるために利得行列を完成させよう。ベンチマークとの違いは、「資格を取る」を選んだ時のLタイプの学生の利得だけである。その点に注意すれば、図16.12のように利得行列を書き表すことができる。図16.12の利得行列には、最適応答戦略に対応した利得に下線を引いてある。

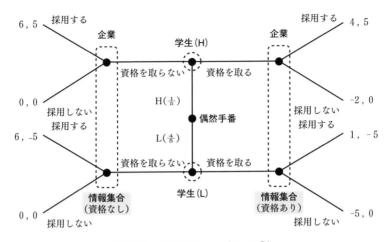

図16.11　就職活動ゲーム（ケース②）

企業

|  | 採用する、採用する | 採用する、採用しない | 採用しない、採用する | 採用しない、採用しない |
|---|---|---|---|---|
| 資格を取る、資格を取る | (4, <u>1</u>), -3 | (<u>4</u>, <u>1</u>), -3 | (-2, -5), <u>0</u> | (-2, -5), <u>0</u> |
| 資格を取る、資格を取らない | (4, <u>6</u>), -3 | (<u>4</u>, 0), <u>1</u> | (-2, <u>6</u>), -4 | (-2, <u>0</u>), 0 |
| 資格を取らない、資格を取る | (<u>6</u>, 1), -3 | (0, <u>1</u>), -4 | (<u>6</u>, -5), <u>1</u> | (<u>0</u>, -5), 0 |
| 資格を取らない、資格を取らない | (<u>6</u>, <u>6</u>), -3 | (0, 0), <u>0</u> | (<u>6</u>, <u>6</u>), -3 | (<u>0</u>, <u>0</u>), <u>0</u> |

学生

図16.12　就職活動ゲーム（ケース②）

　ベイジアンナッシュ均衡は〈（資格を取らない、資格を取らない）、（採用しない、採用しない）〉という一括均衡だけである。つまり、ケース②では資格が役に立つ余地はない。この結果はベンチマークとの大きな違いである。なぜこのような結果になるのだろう？　資格が役立つような分離均衡では、Hタイプが自分の能力をアピールするために資格を取っていたのだった。そこでのポイントは、資格を取るためにかかるコストがLタイプにとっては高すぎたという点である。ところが、ケース②では資格を取るためのコストが低いので、Lタイプも資格を取ることで「アピール」できる。言いかえると、Lタイプは資格を取ることで、自分があたかもHタイプであるかのように振る舞うことが可能なのである。そうであれば、企業にとって資格でタイプを判断するのは危険だということになる。資格を持っているからといってHタイプとは限らないからだ。これが、ケース②で分離均衡が存在しない理由である。

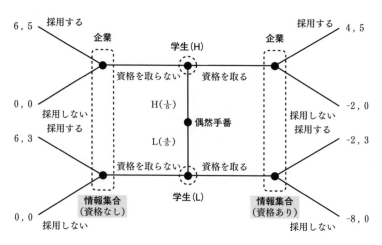

図16.13 就職活動ゲーム（ケース③）

ベンチマークとケース②の違いは、現実の状況をとてもうまく説明しているのではないだろうか。つまり、誰でも簡単に取れるような資格は就活に役立たないのである。そのような資格をたくさん取ったところで、履歴書の空白を埋めること以上の役に立つわけではない。

「ケース③」

最後に、Lタイプの学生が企業にもたらす便益 $B^L$ が高くなった状況を考えよう。ここでは、ベンチマークの $B^L=1$ を $B^L=9$ に変えてみる。ケース③のゲームの木を表したのが**図16.13**である。

ベンチマークとの違いは企業の期待利得だけなので、利得行列は**図16.14**のよ

|  |  | 企業 | | | |
|---|---|---|---|---|---|
|  |  | 採用する、採用する | 採用する、採用しない | 採用しない、採用する | 採用しない、採用しない |
| 学生 | 資格を取る、資格を取る | ($\underline{4}$, -2), $\frac{17}{5}$ | ($\underline{4}$, -2), $\frac{17}{5}$ | (-2, -8), 0 | (-2, -8), 0 |
|  | 資格を取る、資格を取らない | ($\underline{4}$, $\underline{6}$), $\frac{17}{5}$ | ($\underline{4}$, $\underline{0}$), 1 | (-2, $\underline{6}$), $\frac{12}{5}$ | (-2, $\underline{0}$), 0 |
|  | 資格を取らない、資格を取る | ($\underline{6}$, -2), $\frac{17}{5}$ | (0, -2), $\frac{12}{5}$ | ($\underline{6}$, -8), 1 | ($\underline{0}$, -8), 0 |
|  | 資格を取らない、資格を取らない | ($\underline{6}$, $\underline{6}$), $\frac{17}{5}$ | (0, $\underline{0}$), 0 | ($\underline{6}$, $\underline{6}$), $\frac{17}{5}$ | ($\underline{0}$, $\underline{0}$), 0 |

図16.14 就職活動ゲーム（ケース③）

うに書き表せる。図16.14の利得行列には、最適応答戦略に対応した利得に下線を引いてある。

　ベイジアンナッシュ均衡は２つであり、そのどちらも一括均衡である。さらに言うと、これらの一括均衡はケース①のものと同じである。ベンチマークでは存在していた分離均衡が消え去ってしまったので、ケース③には資格が役に立つ余地はない。

　１つ目の一括均衡〈(資格を取らない、資格を取らない)、(採用する、採用する)〉が存在する理由は、ケース①の場合と似ている。学生がＨタイプである確率が上がれば、企業にとって、学生を採用することの期待利得も高まる。これが、ケース①において企業が学生を採用した理由だった。ケース③はベンチマークと比べてＬタイプの生産性が高いので、やはり、企業にとって、学生を採用することの期待利得が高い。そのため、資格の有無にかかわらず学生を採用するのである。もう１つの一括均衡〈(資格を取らない、資格を取らない)、(採用しない、採用する)〉をうまく解釈できない点もケース①と同じである。

　ベンチマークに加えて３つのケースを分析して分かったことは、就職活動で資格が役に立つためには次の３点が重要そうだということである。

(1) Ｈタイプである事前確率があまり高くないこと（ベンチマークとケース①の比較）

(2) ＨタイプとＬタイプで資格を取るためのコストにある程度の差があること（ベンチマークとケース②の比較）

(3) ＨタイプとＬタイプで生産性にある程度の差があること（ベンチマークとケース③の比較）

　特に、上の(2)(3)は、資格を取るためのコストと生産性が負の相関を持つということを意味している。実は、シグナリングゲームで分離均衡が存在するためにはこの条件が決定的に重要なのである。資格を取るためのコストが低くて済む学生は高い能力を持つからこそ、資格を取ったことが能力のシグナルになる（この能力は企業にとっての便益と結びついている）。もし、資格を取るためのコストと能力が無関係ならば、資格が学生の能力について示せることなど何もないだろう。この関係をぜひ覚えておいてほしい。

## 16.3 完全ベイジアン均衡

2つの一括均衡があったケース①とケース③をもう一度思い出そう。2つ目の一括均衡は、感覚的にうまく説明できなかった。このような均衡では、背後にあるロジックが少しおかしい可能性がある。具体的には、企業が行動を選ぶ時点で学生のタイプをどう見積もっているのか——**信念**に問題があるのかもしれない。そこで、ベイジアンゲームでは、プレイヤーの戦略と信念をセットにして**完全ベイジアン均衡**を求めることも多い。

信念が問題になるのは、複数の点が含まれる情報集合で行動を選ぶプレイヤーについてである。就職活動ゲームでは企業がこれに当てはまる。それぞれの意思決定点にどういった確率でプレイがたどり着いているのかについて、プレイヤーが考える確率（分布）が信念である。ただし、やみくもに確率を割り振ればよいというわけではなく、プレイヤーが合理的に抱く確率を考える必要がある。具体的に言うと、信念を考える時には次の2つのルールを守らなければならない。

- 正の確率でプレイが到達する情報集合では、**ベイズの法則**にもとづいて信念を計算する。
- プレイが到達しない情報集合では、どのような信念を想定してもよい。

まず、分離均衡における企業の信念がどのようなものになるのかを考えてみよう。例として、学生が（資格を取る、資格を取らない）という戦略を選ぶとする。この状況を**図16.15**のゲームの木に示した（企業が選んだ戦略、利得は省略してある）。企業の情報集合に含まれる各点にaからdのラベルを付けてある。

右側の情報集合（資格あり）を見てほしい。この中には2つの意思決定点（点a, b）がある。点aに至るための経路はこうである。

偶然手番が「H」を選ぶ（確率 $P$）。

↓

Hタイプの学生が「資格を取る」を選ぶ（確率1）。

Hタイプの学生が確率1で「資格を取る」を選ぶというのは、（資格を取る、資格を取らない）という戦略において、Hタイプの学生が選ぶ行動は「資格を取る」であるということを言いかえたに過ぎない。つまり、点aへの事前の（ゲームの始点から見た）到達確率は $P \times 1 = P$ と計算できる。

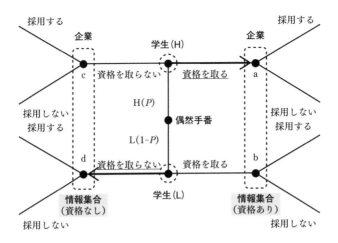

図16.15　分離均衡におけるプレイの一部

　同じように、点 b への事前の到達確率を計算しよう。点 b に至るための経路はこうである。

偶然手番が「L」を選ぶ（確率 $1-P$）。<br>
↓<br>
L タイプの学生が「資格を取る」を選ぶ（確率 $0$）。

　L タイプの学生が確率 $0$ で「資格を取る」を選ぶというのは、（資格を取る、資格を取らない）という戦略において、L タイプの学生が「資格を取る」という行動を選ばないことを言いかえたに過ぎない。つまり、点 b への事前の到達確率は $(1-P)\times 0 = 0$ と計算できる。

　これらの**事前確率**から信念を計算することができる。右側の情報集合は正の確率でプレイがたどり着くので、ベイズの法則にもとづいて信念を計算する。情報集合にプレイがたどり着いたことを条件とすると、点 a が実現する条件付き確率 $g_a$ はこのように計算できる。

$$g_a = \frac{P\times 1}{P\times 1 + (1-P)\times 0} = 1$$

　同じく、点 b が実現する条件付き確率 $g_b$ はこのように計算できる。

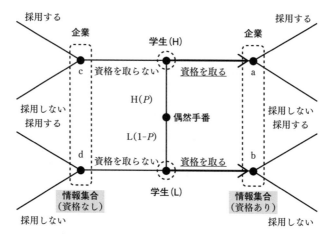

図16.16 一括均衡におけるプレイの一部

$$g_b = \frac{(1-P)\times 0}{P\times 1+(1-P)\times 0} = 0$$

　つまり、右側の情報集合（資格あり）における信念は $(g_a, g_b)=(1,0)$ である。この信念を言葉に書き直せば、「Hタイプの学生だけが『資格を取る』ので、資格を持っている学生は必ずHタイプのはずだ」となる。情報集合に含まれる点が実現する条件付き確率を合計すると1になることに注意しておこう。

　同じように左側の情報集合（資格なし）における信念を計算すると、$(g_c, g_d)=(0,1)$ となる。言葉で書き直すと「Lタイプの学生だけが『資格を取らない』ので、資格を持っていない学生は必ずLタイプのはずだ」となる。つまり分離均衡では、均衡経路上でどの点が実現しているのかが企業に分かるという特徴がある。

　次に、一括均衡における企業の信念がどのようなものになるのかを考えてみよう。例として、学生が（資格を取る、資格を取る）という戦略を選ぶとする。この状況を図16.16のゲームの木に示した（先ほどと同じく企業が選んだ戦略、利得は省略してある）。

　図16.16の右側の情報集合（資格あり）の中には2つの意思決定点（点a, b）がある。点aに至るための経路はこうである。

偶然手番が「H」を選ぶ（確率 $P$）。
↓
Hタイプの学生が「資格を取る」を選ぶ（確率1）。

つまり、点 a への事前の到達確率は $P \times 1 = P$ と計算できる。また、点 b に至るための経路はこうである。

偶然手番が「L」を選ぶ（確率 $1-P$）。
↓
Lタイプの学生が「資格を取る」を選ぶ（確率1）。

つまり、点 b への事前の到達確率は $(1-P) \times 1 = 1-P$ と計算できる。右側の情報集合（資格あり）は正の確率でプレイがたどり着くので、ベイズの法則にもとづいて信念を計算する。情報集合にプレイがたどり着いたことを条件とすると、点 a, b が実現する条件付き確率 $g_a, g_b$ はこのように計算できる。

$$g_a = \frac{P \times 1}{P \times 1 + (1-P) \times 1} = P$$

$$g_b = \frac{(1-P) \times 1}{P \times 1 + (1-P) \times 1} = 1-P$$

つまり、右側の情報集合（資格あり）における信念は $(g_a, g_b) = (P, 1-P)$ である。この信念は偶然手番がタイプを選ぶ事前確率とまったく同じであることに注意しよう。言いかえると、資格を取るという学生の行動が分かったからといって、企業はそこからタイプにかんする情報を何も引き出せないのである。学生の行動によって信念がまったく改訂されないというのが一括均衡の特徴だと言える。

次に、左側の情報集合（資格なし）における信念を考えよう。これまでに見てきたケースとは違い、この情報集合ではベイズの法則を使って条件付き確率を計算することができない。なぜなら、式の分母が 0 になってしまうからである。このような情報集合では、$g_c + g_d = 1$ となる $(g_c, g_d)$ であればどのような信念を考えてもよい（これを**均衡経路外の信念**という）。先ほど挙げた2つのルールの2番目に該当する。実際に完全ベイジアン均衡を求める時には、どのような均衡経路外の

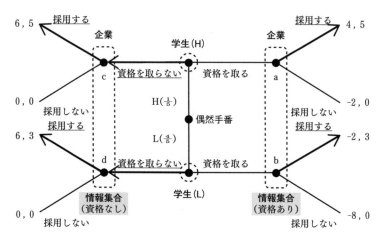

図16.17 ケース③の一括均衡(1)

信念を考えれば均衡として成り立つのか、あるいはどんな信念を考えても均衡にならないのか、そのあたりの見極めが重要になってくる。

### ケース③の完全ベイジアン均衡

改めてケース③について完全ベイジアン均衡を考える（ケース①でも同じように考えることはできるが、ここでは分離均衡がなかったケース③を取り上げる）。完全ベイジアン均衡を戦略の組と信念のセットとしてこう書こう。

〈(Hタイプの行動、Lタイプの行動)、
(資格ありの学生に対する行動、資格なしの学生に対する行動)；
学生が「資格を取る」を選んだ後の情報集合における信念、
学生が「資格を取らない」を選んだ後の情報集合における信念〉

完全ベイジアン均衡はベイジアンナッシュ均衡を材料にして、それらの戦略の組と矛盾しない信念の組を作れるかどうかがキーポイントである。

まず、〈(資格を取らない、資格を取らない)、(採用する、採用する)〉という戦略の組について信念を作ってみよう。戦略の組を**図16.17**に示した。

順番が後先になってしまうが、学生が「資格を取らない」を選んだ後の情報集合における信念を先に考える。図中の左側の情報集合（資格なし）である。先ほどの計算から、$P = 1/5$ を代入すれば均衡上のプレイが到達する情報集合におけ

る一括均衡の信念は $(g_c, g_d) = (1/5, 4/5)$ であると分かる。この信念が事前確率と一致することに注意しよう。信念が決まったら、この信念を持つ企業にとって、実際に「採用する」を選ぶことが最適な行動になっているのかどうかを確認しなければならない。企業の期待利得を計算しよう。

「採用する」を選ぶと、確率1/5で点cにいるので利得5を得られ、確率4/5で点dにいるので利得3が得られる。つまり、期待利得はこう計算できる。

$$\text{「採用する」を選んだ時の期待利得} = \frac{1}{5} \times 5 + \frac{4}{5} \times 3 = \frac{17}{5}$$

同じように、「採用しない」を選ぶと、確率1/5で点cにいるので利得0を得られ、確率4/5で点dにいるので利得0が得られる。つまり、期待利得はこう計算できる。

$$\text{「採用しない」を選んだ時の期待利得} = \frac{1}{5} \times 0 + \frac{4}{5} \times 0 = 0$$

よって、企業の最適応答は「採用する」という行動である。

次に、学生が「資格を取る」を選んだ後の情報集合における信念を考える。図中の右側の情報集合（資格あり）である。この情報集合には均衡プレイがたどり着かないので、信念は何でもよい。そこで $(g_a, g_b) = (g, 1-g)$ と書くことにしよう（ただし $0 \leqq g \leqq 1$）。この信念を前提とすると、企業の期待利得はそれぞれこう計算できる。

$$\text{「採用する」を選んだ時の期待利得} = g \times 5 + (1-g) \times 3 = 3 + 2g$$
$$\text{「採用しない」を選んだ時の期待利得} = g \times 0 + (1-g) \times 0 = 0$$

$0 \leqq g \leqq 1$ なので、必ず $3 + 2g > 0$ である。つまり、どんな信念を持っていたとしても、企業にとっては「採用する」が最適な行動となる。

つまり、〈(資格を取らない、資格を取らない)、(採用する、採用する)〉は完全ベイジアン均衡と矛盾しない戦略の組だということになる。具体的には、完全ベイジアン均衡はこのように書き表せる。

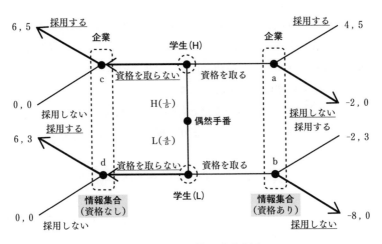

図16.18 ケース③の一括均衡(2)

〈(資格を取らない、資格を取らない)、(採用する、採用する)；
$(g_a, g_b) = (g, 1-g), 0 \leq g \leq 1, (g_c, g_d) = (1/5, 4/5)$〉

次に、〈(資格を取らない、資格を取らない)、(採用しない、採用する)〉という戦略の組について信念を作ってみよう。戦略の組を図16.18に示した。

先ほどの戦略の組との違いは、学生が「資格を取る」を選んだ後の情報集合における企業の行動だけである。すでに確認したように、図中の右側の情報集合（資格あり）には均衡プレイがたどり着かないので、信念は何でもよい。そこで$(g_a, g_b) = (g, 1-g)$と書くことにし、企業の期待利得を計算すると、どのような$g$（$0 \leq g \leq 1$）に対しても「採用する」が企業にとって最適な行動となる。これも先ほど確認した通りである。

つまり、〈(資格を取らない、資格を取らない)、(採用しない、採用する)〉という戦略の組は完全ベイジアン均衡にはなり得ないことが分かった。どんな信念を考えたとしても、図中の右側の情報集合（資格あり）において、企業が最適な行動として「採用しない」を選ぶことを正当化できないからである。やはり、この戦略の組については、背後にあるロジックが少しおかしいのだと言える。

● 章末問題

問題16.1 不動産業界に就職したいと考えている学生がいる。どのような資格を取って

おけば、この学生の就職活動に役に立つだろうか？　シグナリング理論の観点から考えなさい。また、シグナリング理論を用いるにあたってどのような前提が必要かについても説明しなさい。

**問題16.2**　情報の非対称性がある状況を取り上げて、シグナルとして使えそうなものを考えなさい。

**問題16.3**　本文で説明したベンチマークの〈(資格を取らない、資格を取らない)、(採用しない、採用しない)〉という一括均衡について考えよう。この戦略の組は適切な信念とセットで完全ベイジアン均衡となる。企業の2つの情報集合について、どのような信念であれば完全ベイジアン均衡を構成することができるのかを考えなさい。

# 章末問題の答えと考え方のヒント

## 第 1 章

**問題1.1**
- プレイヤー:「私」「あなた」の 2 人。
- 戦略:それぞれ「グー」「チョキ」「パー」の 3 つ。
- 利得:勝てば 2、あいこならば 1、負けなら 0。

プレイヤーと戦略については特に問題はないだろう。利得をどう考えればよいのかについてだけ説明しておこう。ジャンケンの結果は 3 通りある。それぞれの結果に対してプレイヤーにとって望ましいのは、勝ち→あいこ→負けの順番だろう。そこで、勝てば 2、あいこならば 1、負けなら 0 という利得とする。ここでは大小関係だけが重要であることに注意しよう。

**問題1.2**

本文で書いたように、2 人以上の人が集まってお互いに何かしらの影響を与える場は、そのほとんどをゲームとして定式化することができる。とにかく練習だと思って、片っ端からゲームの 3 要素を考えてゲームとして定式化してみよう。恐らくその中で少し迷うのは利得だろう。利得を考えるには、ゲームの結果を明らかにしたうえで、プレイヤーにとって望ましい順番を考える必要があるからだ(問題1.1のヒントも参照)。

例えば2017年10月に行われた衆院選をゲームと見て 3 つの要素を考えてみよう。まず、自民党、公明党、立憲民主党、希望の党などの各政党をプレイヤーと考えることもできるし、個々の選挙候補者をプレイヤーと考えることもできる。彼らの戦略は選挙公約(マニフェスト)だと考えることもできるし、あるいは「ツイッターを駆使してアピールする」などのメディア対策を戦略と見ることもできるだろう。そして、利得についても、プレイヤーが政党ならば議席数を利得と考えるのが 1 つの自然な見方だが、個々の候補者にとっては当選するか落選するかに応じて利得が決まるだろう(例えば当選すれば 1、落選すれば 0)。ひと口に衆院選と言っても、どこに焦点を当てるかによって 3 つの要素の中身は変わってくることに注意が必要である。

# 第 2 章

**問題2.1**

このゲームは「私」以外の人を「他の人たち」とひとまとめにしてプレイヤーと見なしている点に注意しよう。そうすることによって状況をあたかも2人ゲームのように考えているわけである。

さて、プレイヤーである「私」と「他の人たち」はそれぞれ2つの戦略を持っているので、2×2の利得行列が書ける。問題文に示されている利得を書き入れれば車選びゲームの利得行列が完成する（図2.5）。どちらの数値が誰の利得なのか混乱しないように気をつけよう。

|  |  | 他の人たち | |
|---|---|---|---|
|  |  | 次世代自動車 | 従来車 |
| 私 | 次世代自動車 | 2, 2 | 0, 1 |
|  | 従来車 | 1, 0 | 1, 1 |

図2.5 車選びゲーム

問題では文中で利得を示したが、実際には利得をどう決めるかが利得行列を書く時のポイントになる。プレイヤーの価値観などはすべて利得に現れてくるからだ。問題文に示した利得がストーリーをうまく表しているかどうか、ぜひ読者の皆さんで考えてみてほしい。

**問題2.2**

問題2.1と同じように2×2の利得行列で書き表すことができる（図2.6）。

|  |  | コカ・コーラ | |
|---|---|---|---|
|  |  | 過激なCM | 爽やかなCM |
| ペプシ | 過激なCM | 0, 0 | 3, 1 |
|  | 爽やかなCM | 1, 3 | 2, 2 |

図2.6 コーラ戦争

**問題2.3**

これも問題2.1と同じように2×2の利得行列で書き表すことができる（図2.7）。

|  | | プレイヤー2 | |
|---|---|---|---|
|  | | 赤 | 黒 |
| プレイヤー1 | 赤 | -1 , 1 | 1 , -1 |
|  | 黒 | 1 , -1 | -1 , 1 |

図2.7 色当てゲーム

　本文中には勝ち負けの利得をそれぞれ1, −1としたが、もちろん1, 0とか2, 1とかでも構わない。基本的に、利得の数値は大小関係が重要だからである。ただし、実はこのゲームを分析する時には大小関係だけでなく絶対値が重要性を持つ場合もある。そのような場合については7章で説明する。

**問題2.4**

　プレイヤーや戦略はすぐに思いつくのだが、利得を考えるのが難しいだろう。細かいところまでストーリーを練っておくのがポイントである。それでも、問題2.1の解答で書いたように、ストーリーにうまく合うような利得を考えるのはけっこう難しい。自分で手を動かしながら考えることが上達への近道である。

# 第3章

**問題3.1**

　ジャンケンの利得行列を書いてみて、それを眺めながら戦略の間に支配関係があるかをじっくり考えてみてもよいだろう。しかし、そんなことをしなくてもジャンケンに支配される戦略がないことは分かる。

　仮に「グー」が「パー」に支配されているとしよう。これは、対戦相手がどんな手を出してきたとしても、常に「グー」は「パー」よりも劣った手だということである。しかし、明らかにそんなことはない。支配される戦略は誰も使わないはずなので、もしそうだったら今ごろジャンケンからは「グー」が消えてしまっていたことだろう。

**問題3.2**

　「期末試験ゲーム②」の利得行列を見てみると、教員に支配される戦略があることが分かる。ただし、今までのケースと違って少し注意してもらいたいのは、「難しい試験」と「レポート」の2つの戦略が「易しい試験」に支配されている点である。そのため、この2つの戦略を削除することで、ゲームを一気に2×1の利得行列に落とし込むことができる（**図3.13**）。

|  | 教員 | | |
|---|---|---|---|
|  | 難しい試験 | 易しい試験 | レポート |
| 学生　勉強する | 3, 1 | 1, 3 | 4, -1 |
| 　　　勉強しない | 0, 0 | 2, 2 | 0, -2 |

図3.13　期末試験ゲーム②（1段階消去）

　この後の手順は、学生にとって「勉強しない」に支配されている「勉強する」を削除すればお終いである。ゲームの解は（勉強しない、易しい試験）となる。

## 問題3.3

逐次消去の手順だけ示そう。まず図3.10のゲームでは次の順番で戦略を消去できる。
- プレイヤー1の戦略「X」を消去（「Z」に支配されている）。
- プレイヤー2の戦略「C」を消去（「B」に支配されている）。
- プレイヤー1の戦略「Y」を消去（「Z」に支配されている）。
- プレイヤー2の戦略「B」を消去（「A」に支配されている）。

よって、ゲームの解は (Z, A)。

次に、図3.11のゲームでは次の順番で戦略を消去できる。
- プレイヤー1の戦略「Z」を消去（「X」に支配されている）。
- プレイヤー2の戦略「D」を消去（「B」に支配されている）。
- プレイヤー1の戦略「Y」を消去（「X」に支配されている）。
- プレイヤー2の戦略「C」を消去（「A」に支配されている）。
- プレイヤー1の戦略「W」を消去（「X」に支配されている）。
- プレイヤー2の戦略「A」を消去（「B」に支配されている）。

よって、ゲームの解は (X, B)。

## 問題3.4

まずプレイヤー2の戦略「B」を消去し（「A」によって支配されている）、次にプレイヤー1の戦略「Y」を消去する（「X」によって支配されている）。すると、このゲームではもう戦略を消去することができない。そのため、ゲームの解は (X, A)、(X, C)、(Z, A)、(Z, C) の4つ。

# 第4章

## 問題4.1

絶対評価の授業では、単位が取れるかどうかにとって重要なのは自分の選択だけであ

る。その点に注意しながら学生の利得を計算しておこう。まず、「勉強する」を選ぶと単位が取れるのだが、その場合の利得は $2-1=1$ と計算できる。単位が取れることの便益である 2 と、勉強することの費用 1 を差し引いたのである。次に、「勉強しない」を選ぶと単位が取れないのだが、その場合の利得は $0-0=0$ と計算できる。このようにして計算した利得を使うと、利得行列は図4.7のように書き表すことができる。

|  |  | 学生 2 | |
|---|---|---|---|
|  |  | 勉強する | 勉強しない |
| 学生 1 | 勉強する | 1,1 | 1,0 |
|  | 勉強しない | 0,1 | 0,0 |

図4.7　絶対評価の試験

　学生 2 の「勉強する」「勉強しない」に対する学生 1 の最適応答戦略はどちらも「勉強する」である。また、学生 1 の「勉強する」「勉強しない」に対する学生 2 の最適応答戦略はどちらも「勉強する」である。つまり、ナッシュ均衡は（勉強する、勉強する）となる。

　ところでこの利得行列を見ると、そもそも「勉強しない」は「勉強する」に支配されていることが分かる。ここでは支配される戦略を消去していっても同じ解にたどり着く。

　絶対評価と対になる評価基準としては相対評価がある。相対評価については 6 章の練習問題を見てほしい（なぜ 6 章に載せたのかの理由もそこで分かる）。

## 問題4.2

　まず、図4.5の戦略形ゲームについて、それぞれのプレイヤーの最適応答戦略を考えてみよう。

- プレイヤー 2 の戦略「L」「C」「R」に対するプレイヤー 1 の最適応答戦略はそれぞれ「U」「D」「D」である。
- プレイヤー 1 の戦略「U」「D」に対するプレイヤー 2 の最適応答戦略はそれぞれ「R」「C」である。

　最適応答戦略に対応する利得に下線を引いてみれば、(D, C) がナッシュ均衡だと分かる。

　次に、図4.6の戦略形ゲームについて、それぞれのプレイヤーの最適応答戦略を考えてみよう。

- プレイヤー 2 の戦略「A」「B」「C」に対するプレイヤー 1 の最適応答戦略はそれぞれ「Y」「Z」「X」である。
- プレイヤー 1 の戦略「X」「Y」「Z」に対するプレイヤー 2 の最適応答戦略はそれ

ぞれ「B」「A」「A」である。

最適応答戦略に対応する利得に下線を引いてみれば、(Y, A) がナッシュ均衡だと分かる。

# 第 5 章

## 問題5.1

エディの挙げたそれぞれの現象は純粋に 2 人のプレイヤーによる囚人のジレンマもあれば、もっとたくさんの人たちによる社会的ジレンマもある。社会的ジレンマでも、例えばプレイヤーを「私」「他の人たち」とすれば 2 人ゲームと見なして囚人のジレンマを考えることができる。

考え方のスタートラインとして、まずは戦略を 2 つ書き出してみよう。例えば食料品の買いだめならば「大量に買う」「適度に買う」、銀行の取り付け騒ぎならば「預金をすべて引き出す」「お金を預けておく」のように戦略を表せるだろう。そのうえで、プレイヤーはそれぞれどの結果を望ましいと思っているのか、最高から最悪まで順に並べてみる。それを利得行列で書き表してみて、5.2節で説明した 2 つのポイントが正しく示されていればよい。

## 問題5.2

授業でこの課題を出してみると色々と面白いストーリーがたくさん集まるので楽しい。ただし、どうもストーリーが囚人のジレンマとは違ってしまっているものもしばしばある。誰もが今の状況よりも良い状況があることを知りつつも、悪い状況に甘んじなければならない。これが囚人のジレンマである。また、利得行列ではプレイヤーが支配戦略を持つことは正しく示されているのだが、ナッシュ均衡がパレート劣位であることを忘れて利得行列を書いてしまう答案をしばしば目にする（**図5.4**）。5.2節で説明した 2 つの特徴をもう一度じっくりと確認しよう。

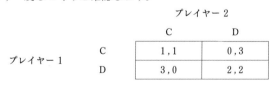

図5.4　間違った答えの例

## 問題5.3

どんなに悩んでも図5.1の利得行列を持つゲームでは（自白、自白）がナッシュ均衡

になる。それをどうにか変えるとするならば、ゲームの構造を変えるくらいしか方法はない。すぐに思いつく方法が3つある。1つ目は、プレイヤーに第3の戦略を与えることで別のナッシュ均衡を作り出す方法。2つ目は、利得をいじって（黙秘、黙秘）をナッシュ均衡にしてしまうというもの。3つ目は、囚人のジレンマが行われる前後に別のゲームをくっ付けて、囚人のジレンマをもっと大きなゲームの一部にしてしまう方法。

この3つ目の方法としては「囚人のジレンマを無限に繰り返す」ことが解決方法として有効であることが分かっている（これを無限回繰り返しゲームという）のだが、本書では繰り返しゲームは扱わない。興味のある読者は例えば岡田章『ゲーム理論・入門（新版）』の139ページを見てほしい。

## 第6章

**問題6.1**

協調ゲームは**図6.5**のような2×2の利得行列で書き表すことができる。

|  |  | 他の人たち | |
|---|---|---|---|
|  |  | 左側 | 右側 |
| あなた | 左側 | 1, 1 | 0, 0 |
|  | 右側 | 0, 0 | 1, 1 |

図6.5　協調ゲーム

車選びゲームと同じくナッシュ均衡が2つある。いつものように最適応答戦略に対応する利得に下線を引いてみれば、（左側、左側）、（右側、右側）がナッシュ均衡であることが分かる。プレイヤーの間で戦略をすり合わせる動機を持つのは車選びゲームと同じである。ただし、車選びゲームとは違って、協調ゲームのナッシュ均衡は完全に対称的である。「全員が右側を選ぶことが左側より望ましい」などということはない。実際に、だからこそ右側を空ける地域と左側を空ける地域の両方が実在しているのだろう。

これは交通ルールの右側通行、左側通行にも言えることである。日本は左側通行を採用しているが、ヨーロッパは右側通行である。そしてそれでどちらにも不都合はない。

このように2つのナッシュ均衡が完全に対称だとフォーカルポイントを考えても事前にどちらの均衡が実現しやすいのかを予測するのは難しい。

**問題6.2**

男女の争いは**図6.6**のような2×2の利得行列で書き表すことができる。

|  |  | 男性 | |
|---|---|---|---|
|  |  | ミュージカル | フットサル |
| 女性 | ミュージカル | 2, 1 | 0, 0 |
|  | フットサル | 0, 0 | 1, 2 |

図6.6　男女の争い

　コーラ戦争と同じくナッシュ均衡が2つある。いつものように最適応答戦略に対応する利得に下線を引いてみれば、（ミュージカル、ミュージカル）、（フットサル、フットサル）がナッシュ均衡であることが分かる。

　この2つのナッシュ均衡は対称ではない。その点で男女の争いはコーラ戦争と同じである。女性は（ミュージカル、ミュージカル）という均衡の方をより好むはずだし、男性は（フットサル、フットサル）を望ましいと思う。それでも、2人が別々の戦略を選んだ場合は最悪なので、どちらのプレイヤーもお互いに戦略をすり合わせる動機を持っている。他方で、コーラ戦争との明らかな違いは、コーラ戦争ではプレイヤーが「戦略をお互いにずらしたい」という動機を持っていた点である。

　男女の争いでどちらの均衡が選ばれるのかは、カップルの力関係（どちらのほうが相手により惚れているのか、など）がフォーカルポイントになるだろう。

## 問題6.3

　相対評価の資格試験では、合格するかどうかは自分だけでなくライバルの選択に大きく依存する（絶対評価とはこの点で異なる。4章の章末問題4.1を参照）。その点に注意しながら受験者の利得を計算しておこう。まず、「勉強する」を選ぶと合格するのだが、その場合の利得は $2-1=1$ と計算できる。試験に合格することの便益である2と、勉強することの費用1を差し引いたのである。重要なのは、「勉強しない」を選んだ場合の結果である。ライバルの受験者が「勉強する」を選んでいるならば、自分が試験に合格することはあり得ないので、その場合の利得は $0-0=0$ と計算できる。他方で、ライバルも「勉強しない」を選ぶならば、結局のところ2人とも成績は変わらないので、どちらも試験に合格する。その場合の利得は $2-0=2$ と計算できる。このようにして計算した利得を使うと、利得行列は**図6.7**のように書き表すことができる。

|  |  | 受験者2 | |
|---|---|---|---|
|  |  | 勉強する | 勉強しない |
| 受験者1 | 勉強する | 1, 1 | 1, 0 |
|  | 勉強しない | 0, 1 | 2, 2 |

図6.7　相対評価の試験

　ナッシュ均衡は（勉強する、勉強する）、（勉強しない、勉強しない）の2つである。

ここでは、(勉強しない、勉強しない) が (勉強する、勉強する) をパレート支配しているという事実に注目しよう。一方のナッシュ均衡がパレート優位であるというのは十分にフォーカルポイントになり得る。そう考えると、相対評価を導入したことは受験者の勉強のインセンティブを弱めてしまうかもしれない。絶対評価では (勉強する、勉強する) が唯一のナッシュ均衡だったからである。

## 問題6.4

図6.4の戦略形ゲームについて、それぞれのプレイヤーの最適応答戦略を考えてみよう。
- プレイヤー2の戦略「A」「B」「C」に対するプレイヤー1の最適応答戦略はそれぞれ「X」「Y」「Z」である。
- プレイヤー1の戦略「X」「Y」「Z」に対するプレイヤー2の最適応答戦略はそれぞれ「A」「C」「C」である。

最適応答戦略に対応する利得に下線を引いてみれば、(X, A) (Z, C) の2つがナッシュ均衡だと分かる。

## 第7章

## 問題7.1

車選びゲームでプレイヤーの混合戦略を以下のように定義しよう。
- 私：確率 $x$ で「次世代自動車」を選び、確率 $1-x$ で「従来車」を選ぶ。
- 他の人たち：確率 $y$ で「次世代自動車」を選び、確率 $1-y$ で「従来車」を選ぶ。

本文と同じように純粋戦略を選んだ時のプレイヤーの期待利得を計算してみよう。まず、私の期待利得を計算すると以下のようになる。

私が「次世代自動車」を選ぶ時の期待利得 $= y \times 2 + (1-y) \times 0 = 2y$

私が「従来車」を選ぶ時の期待利得 $= y \times 1 + (1-y) \times 1 = 1$

この2本の式を見比べると、他の人たちの混合戦略 $y$ に対する私の最適応答戦略が分かる。

$$\begin{cases} y > \frac{1}{2} & \text{ならば、最適応答戦略は} x = 1 \\ y = \frac{1}{2} & \text{ならば、最適応答戦略は} 0 \leq x \leq 1 \\ y < \frac{1}{2} & \text{ならば、最適応答戦略は} x = 0 \end{cases}$$

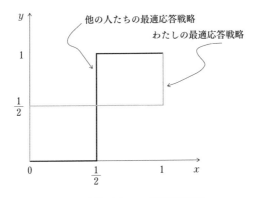

**図7.7** 車選びゲームの最適応答戦略

同じようにして、次に、他の人たちの期待利得を計算してみよう。

他の人たちが「次世代自動車」を選ぶ時の期待利得 $= x \times 2 + (1-x) \times 0 = 2x$
他の人たちが「従来車」を選ぶ時の期待利得 $= x \times 1 + (1-x) \times 1 = 1$

私の混合戦略 $x$ に対する他の人たちの最適応答戦略はこのように数式で書ける。

$$\begin{cases} x > \dfrac{1}{2} & \text{ならば、最適応答戦略は} y = 1 \\ x = \dfrac{1}{2} & \text{ならば、最適応答戦略は} 0 \leq y \leq 1 \\ x < \dfrac{1}{2} & \text{ならば、最適応答戦略は} y = 0 \end{cases}$$

この最適応答戦略をグラフで表したものが**図7.7**である。

2人の最適応答戦略の交点がナッシュ均衡なのだが、注意したいのは車選びゲームではナッシュ均衡が3つあるということだ。ナッシュ均衡を具体的に示すと、$(x, y) = (0, 0), \left(\dfrac{1}{2}, \dfrac{1}{2}\right), (1, 1)$ である。

ここで注目したいのは $(x, y) = (0, 0), (1, 1)$ というナッシュ均衡である。$(x, y) = (1, 1)$ というのはどちらのプレイヤーも「次世代自動車」を確実に選ぶということを意味しているので、これは（次世代自動車、次世代自動車）という純粋戦略によるナッシュ均衡に他ならない。逆に、$(x, y) = (0, 0)$ というのは（従来車、従来車）という純粋戦略によるナッシュ均衡を意味する。0という混合戦略の値は「次世代自動車」を決して選ばないということを意味しているからである。

つまり、車選びゲームには純粋戦略による2つのナッシュ均衡と、混合戦略による1

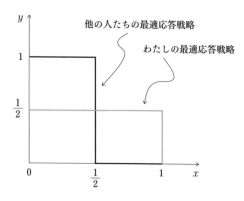

図7.8　コーラ戦争の最適応答戦略

つのナッシュ均衡があるということになる。混合戦略のナッシュ均衡では、私も他の人たちも「次世代自動車」と「従来車」を半々の確率で選ぶという混合戦略を採用する。

今度はコーラ戦争のナッシュ均衡を求めよう。プレイヤーの混合戦略を以下のように定義する。
- ペプシ：確率 $x$ で「過激な CM」を選び、確率 $1-x$ で「爽やかな CM」を選ぶ。
- コカ・コーラ：確率 $y$ で「過激な CM」を選び、確率 $1-y$ で「爽やかな CM」を選ぶ。

先ほどと同じように期待利得を計算すれば、それぞれのプレイヤーの最適応答戦略を計算することができる。

$$\begin{cases} y < \frac{1}{2} & \text{ならば、最適応答戦略は} x = 1 \\ y = \frac{1}{2} & \text{ならば、最適応答戦略は} 0 \leq x \leq 1 \\ y > \frac{1}{2} & \text{ならば、最適応答戦略は} x = 0 \end{cases} \quad \begin{cases} x < \frac{1}{2} & \text{ならば、最適応答戦略は} y = 1 \\ x = \frac{1}{2} & \text{ならば、最適応答戦略は} 0 \leq y \leq 1 \\ x > \frac{1}{2} & \text{ならば、最適応答戦略は} y = 0 \end{cases}$$

この最適応答戦略をグラフで表したものが**図7.8**である。

先ほどの車選びゲームと同じく、コーラ戦争にはナッシュ均衡が3つある。具体的に示せば $(x, y) = (0, 1), \left(\frac{1}{2}, \frac{1}{2}\right), (1, 0)$ となる。3つのナッシュ均衡の内訳は純粋戦略によるナッシュ均衡が2つ、そして混合戦略によるナッシュ均衡が1つである。念のため書いておくと、$(x, y) = (0, 1)$ は（爽やかな CM、過激な CM）、$(x, y) = (1, 0)$ は（過激な CM、爽やかな CM）という純粋戦略によるナッシュ均衡を意味する。

## 問題7.2

階段ジャンケンもジャンケンには違いないので純粋戦略のナッシュ均衡は存在しない。また、混合戦略として「グー」「チョキ」「パー」のすべての戦略を混ぜ合わせることも普通のジャンケンと同じである。それを踏まえたうえで混合戦略のナッシュ均衡を求めよう。

混合戦略を「確率$x$で『グー』、確率$y$で『チョキ』、確率$1-x-y$で『パー』を選ぶ」とする。私もあなたも同じ戦略を使うので、期待利得は次のように計算できる。

「グー」を選んだ時の期待利得 $= x \times 0 + y \times 3 + (1-x-y) \times 0 = 3y$
「チョキ」を選んだ時の期待利得 $= x \times 0 + y \times 0 + (1-x-y) \times 6 = 6-6x-6y$
「パー」を選んだ時の期待利得 $= x \times 6 + y \times 0 + (1-x-y) \times 0 = 6x$

これらの期待利得がすべて等しいので、$x = 1/4$、$y = 1/2$、$1-x-y = 1/4$ と求めることができる。つまり、ナッシュ均衡ではどちらのプレイヤーも「確率1/4で『グー』、確率1/2で『チョキ』、確率1/4で『パー』」を選ぶ。

## 問題7.3

プレイヤーの混合戦略を以下のように定義しよう。
- プレイヤー1：確率$x$で「U」を選び、確率$1-x$で「D」を選ぶ。
- プレイヤー2：確率$y$で「L」を選び、確率$1-y$で「R」を選ぶ。

本文と同じように期待利得を計算すると、それぞれのプレイヤーの最適応答戦略を下式のように見つけることができる。

$$\begin{cases} y > \frac{1}{2} & \text{ならば、最適応答戦略は} x = 1 \\ y = \frac{1}{2} & \text{ならば、最適応答戦略は} 0 \leq x \leq 1 \\ y < \frac{1}{2} & \text{ならば、最適応答戦略は} x = 0 \end{cases} \quad \begin{cases} x < \frac{3}{4} & \text{ならば、最適応答戦略は} y = 1 \\ x = \frac{3}{4} & \text{ならば、最適応答戦略は} 0 \leq y \leq 1 \\ x > \frac{3}{4} & \text{ならば、最適応答戦略は} y = 0 \end{cases}$$

最適応答戦略を**図7.9**に示した。ナッシュ均衡は $(x, y) = \left(\frac{3}{4}, \frac{1}{2}\right)$ である。

## 第8章

### 問題8.1

本文中で考えたビール市場と同じように、まずは市場の逆需要関数を考慮に入れながら各社の利潤関数を書き直してみよう。そのうえで最適応答を数式で表せばよい。

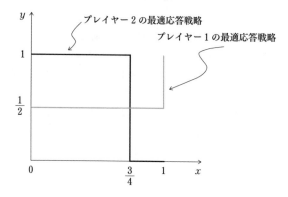

図7.9 戦略形ゲームの最適応答戦略

企業1の利潤関数はこう書ける。

$$\pi_1(q_1, q_2) = [90 - (q_1 + q_2)]q_1$$
$$= -\left(q_1 - \frac{90 - q_2}{2}\right)^2 + \left(\frac{90 - q_2}{2}\right)^2$$

そのため、企業1の最適応答戦略は次式のようになる。ただし、$q_2 > 90$ の時には $q_1^* = 0$ とする。

$$q_1^* = q_1(q_2) = \frac{90 - q_2}{2}$$

同じく、企業2の利潤関数と最適応答戦略は次の通りである。ただし、$q_1 > 80$ の時には $q_2^* = 0$ とする。

$$\pi_2(q_1, q_2) = -\left(q_2 - \frac{80 - q_2}{2}\right)^2 + \left(\frac{80 - q_2}{2}\right)^2$$
$$q_2^* = q_2(q_1) = \frac{80 - q_1}{2}$$

各企業の最適応答戦略を**図8.11**に示した。ここで示された交点がナッシュ均衡である。

この交点を具体的に計算しよう。ナッシュ均衡を $(q_1^*, q_2^*)$ として2社の最適応答関数に代入し、立てた連立方程式を解けばナッシュ均衡が求められる。

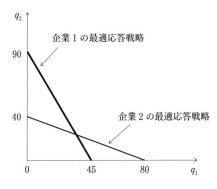

図8.11　クールノー数量競争の最適応答戦略

$$(q_1^*, q_2^*) = \left(\frac{100}{3}, \frac{70}{3}\right)$$

この数量を逆需要関数と各社の利潤関数に代入すれば均衡における市場価格と利潤が計算できる。

$$p = P(q_1^*, q_2^*) = \frac{130}{3}, \pi_1(q_1^*, q_2^*) = \left(\frac{100}{3}\right)^2, \pi_2(q_1^*, q_2^*) = \left(\frac{70}{3}\right)^2$$

　企業の違いは出荷費用の違いとして表されていた。同じ財を生産・出荷するのに企業2は企業1よりも大きな費用がかかる。これは、企業1が企業2よりも効率的であることを意味する。例えば企業1は生産効率の高い工場を保有しているのかもしれないし、あるいは社内に十分なノウハウが蓄積されているのかもしれない。そして、費用の違いはナッシュ均衡における出荷量の違い、ひいては利潤の違いにつながっている。これが重要なポイントである。効率的な企業ほど競争力が強く、その結果として高い利潤を獲得できるのである。

## 問題8.2

　本文で見てきた2社のケースと比べると、ぐっと問題が難しくなったように見えるが、実はそんなことはない。考え方は2社の場合とまったく同じだし、計算の大変さもそれほど変わらない。

　まず、企業 $i$ の利潤関数に逆需要関数を代入して書き直してみよう。すると、やはりこの利潤関数も自社の出荷量 $q_i$ の2次関数として表すことができる。

$$\pi_i(q_i, q_{-i}) = [B - (q_1 + \cdots + q_N) - c]q_i$$
$$= [B - (q_1 + \cdots + q_{i-1} + q_{i+1} + \cdots + q_N) - q_i - c]q_i$$
$$= -\left(q_i - \frac{B - c - (q_1 + \cdots + q_{i-1} + q_{i+1} + \cdots + q_N)}{2}\right)^2$$
$$+ \left(\frac{B - c - (q_1 + \cdots + q_{i-1} + q_{i+1} + \cdots + q_N)}{2}\right)^2$$

企業 $i$ の最適応答はこうである。

$$q_i^* = q_i(q_{-i}) = \frac{B - c - (q_1 + \cdots + q_{i-1} + q_{i+1} + \cdots + q_N)}{2}$$

さて、上の最適応答は企業 $i$ についての式だが、$i$ の部分に 1 から $N$ を代入することで $N$ 本の最適応答関数を書くことができることに気づいただろうか？ ナッシュ均衡を $(q_1^*, \cdots, q_N^*)$ とすると、$N$ 個の変数に対して $N$ 本の方程式があることになるので、連立方程式を解くことができる。

まず、これら $N$ 本の方程式の左辺をすべて足し合わせてみよう。これは簡単に分かる。

$$q_1^* + \cdots + q_N^*$$

次に、これら $N$ 本の方程式の右辺をすべて足し合わせてみよう。これは考え方に少しコツが必要かもしれない。それぞれの式には<u>自社以外</u>の $N-1$ 社の出荷量を足し合わせた項が含まれている。そのため、これら項を $N$ 社分だけ足し合わせると、$(N-1) \times$ [全社の出荷量合計] となる。具体的には、右辺の合計はこう書ける。

$$\frac{N(B-c) - (N-1)(q_1^* + \cdots + q_N^*)}{2}$$

左辺と右辺はもちろん等しいので、ナッシュ均衡の出荷量の合計はこう計算できる。

$$q_1^* + \cdots + q_N^* = \frac{N(B-c) - (N-1)(q_1^* + \cdots + q_N^*)}{2}$$
$$\Leftrightarrow (N+1)(q_1^* + \cdots + q_N^*) = N(B-c)$$
$$\Leftrightarrow q_1^* + \cdots + q_N^* = \frac{N(B-c)}{N+1}$$

企業は対称——どの企業も実質的に同じなので、ナッシュ均衡の出荷量が同じになると考えることは自然だろう。そうすると、ナッシュ均衡はこう求められる。

$$(q_1^*, \cdots, q_N^*) = \left(\frac{B-c}{N+1}, \cdots, \frac{B-c}{N+1}\right)$$

ナッシュ均衡における財価格と企業 $i$ の利潤（どの企業も同じ利潤である）はこう計算できる。

$$p^* = P(q_1^*, \cdots, q_N^*) = B - (q_1^* + \cdots + q_N^*) = \frac{B+Nc}{N+1}$$

$$\pi_i^* = \pi_i(q_i^*, q_{-i}^*) = \left(\frac{B-c}{N+1}\right)^2$$

わざわざ苦労しても一般に $N$ 社の企業がいる状況のナッシュ均衡を求めておくことには意味がある。なぜかと言うと、$N$（企業数）に色んな値を当てはめてみることで、結果がどう変わるのかを調べることができるからだ。特に、問題文で訊いているように、$N$ が無限に大きくなるとナッシュ均衡がどうなるのかは興味深いだろう。$N$ が無限大という状況は、ミクロ経済学でいう完全競争市場だと考えることができるからである。

実際に $N$ を無限大に飛ばしてみた結果は以下のようになる。

$$N \to \infty \Rightarrow p^* \to c, \pi_i^* \to 0$$

財の価格は企業の出荷費用と一致する水準にまで下がる。それにつれて、企業の利潤は 0 へと落ち込んでしまう。競争が極限にまで激しくなった結果、企業はプラスの利潤を得られなくなってしまうのである。

### 問題8.3

まずは(1)について考えよう。4店のコンビニすべてが真ん中に立地している状況を図8.12に示した。問題文にあるように、この状況はナッシュ均衡ではない。

図8.12 ナッシュ均衡にならない立地

ナッシュ均衡ではないということは、出店場所を変えれば利潤を増やせるようなコンビニが少なくとも1店はあるはずである。どの店舗の視点に立ってみても話は同じなので、ここではA店の立場で考えることにしよう。

まず、図8.12の状況ではすべての店舗に均等にお客が集まるので、A店の利潤は 1/4 である。さて、立地場所を少しだけ西寄りにずらしてみたらどうなるだろう？ この状況を図8.13に示した。

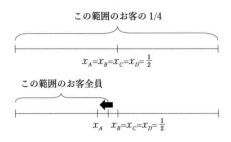

図8.13　出店場所を少しだけ西にずらすと利潤が増える

　図から分かる通り、A 店には通りの西側に住む学生のほぼ全員が買い物にくるため、利潤は 1/2 近い大きさになる。つまり、A 店は逸脱のインセンティブを持つ。これが、図 8.12 がナッシュ均衡にならない理由である。もちろん、西寄りではなくて東寄りに出店場所をずらしても、あまり遠くまで店舗を移さない限りは同じように利潤を増やすことができる。

　では次に (2) について考えよう。コンビニが 2 店舗ずつ、両端から 1/4 の位置に立地している状況を図 8.14 に示した。

図8.14　ナッシュ均衡である立地

　では、この状況がナッシュ均衡であることを説明しよう。先ほどと同じく、A 店の立場で話を考える。A 店に逸脱のインセンティブがないならば、他の店舗にもやはり逸脱のインセンティブはないからである。図 8.14 の状況では A 店は 1/2 の半分、つまり 1/4 の利潤を得ることができる。

　まず、A 店が $x = 1/4$ という位置よりも西寄りに出店場所をずらすとしよう。この状況を図 8.15 に示した。

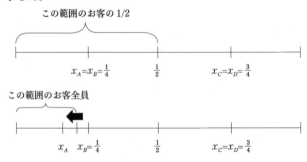

図8.15　出店場所を西にずらすと利潤が減る

　この場合、A 店には、A 店と B 店のちょうど中間地点よりも西側に住むすべての学

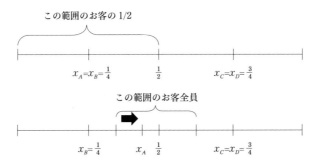

図 8.16　出店場所を B 店と C, D 店の間にしても利潤は変わらない

生が買い物にやってくる。しかし、図から分かるように、その時の利潤は 1/4 を下回っている。つまり、図 8.14 の時よりも利潤が減ってしまうのである。A 店にはこのような変更のインセンティブはない。

次に、A 店が B 店と C 店、D 店の間に出店場所を移すことを考えてみよう。この状況を図 8.16 に示した。

実は、この場合に A 店が得られる利潤は 1/4 なので、やはり A 店にはこのような場所へと変更するインセンティブはないのである。なぜ、図 8.16 において A 店の得られる利得が 1/4 だと分かるのだろうか？　図 8.16 の状況で、A 店に買い物へくる学生がどこに住んでいるのかを考えてみよう。すると、A 店と B 店の中間地点よりも東に住んでいて、なおかつ A 店と C 店、D 店の中間地点よりも西に住んでいる学生が A 店に買い物にくるのだということが分かるだろう。これを言いかえると、B 店よりも東寄りで、なおかつ C 店、D 店よりも西寄りに住む学生の半分が A 店に買い物にくるということである。つまり、お客の数は $(3/4 - 1/4) \times 1/2 = 1/4$ ということになる（お客の数がそのまま利潤とみなせる）。

最後に、C 店、D 店よりも東寄りに出店場所を変更する場合については、鏡を使って図 8.15 を入れ替えてみればよい。図 8.15 と同じく利潤が減ってしまうことが分かる。そのため、A 店は出店場所を変えるインセンティブを持たない。つまり、図 8.14 の状況はナッシュ均衡である。

# 第 9 章

問題 9.1

穴掘りゲームを戦略形ゲームに書き直すためには、プレイヤーの戦略をきちんと明らかにしなければならない。まず、囚人の戦略が「大きな穴を掘る」「小さな穴を掘る」「何もしない」の 3 つであることはすぐに分かるだろう。

それに対して、看守の戦略は、自分のそれぞれの手番でどんな行動を選ぶのかを決めておくような行動計画である。看守の戦略を（囚人が「大きな穴を掘る」を選んだ場合の行動、囚人が「小さな穴を掘る」を選んだ場合の行動）という具合に行動の組で表すと、看守の具体的な戦略はこう書ける。

（穴をふさぐ、穴をふさぐ）、（穴をふさぐ、無視する）、
（無視する、穴をふさぐ）、（無視する、無視する）

囚人が「何もしない」を選んだ場合の行動は、戦略から無視してよいことに注意しよう。この時、看守には回ってくる手番がないからである。以上を踏まえると、**図9.9**のような利得行列が書ける。

|  |  | 看守 | | | |
|---|---|---|---|---|---|
|  |  | 穴をふさぐ、穴をふさぐ | 穴をふさぐ、無視する | 無視する、穴をふさぐ | 無視する、無視する |
| 囚人 | 大きな穴を掘る | 1, 2 | 1, 2 | 5, 1 | 5, 1 |
|  | 小さな穴を掘る | 2, 3 | 4, 4 | 2, 3 | 4, 4 |
|  | 何もしない | 3, 5 | 3, 5 | 3, 5 | 3, 5 |

図9.9 穴掘りゲーム（戦略形）

図9.9から分かるように、ナッシュ均衡は〈小さな穴を掘る、（穴をふさぐ、無視する）〉、〈何もしない、（穴をふさぐ、穴をふさぐ）〉の2つである。

ただし、〈何もしない、（穴をふさぐ、穴をふさぐ）〉というナッシュ均衡にはやはり違和感を覚えるだろう。10章で勉強するように、予測という観点からするとこのナッシュ均衡には信頼がおけない。囚人が「小さな穴を掘る」を選んだら看守は「穴をふさぐ」を選ぶぞ、と言っているのだが、この選択には信憑性があるとは思えない。この状況では、実際には「無視する」を選んだほうが看守にとって利得が高いからである。

1980年代ポーランドの刑務所ではいくつもの部屋で小さな穴が掘られたまま放置されていたというが、それは、囚人たちが小さな穴だったらふさがれないことを合理的に見越した結果だったのである。

**問題9.2**

図9.8に示された展開形ゲームのナッシュ均衡を求めるのはいささか面倒である。利得行列を書いてみてもよいのだが、3人ゲームなのでそこまで見やすくなるわけでもない。そこで、ここでは生真面目に、あり得る戦略の組をすべて書き出してみて、プレイヤーに逸脱のインセンティブがあるかどうかをチェックしてみることにしよう。

3人のプレイヤーにそれぞれ2つの戦略があるので、戦略の組は全部で $2^3 = 8$ 通りである。（プレイヤー1の戦略、プレイヤー2の戦略、プレイヤー3の戦略）というよ

うに戦略の組を書くと、具体的にはこうである。

(左、左、左) (左、左、右) (左、右、左) (左、右、右)
(右、左、左) (右、左、右) (右、右、左) (右、右、右)

それぞれの戦略の組に対して、プレイヤーが逸脱のインセンティブを持つかどうかを確認していけばよい。例えば、(左、左、左)という戦略の組に対してはプレイヤー3に逸脱のインセンティブがある。実際、戦略を「左」から「右」に変えると、利得は2から5に増える。そのため、(左、左、左)はナッシュ均衡ではない。

他方で、(右、右、右)という戦略の組に対しては、どのプレイヤーも逸脱のインセンティブを持たない。実際、プレイヤー1は「右」から「左」へ戦略を変えると利得が2から1へ下がってしまう。プレイヤー2とプレイヤー3は実際に戦略を実行する機会がないので、そもそも戦略を変更しても現実の利得に影響を与えられない。そのため、やはり戦略を変更するインセンティブはない。

このようにして1つ1つチェックすると、(右、右、左)、(右、右、右)の2つがナッシュ均衡だと分かる。

一応、この展開形ゲームを戦略形ゲームに書き直した利得行列を示しておこう（図9.10）。図9.10には、最適応答戦略に対応する利得に下線を引いてある。ナッシュ均衡は先ほど確認したように(右、右、左)、(右、右、右)の2つである。

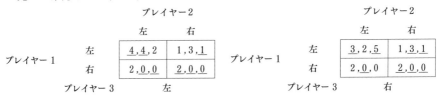

図9.10　図9.8の展開ゲームの戦略形表現

プレイヤー3は、同じ位置にあるセルについて左右の利得行列を見比べて最適応答戦略を考える。例えば、プレイヤー1の「左」、プレイヤー2の「左」という戦略の組に対するプレイヤー3の最適応答を考えよう。プレイヤー3が「左」を選ぶと、左側の利得行列の左上のセルが実現するので2という利得を得る。他方でプレイヤー3が「右」を選ぶと、右側の利得行列の左上のセルが実現するので5という利得を得る。そのため、この戦略の組に対するプレイヤー3の最適応答戦略は「右」である。

# 第10章

## 問題10.1

先手優位な状況はけっこう見つかるが、後手優位な状況は少ないかもしれない。その理由は、後手優位な状況では誰しも「待つ」インセンティブがあるため、結局、誰も行動しないということがあり得るからである。それよりは、いわゆる（日常用語でいう）「ゲーム」に後手優位な状況がありそうだ。そのことを意識しながら探してみよう。

## 問題10.2

現実であれ思い込みであれ、どちらでも部分ゲームは1つしかないので、部分ゲーム完全均衡を求めることは難しくないだろう。このゲームではアリもキリギリスも戦略と行動が一致している。

まずは現実のゲームから。部分ゲームにおけるアリの最適な戦略は「食料を分けない」であり、それを見越したキリギリスは「働く」を選ぶことが最適な意思決定になる。つまり部分ゲーム完全均衡は（働く、食料を分けない）である。

次にキリギリスの思い込みゲームを考えよう。部分ゲームにおけるアリの最適な戦略は「食料を分ける」であり、それを見越したキリギリスは「歌を歌う」を選ぶことが最適な意思決定になる。つまり部分ゲーム完全均衡は（歌を歌う、食料を分ける）である。

キリギリスは図10.9aの状況を図10.9bだと勘違いして結局命を落とした（あるいはキリギリスの選曲がまずかったのかもしれない）。

イソップ童話には教訓が含まれている。「アリとキリギリス」の教訓は、ゲーム理論を使って何かを分析する際には、細心の注意を払ってゲームをモデル化しなければならないということである。プレイヤーの戦略や利得を間違って読み取ってしまうと、せっかく均衡を求めても役に立たない（場合によっては自分が傷つくことすらある）のである。

## 問題10.3

ゲームの木は**図10.10**に示した通り。

ゲームの木を見ながら後ろ向き帰納法を使うと、〈過激なCM、（爽やかなCM、過激なCM）〉が部分ゲーム完全均衡であることが分かる。コーラ戦争では、2人のプレイヤーにとって行動を合わせないインセンティブがある一方、どちらも自分は「過激なCM」を選びたいと考えている。このような状況では、先手が明らかに優位である。ペプシが最初に「過激なCM」を選んでしまえば、後手のコカ・コーラは「爽やかな

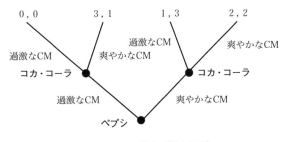

図10.10 コーラ戦争（逐次手番）

CM」に甘んじるしかない。お互いに「過激なCM」を選ぶというような、泥沼の「軍拡競争」をするメリットはないからだ。

## 問題10.4

ゲームの木は**図10.11**に示した通り。

ゲームの木を見ながら後ろ向き帰納法を使うと、後出しジャンケンには部分ゲーム完全均衡が3つあることが分かる。その3つを具体的に書くと、〈グー、（パー、グー、チョキ）〉、〈チョキ、（パー、グー、チョキ）〉、〈パー、（パー、グー、チョキ）〉である。後手の戦略は、（グーに対する行動、チョキに対する行動、パーに対する行動）という順番で行動の組として表してある。

いずれの部分ゲーム完全均衡でも勝つのは後手である。つまり、後出しジャンケンは後手優位のゲームなのだと言える。もっとも、読者もそのことはすでに知っていたとは思うけれど。

## 問題10.5

まず、リーダー企業が選んだ出荷量に対するフォロワー企業の最適応答戦略を求めよ

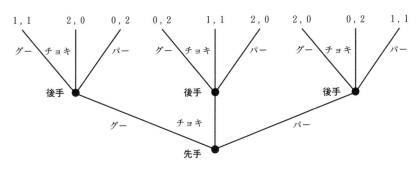

図10.11 後出しジャンケン

う。フォロワー企業の利潤関数に逆需要関数を代入すると、以下のように書きかえられる。

$$\pi_F(q_L, q_F) = [100-(q_L+q_F)-20]q_F$$
$$= (80-q_L-q_F)q_F$$

よって、フォロワー企業の最適応答関数は次式のようになる。

$$q_F^* = q_F(q_L) = \frac{80-q_L}{2}$$

フォロワー企業の最適応答関数を読み込めば、リーダー企業が最大にしたい利潤式は以下のように書きかえられる。

$$\pi_L(q_L, q_F(q_L)) = [100-(q_L+q_F(q_L))-10]q_L$$
$$= \left[90-\left(q_L+\frac{80-q_L}{2}\right)\right]q_L$$
$$= \left(\frac{100-q_L}{2}\right)q_L$$

よって、リーダー企業にとっての最適な出荷量は $q_L^* = 50$ である。以上をまとめると、部分ゲーム完全均衡はこう求められる。

$$\left\langle q_L^* = 50, q_F^* = q_F(q_L) = \frac{80-q_L}{2} \right\rangle$$

均衡において、それぞれの企業は $q_L^* = 50, q_F^* = 15$ という出荷量を選ぶので、均衡価格は $p = 100-50-15 = 35$ である。また、各社の利潤はこのように計算できる。

$$\pi_L(q_L^*, q_F(q_L^*)) = 1250, \pi_F(q_L^*, q_F(q_L^*)) = 225$$

**問題10.6**

10.3節の分析において海賊 A・B・C をそれぞれ海賊 B・C・D と読み替えれば、海賊 B の提案から始まる部分ゲームで海賊 B は $(0, 100, 0, 0)$ を提案する。先ほど見た通り、海賊 B と C はこの提案に賛成し、D は反対する。

このことを踏まえて、海賊 A は $(98, 0, 1, 1)$ を提案する。A がほぼ総取りするが、海賊 C・D の賛成票を獲得するために金貨を 1 枚払わなければならない。同じ 0 枚なら、ここで反対して仲間が減ることを好むからだ。

# 第11章

**問題11.1**

　どのムカデゲームでも考え方は同じなので、図11.2の4つ足ムカデゲームについて考えよう。このゲームの木では左から右へと時間が流れているので、タイムラインの最も先にある部分ゲームはP4というプレイヤー2の手番から始まる部分ゲームである。プレイヤー2は「下」を選べば32の利得を得て、「右」を選べば16の利得を得る。そのため、P4におけるプレイヤー2の最適な意思決定は「下」である。

　これを踏まえて、次はP3というプレイヤー1の手番から始まる部分ゲームを考えよう。プレイヤー1は「下」を選べば16の利得を得る。「右」を選べばP4でプレイヤー2が「下」を選ぶので、得られる利得は8である。そのため、P3におけるプレイヤー1の最適な意思決定は「下」である。

　もうこの時点ですべてが分かってしまった読者も多いと思うが、もう少しだけ付き合っていただきたい。今度はP2というプレイヤー2の手番から始まる部分ゲームである。プレイヤー2は「下」を選べば8の利得を得られる一方、「右」を選べばF3の終点に至って4の利得しか得られない。そのため、プレイヤー2の最適な意思決定は「下」である。いよいよ最後、全体ゲームにおけるプレイヤー1の最適な意思決定を考えよう。P1において「下」を選べば4を得て、「右」を選べばF2にたどり着いて2の利得を得る。そのため最適な意思決定は「下」である。

　以上をまとめると、どちらのプレイヤーも、自分の手番が回ってきたら「下」を選ぶことが部分ゲーム完全均衡になる。これを戦略の組として書き表せば、〈(下, 下), (下, 下)〉となる。それぞれ、プレイヤー1の戦略は（P1における行動, P3における行動）、プレイヤー2の戦略はP2における行動, P4における行動）というように行動を並べて示してある。

**問題11.2、問題11.3**

　別に何が正解という明確な答えはない。自分が実験に参加したつもりで考えてみよう。「自分でも同じ選択をするよなあ」と感じた読者は、その理由を言葉で書き表してみればよい。そうではない読者は理由を考えるのが難しいかもしれないが、「相手の視点に立って考える」ことがゲーム理論の基本である。ぜひ頭をひねって理由を考え出してほしい。

# 第12章

**問題12.1**

「車選びゲーム」「コーラ戦争」ともに、後手プレイヤーの手番に注意する必要がある。これらは同時手番ゲームなので、後手プレイヤーは意思決定点の区別がつかない。

まず、車選びゲーム（展開形）は**図12.14**の展開形ゲーム（不完全情報ゲーム）として書き表すことができる。終点の数値は左側が私の利得、右側が他の人たちの利得である。

次に、コーラ戦争（展開形）は**図12.15**の展開形ゲーム（不完全情報ゲーム）として書き表すことができる。終点の数値は左側がペプシの利得、右側がコカ・コーラの利得である。）

**問題12.2**

本文中で説明したように、成績評価ゲーム（不完全情報バージョン）は図12.3の戦略形ゲームと同じである。それが分かれば、単に2×2の利得行列からナッシュ均衡を求めればよい。いつも通りに最適応答戦略の組を探せば（勉強しない、不合格）がナッシュ

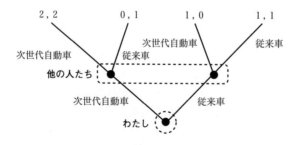

図12.14　車選びゲーム（展開形）

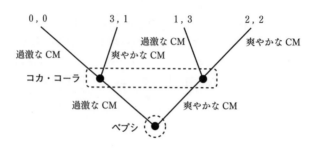

図12.15　コーラ戦争（展開形）

230

均衡である。

ところで利得行列をよく見ると、学生にとって「勉強する」という戦略は「勉強しない」に支配されている。そのため、成績評価ゲーム（不完全情報バージョン）では、支配される戦略の逐次消去によっても（勉強しない、不合格）という解に行き着くことができる（支配される戦略の逐次消去については3章を参照のこと）。

このナッシュ均衡は一見すると奇妙に感じられるかもしれないが、この状況では試験やレポートなどが何1つ課されていないことに注意しよう。逆に言うと、このような状態を避けるために試験やレポートが存在しているのである。

## 問題12.3

この不完全情報ゲームにはプレイヤー3の手番から始まる2つの部分ゲームがある。プレイヤー2が「L」を選んだ後の手番から始まる部分ゲームでは、プレイヤー3は「X」を選ぶことが最適である（「X」を選べば1の利得、「Y」を選べば0の利得）。プレイヤー2が「R」を選んだ後の手番から始まる部分ゲームでは、プレイヤー3は「X」を選ぶことが最適である（「X」を選べば3の利得、「Y」を選べば2の利得）。

さて、このゲームには他の部分ゲームは存在しない。そのため、プレイヤー3が(X, X)という戦略を選ぶことを前提として、全体ゲームを分析することになる。プレイヤー3の戦略はもう決まっているのだから、このゲームはプレイヤー1とプレイヤー2の同時手番ゲームと見なしても差し支えないだろう。この同時手番ゲームを**図12.16**の利得行列で表そう。

|  |  | プレイヤー2 | |
|---|---|---|---|
|  |  | L | R |
| プレイヤー1 | U | 4, 1, 1 | 2, 0, 3 |
|  | D | 1, 1, 4 | 1, 4, 1 |

**図12.16　不完全情報ゲーム④：全体ゲームの分析**

一応、利得行列には3人分の利得を示してあるが、プレイヤー3の利得（一番右の数値）は無視して構わない。図12.16のナッシュ均衡は（U、L）なので、不完全情報ゲーム④の部分ゲームは⟨U、L、(X、X)⟩ということになる。

## 問題12.4

この不完全情報ゲームにはプレイヤー2の手番から始まる2つの部分ゲームがある。まず分かりやすいところから攻めてみよう。プレイヤー1が「D」を選んだ後の手番から始まる部分ゲームでは、プレイヤー2は「R」を選ぶことが最適である（「L」を選べば1の利得、「R」を選べば4の利得）。

次に、プレイヤー1が「U」を選んだ後の手番から始まる部分ゲームを考えよう。ここにはプレイヤー2とプレイヤー3という2人のプレイヤーがいるので、彼らの最適な戦略を同時に考えなければならない。実際、この部分ゲームはプレイヤー2とプレイヤー3という2人のプレイヤーがいる同時手番ゲームになっている（**図12.17**）。つまり、この同時手番ゲームのナッシュ均衡をまずは求める必要があるのである。

|  |  | プレイヤー3 | |
|---|---|---|---|
|  |  | X | Y |
| プレイヤー2 | L | 4, 1, 1 | 2, 3, 0 |
|  | R | 2, 0, 3 | 0, 2, 2 |

**図12.17　不完全情報ゲーム⑤：部分ゲームの分析**

一応、利得行列には3人分の利得を示してあるが、プレイヤー1の利得（一番左の数値）は無視して構わない。図12.17のナッシュ均衡は（L、X）である。これで部分ゲームの分析が終わった。

最後に、プレイヤー2とプレイヤー3の戦略を前提として、全体ゲームにおけるプレイヤー1の最適な意思決定を考えればよい。プレイヤー1は「U」を選ぶと一番左の終点にたどり着くので4の利得を得る。他方で、「D」を選ぶと一番右の終点にたどり着くので1の利得を得る。そのため、プレイヤー1にとっては「U」が最適である。つまり、部分ゲーム完全均衡は〈U、(L, R)、X〉となる。プレイヤー2の戦略は、（プレイヤー1が「U」を選んだ場合の行動、プレイヤー1が「D」を選んだ場合の行動）の順で行動を並べて示してある。

## 第13章

**問題13.1**

相手がどういう人か分からない、好みや性格、考え方が分からない。景気や天気などの状態が分からない。こういった「分からない」をキーワードにすると、考え方の取っかかりが見つかる。14章以降では情報不完備ゲームの応用例を紹介するので、それらを学んだ後で問題にチャレンジしてもよいだろう。

**問題13.2**

自分の性格を知っている教員にとっては、ゲームの利得構造は同じである。他方で、学生にとっての期待利得は確率$p$によって変わる。そのため、学生の期待利得だけを計算して、利得行列を改めて作成すればよい。**図13.13**は確率$p$をそのまま使って、学生の期待利得を示してある。

|  |  | 教員 | | | |
|---|---|---|---|---|---|
|  |  | 難しい試験、難しい試験 | 難しい試験、易しい試験 | 易しい試験、難しい試験 | 易しい試験、易しい試験 |
| 学生 | 勉強する | 3,(1,3) | $1+2p$,(1,2) | $3-2p$,(3,3) | 1,(3,2) |
|  | 勉強しない | 0,(0,1) | $2-2p$,(0,0) | $2p$,(2,1) | 2,(2,0) |

図13.13 期末試験ゲーム(情報不完備バージョン)

$p=7/8$ を代入した利得行列が**図13.14**である。

|  |  | 教員 | | | |
|---|---|---|---|---|---|
|  |  | 難しい試験、難しい試験 | 難しい試験、易しい試験 | 易しい試験、難しい試験 | 易しい試験、易しい試験 |
| 学生 | 勉強する | 3,(1,3) | $\frac{11}{4}$,(1,2) | $\frac{5}{4}$,(3,3) | 1,(3,2) |
|  | 勉強しない | 0,(0,1) | $\frac{1}{4}$,(0,0) | $\frac{7}{4}$,(2,1) | 2,(2,0) |

図13.14 $p=7/8$ の時の利得行列

いつも通りに利得行列の最適応答戦略に対応する利得に下線を引いてみれば、ベイジアンナッシュ均衡は〈勉強しない、(易しい試験、難しい試験)〉である。

学生の視点からすると、自分の相手は大きな確率でやる気のない教員である。そして、やる気のない教員は支配行動である「易しい試験」を選んでくる。この時、学生にとっての最適応答は「勉強しない」となる。もちろん、相手が熱意のある教員で「難しい試験」を選んでくることもある——そして、その場合には「勉強しない」は望ましい戦略ではない。しかし、この確率は十分に小さいので、期待値を考えれば「勉強しない」を選ぶのが最適なのである。

# 第14章

問題14.1

$N=1$ の場合には $p=x-x=0$ なので、買手は0を入札するのが最適である。自分の他に誰も買手がいないなら、商品をタダで手に入れられるということを意味する。そして $N$ の値が大きくなるにつれてビッドシェイディングは小さくなって、入札額はどんどん評価値に近づいていく。買手が増えるにつれて入札額が高くなるのは、入札競争が激しくなるからである。極限では($N$ を無限大に飛ばした時には)、入札額は評価値に一致する。たとえ落札できたとしても、買手の利得は0となってしまう。買手の入札競争の恩恵を受けられるのは売手ということである。

問題14.2

代理入札によって、買手1が4千円、買手2が1万円を入札するとしよう。この場

合、2人に代わって、入札システムが相手の入札額よりも少しだけ高い金額を入札し合ってくれる。最低入札単位が100円だとすると、互いのシステムによる入札の結果、オークションの現在価格は4100円になる。もちろん、この時点で落札権利を持っているのは1万円を入札した買手2である。

もし、このままオークションの終了時刻まで誰も入札しなければ、結局、買手2が4100円で商品を落札する。この落札額は「買手1の入札額＋最低入札単位」である。つまり、最低落札単位の金額を無視すれば、この結果は二位価格オークションと同じということになる。

## 第15章

**問題15.1**

エプソンが2005年4月に導入した特許報酬制度は、スクリーニングの実例の1つである。従業員は、特許発明の対価について「売上高への貢献度を従来よりも高く評価するコース」と「ライセンス収入に連動した対価を期待できるコース」のどちらかを自分で選べる。特許を出願した時点で確実に得られる報酬は「売上貢献」コースのほうがだいぶ高いものの、「ライセンス連動」コースを選べば1億円単位の対価を得られる可能性もある。このように2つのコース（メニュー）を設定すれば、従業員は自分の能力や特性に応じてコースを選ぶだろう。もしコースが1つしかなければ、情報の非対称性によって無駄なコスト（報酬の払い過ぎ）が生じたり、優秀な人材の能力を十分に生かせなかったりしてしまう。

企業が総合職と一般職を分けて募集するのは、スクリーニングの別の例と考えられる。もっとも、近年では、スクリーニングがうまく機能していないケースも増えてきているようだ。例えば、日本経済新聞電子版（2017年3月30日）には、一般職に「『総合職でも当然』と思える高学歴の就活生が殺到している」という記事が掲載された。転勤をともなう総合職を就活生が嫌うというのが理由の1つだという。本文のモデル分析で使った用語で言えば、HタイプがLタイプ向けの労働条件を選んでしまっている状況である。その原因として、Hタイプ向け（総合職）の待遇が不十分である（例えば賃金が低過ぎる）ことが挙げられるかもしれない。

## 第16章

**問題16.1**

資格がシグナルとして機能するための大前提は、本文で説明したように、学生の能力が資格を取るためのコストと仕事をするうえでの生産性の両方と密接に関連していること

とである。有能な学生は勉強する習慣が身に付いていて集中力もある。努力が苦にならない。だからこそ資格をさっと取ることができるし、仕事でも高い成果を挙げられる。この前提があればこそ、資格が学生の能力のシグナルとして機能するのである。

　さて、ではこの前提のもとに、問題文の学生にとって役に立つだろう資格を考えてみよう。まず、取るのが簡単な資格だとシグナルとしては役に立たない。「Lタイプ」の学生も簡単に同じ資格を取れてしまうからである。そのため、合格率の低い難関な資格である必要がある。例えば、日商簿記検定1級（2017年度第147回、合格率5.9％）、気象予報士（2017年度第2回、合格率5.8％）など。やや極端な例を挙げたのだが、注目してほしいのは、シグナリングの観点から言えば、資格が業務内容と何も関係していなくても構わないということである。もちろん、宅地建物取引主任者（2017年度、合格率15.6％）も就職活動にかなり役に立つだろうが、これはシグナリングというよりも、仕事に直接活かせることが大きな理由と言えるだろう（経済学的には、この資格は人的資本を示しているのだと言える）。

## 問題16.2

　問題16.1の解答でも書いたが、ポイントは「外からは観察できない情報について、何かしら外部に伝えることができる」ということである。それを踏まえて例を2つ挙げておこう。

　全額返金保証：商品にご満足いただけなければ全額返金致します、というアレである。消費者の立場からすると、買って失敗だったら返金してくれるなら損はない、というある種安心感につながっていることは間違いない。けれども、ゲーム理論的に考えると、これは商品の品質のシグナルになっていると考えられる。商品の品質は普通、買う前には分からない。それでも、全額返金保証するような商品ならば、きっと品質が良いに違いない、というわけである。これは「Lタイプの商品」だったらできないはずだろう。どれもこれも返金するはめになり、会社はまったく儲からないか、赤字になってしまうからである。

　テレビCM：企業にとって、認知度を高めるという目的はあるだろう。それでも、これもやはりゲーム理論的に考えると「企業力」の強さ、ひいてはその企業が提供する商品やサービスの質の高さをシグナルしていると考えられる。テレビCMをじゃんじゃん打つには大金がかかる。とすれば、それだけの体力のある会社はお客に支持されて儲かっているはずである。粗悪品ばかり作っている企業ではそうはいかないだろう。

## 問題16.3

　完全ベイジアン均衡の候補となっている戦略の組を**図16.19**に示した。企業の情報集合には、含まれる点にそれぞれaからdのラベルを付けてある。

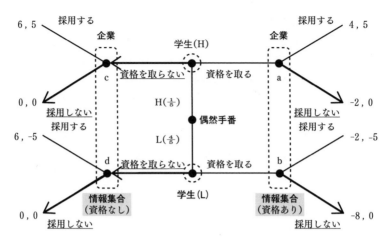

図16.19　ベンチマークの一括均衡

　まず、学生が「資格を取らない」を選んだ後の情報集合における信念を考える。図中の左側の情報集合（資格なし）である。この情報集合には均衡上のプレイが到達するので、本文で行った計算から、信念は $(g_c, g_d) = (1/5, 4/5)$ であると分かる。次に確認することは、この信念を持っている企業にとって、実際に「採用しない」を選ぶことが最適な行動になっているのかどうかである。「採用する」「採用しない」を選んだ場合に得られる企業の期待利得は、次のように計算できる。

$$\text{「採用する」を選んだ時の期待利得} = \frac{1}{5} \times 5 + \frac{4}{5} \times (-5) = -3$$

$$\text{「採用しない」を選んだ時の期待利得} = \frac{1}{5} \times 0 + \frac{4}{5} \times 0 = 0$$

　よって、企業の最適応答は「採用しない」という行動である。
　次に、学生が「資格を取る」を選んだ後の情報集合における信念を考える。図中の右側の情報集合（資格あり）である。この情報集合には均衡プレイがたどり着かないので、信念を $(g_a, g_b) = (g, 1-g)$ と書くことにしよう（ただし $0 \leq g \leq 1$）。この信念を前提とすると、企業の期待利得はそれぞれこう計算できる。

$$\text{「採用する」を選んだ時の期待利得} = g \times 5 + (1-g) \times (-5) = -5 + 10g$$

$$\text{「採用しない」を選んだ時の期待利得} = g \times 0 + (1-g) \times 0 = 0$$

　企業にとって「採用しない」が最適応答となるような信念を作ることができれば、そ

の信念は完全ベイジアン均衡を構成する。実際、$-5+10g \leqq 0$、すなわち $g \leqq 1/2$ であれば、企業にとっては「採用しない」が最適な行動となる。

　つまり、〈(資格を取らない、資格を取らない)、(採用する、採用する)〉は完全ベイジアン均衡と矛盾しない戦略の組だということになる。具体的には、完全ベイジアン均衡はこうである。

〈(資格を取らない、資格を取らない)、(採用しない、採用しない);
$(g_a, g_b) = (g, 1-g), 0 \leqq g \leqq 1/2, (g_c, g_d) = (1/5, 4/5)$〉

# 索 引

## あ 行

アドバースセレクション……167 → 逆選択
意思決定点……85
一位価格オークション……151
一括均衡……191
インセンティブ……3
後ろ向き帰納法……96
枝……86
オークション理論……150

## か 行

空脅し……96
完全情報ゲーム……125
完全ベイジアン均衡……198
期待利得……53
逆選択……167
共有知識……138
共有地の悲劇……40
均衡選択の問題……44
均衡経路外の信念……201
クールノー数量競争……68
クールノー均衡……72
偶然手番……136
経路……86
ゲーム理論……3
　——実験……115
ゲーム的な状況……3
ゲームの木……84
行動……91
　——経済学……117
個人合理性……171
混合戦略……51

## さ 行

最善解……170
最適応答戦略……29

シグナリングゲーム……183
シグナリング理論……183
次善解……176
事前確率……199
私的価値……151
私的情報……135
始点……85
支配される戦略……22
　——の逐次消去……23
支配戦略……37
　——均衡……37
社会的ジレンマ……40
囚人のジレンマ……35
終点……85
シュタッケルベルグ競争……100
純粋戦略……52
情報完備ゲーム……136
情報集合……126
情報の非対称性……135
情報不完備ゲーム……136
真実表明メカニズム……163
信念……198
スクリーニング……175
セカンドベスト……177 → 次善解
セルフセレクション……175
ゼロサムゲーム……51
先手優位……105
戦略……4
　——形ゲーム……14

## た 行

タイプ……138
逐次手番ゲーム……84
手番……85
展開形ゲーム……84
同時手番ゲーム……14
独立……152

## な 行

ナッシュ均衡……30
二位価格オークション……151

## は行

パス……86 → 経路
パレート支配……37
パレート優位……37
パレート劣位……37
ビッドシェイディング……160
評価値……151
ファーストベスト……170 → 最善解
フォーカルポイント……45
不完全情報ゲーム……125
部分ゲーム……96
　　——完全均衡……97
プレイ……86
プレイヤー……4
分離均衡……191
ベイジアンゲーム……140
ベイジアンナッシュ均衡……140
ベイズの法則……198
ホテリング立地競争……76

## ま行

3つの要素……4
目的合理性……6
モデル化……4

## や行

誘因……3 → インセンティブ
　　——両立性……177

## ら行

利己的な動機……116
リスク支配……44
利他的な動機……117
利得……5
　　——行列……15

●著者紹介

**土橋俊寛**（つちはし・としひろ）
現職：大東文化大学経済学部　教授
学位：博士（経済学）
専門：オンラインオークションの固有の仕組みについて、ゲーム理論を用いて理論的に分析
論文・著書："Sequential Internet Auctions with Different Ending Rules," *Journal of Economic Behavior and Organization*, 2012; "Two Ending Rules in Online Auctions: Hard Close and Soft Close," in Ming K. Lim（ed.）*Bidding: Types, Strategies and the Impact of Irrationality*（*Business Issues, Competition and Entrepreneurship*）, Nova Science Pub Inc., 2013;『ヤフオク！の経済学』、日本評論社、2018年、など。

日本評論社ベーシック・シリーズ＝NBS

**ゲーム理論**
（げーむりろん）

2018年11月25日　第1版第1刷発行
2022年9月10日　第1版第2刷発行

著　者——土橋俊寛
発行所——株式会社　日本評論社
　　　　　〒170-8474　東京都豊島区南大塚3-12-4
電　話——03-3987-8621（販売）、8595（編集）
振　替——00100-3-16
印　刷——精文堂印刷株式会社
製　本——株式会社難波製本
装　幀——図工ファイブ

検印省略　ⓒToshihiro Tsuchihashi, 2018　　ISBN 978-4-535-80612-2

JCOPY〈（社）出版者著作権管理機構　委託出版物〉本書の無断複写は著作権法上での例外を除き禁じられています。複写される場合は、そのつど事前に、（社）出版者著作権管理機構（電話03-5244-5088、FAX03-5244-5089、e-mail：info@jcopy.or.jp）の許諾を得てください。また、本書を代行業者等の第三者に依頼してスキャニング等の行為によりデジタル化することは、個人の家庭内の利用であっても、一切認められておりません。

## 経済学の学習に最適な充実のラインナップ

|  |  |
|---|---|
| **入門 経済学**［第4版］ 伊藤元重／著 | (3色刷) 3300円 |
| **［改訂版］経済学で出る数学** 尾山大輔・安田洋祐／編著 | 2310円 |
| **例題で学ぶ 初歩からの経済学** 白砂堤津耶・森脇祥太／著 | 3080円 |
| **経済学で出る数学 ワークブックでじっくり攻める** 白石俊輔／著 尾山大輔・安田洋祐／監修 | 1650円 |
| **マクロ経済学**［第2版］ 伊藤元重／著 | (3色刷) 3080円 |
| **計量経済学のための数学** 田中久稔／著 | 2860円 |
| **マクロ経済学パーフェクトマスター**［第2版］ 伊藤元重・下井直毅／著 | (2色刷) 2090円 |
| **例題で学ぶ初歩からの統計学**［第2版］ 白砂堤津耶／著 | 2750円 |
| **入門マクロ経済学**［第6版］(4色カラー) 中谷巌・下井直毅・塚田裕昭／著 | 3080円 |
| **入門 公共経済学**［第2版］ 土居丈朗／著 | 3190円 |
| **マクロ経済学入門**［第3版］ 二神孝一／著［新エコノミクス・シリーズ］ | (2色刷) 2420円 |
| **入門 財政学**［第2版］ 土居丈朗／著 | 3080円 |
| **ミクロ経済学**［第3版］ 伊藤元重／著 | (4色刷) 3300円 |
| **実証分析入門** 森田果／著 | 3300円 |
| **ミクロ経済学の力** 神取道宏／著 | (2色刷) 3520円 |
| **最新 日本経済入門**［第6版］ 小峰隆夫・村田啓子／著 | 2750円 |
| **ミクロ経済学の技** 神取道宏／著 | (2色刷) 1870円 |
| **経済学を味わう** 東大1、2年生に大人気の授業 市村英彦・岡崎哲二・佐藤泰裕・松井彰彦／編 | 1980円 |
| **ミクロ経済学入門** 清野一治／著［新エコノミクス・シリーズ］ | (2色刷) 2420円 |
| **経済論文の作法**［第3版］ 小浜裕久・木村福成／著 | 1980円 |
| **ミクロ経済学 戦略的アプローチ** 梶井厚志・松井彰彦／著 | 2530円 |
| **経済学入門** 奥野正寛／著［日評ベーシック・シリーズ］ | 2200円 |
| **しっかり基礎からミクロ経済学 LQアプローチ** 梶谷真也・鈴木史馬／著 | 2750円 |
| **ミクロ経済学** 上田薫／著［日評ベーシック・シリーズ］ | 2090円 |
| **入門 ゲーム理論と情報の経済学** 神戸伸輔／著 | 2750円 |
| **ゲーム理論** 土橋俊寛／著［日評ベーシック・シリーズ］ | 2420円 |
| **例題で学ぶ初歩からの計量経済学**［第2版］ 白砂堤津耶／著 | 3080円 |
| **財政学** 小西砂千夫／著［日評ベーシック・シリーズ］ | 2200円 |

※表示価格は税込価格です。

〒170-8474 東京都豊島区南大塚3-12-4　TEL:03-3987-8621　FAX:03-3987-8590　日本評論社
ご注文は日本評論社サービスセンターへ　TEL:049-274-1780　FAX:049-274-1788　https://www.nippyo.co.jp/